Claus Krämer und Jörg-Wolf Krämer

DER HEILIGE GRAL

Wahres – Wahrscheinliches – Wundersames

Claus Krämer und Jörg-Wolf Krämer
Der Heilige Gral. Wahres – Wahrscheinliches – Wundersames
© 2015, Regionalia Verlag GmbH, Rheinbach
Alle Rechte vorbehalten.

Einbandgestaltung: Derek Gotzen für agilmedien, Niederkassel
Lektorat, Korrektorat, Layout und Satz: Handverlesen GbR, Bonn

Abbildung auf dem Einband: Siehe Bildtafel 9 in diesem Buch

Printed in Poland
ISBN 978-3-95540-153-5
www.regionalia-verlag.de

Inhalt

Vorwort

Ü berall auf der Welt findet man Mythen, Märchen, Erzählungen, Legenden und Überlieferungen. Der Mythos vom Heiligen Gral ist einer der populärsten, ältesten und langlebigsten.

Er hat auch uns immer schon fasziniert. Als wir dann vor einiger Zeit beschlossen, ein Buch über ihn zu schreiben, lasen wir zunächst einmal alles, was wir an Literatur zu diesem Thema finden konnten. Dann recherchierten wir im Internet, schauten uns auf den Webseiten von Museen, Kathedralen und anderen interessanten Orten um und freuten uns auch über den Zugang zu Universitätsarchiven mit alten Dokumenten und Veröffentlichungen aus dem 19. und frühen 20. Jahrhundert. Einer von uns beiden hatte sich bereits im Languedoc umgesehen und war der Spur des Heiligen Grals und seiner Erben im alten Katharerland gefolgt, der andere war in Rom auf Grals- und Reliquiensuche gegangen. Familienangehörige und Freunde recherchierten für uns vor Ort in Valencia, andere in Südengland. Gleichzeitig sprachen wir mit jedem, der sich am Gralsthema interessiert zeigte, und erfuhren so zum einen, wie groß das allgemeine Interesse an diesem Thema ist, und zum anderen, welch enorme Unterschiede im Wissensstand es diesbezüglich gibt. Im weiteren Verlauf, als wir begannen das Material zu ordnen, fanden wir schnell heraus, dass es verschiedene Gattungen von Gralsbüchern gibt. Augenscheinlich spektakulär sind jene, in denen verkündet wird, das »Gralsrätsel« sei nun endlich gelöst oder man wisse jetzt genau, wo dieses rätselhafte Gefäß zu finden ist. Nicht selten wird diese Information als »sensationell« verkauft. Um es gleich vorwegzunehmen: Wir warten in unserem Buch nicht mit derartigen Enthüllungen auf, nehmen für uns nicht in Anspruch, ein Rätsel der Menschheitsgeschichte gelöst zu haben. Wir haben uns aber intensiv mit der Materie rund um den Gral beschäftigt und versucht, die wichtigsten Aspekte informativ und auch unterhaltsam zusammenzufassen. Dabei zeigte sich bald, dass wir es hier nicht mit einer einzigen Geschichte, einer Legende oder einem Mythos zu tun haben, sondern dass eine Verflechtung verschiedener jahrtausendealter Überlieferungen stattgefunden hat.

Es erschien uns zunächst recht leicht, über den Heiligen Gral zu schreiben. Ein Kelch oder vergleichbares Gefäß, mit Bezug zum Kelten- und Christentum sowie zum Mittelalter mit seinen Dichtern und Troubadouren, sollte selbstredend im Mittelpunkt unserer Betrachtungen stehen. Daneben wollten wir aber auch all die hochinteressanten Verschwörungsgeschichten um geheime Bruderschaften, obskure Gesellschaften und chiffrierte Dokumente beleuchten, die seit langer Zeit mit dem Gral in Verbindung gebracht werden. Und während wir an dem Manuskript für dieses Buch arbeiteten, wurden wir uns immer stärker der Komplexität dieses Vorhabens bewusst. Hatten wir zu Beginn unserer Untersuchungen selbst noch nicht genau vor Augen, wohin diese uns führen würden, so begaben wir uns im Laufe der Arbeit mit wachsender Neugier immer tiefer in das Labyrinth der Entstehungs- und Wirkungsgeschichte dieses kraftvollsten aller Mythen des Abendlandes.

Aus diesem Arbeitsvorhaben und -prozess erklärt sich zugleich auch der Aufbau dieses Buches: Es setzt ein mit Überlegungen zum Wesen des Grals und gibt dann einen Überblick über die wichtigsten Orte, von denen angenommen wird, dass der Gral – oder einer der Grale – sich dort befinden könne.

In der Folge wenden wir uns der ursprünglichen Grallegende, den Sagen um König Artus und seine Tafelrunde, zu, um daraufhin deren keltische Wurzeln zu ergründen. Dabei bewegen wir uns weitgehend in Britannien.

Mit den anschließenden Betrachtungen über das Gralsthema in der Zeit der Templer, von denen behauptet wird, sie seien die wahren Gralshüter gewesen, schwenken wir hinüber nach Frankreich.

Und dort, genauer gesagt im südlich gelegenen Languedoc, treffen wir nun auf diverse mysteriöse Orte und damit verbundene Geschichten, von denen einer allerdings der berühmteste ist: Rennes-le-Château. Dieser Name fällt auch immer dann, wenn von dem Gral im Sinne einer geheimnisvollen Blutlinie die Rede ist, die auf die Nachfahren von Jesus und Maria Magdalena verweist. Deshalb widmen wir dieser möglichen Gralsstätte und den Geheimnissen, die sie umgeben, ein ganzes Kapitel, nachdem wir zuvor, sozusagen als Einstieg in das Thema, zwei Weltbestseller betrachten – Dan Browns berühmten Roman *Sakrileg* und das Sachbuch *Der Heilige Gral und seine Erben* der Autoren Baigent, Lincoln und Leigh. In beiden Werken ist die Hypothese einer solch geheimen Blutlinie ein Schlüsselthema.

Doch es sollen ebenfalls die Theorien weiterer Gralsforscher vorgestellt werden, wenn auch in weniger ausführlicher Form. An den Überblick über diese verschiedenen Ansätze reiht sich dann eine Darstellung, die die Rezeption des Gralsstoffes in den Künsten und philosophisch-psychologischen Gedankengebäuden exemplarisch skizziert.

Und abschließend möchten wir noch unsere eigenen Überlegungen zum Thema anführen, denn der Gralsmythos hat für uns auch nach eingehender Beschäftigung mit dem Thema nichts von seiner Faszination verloren. Ganz im Gegenteil.

Keine Geschichte, die jemals erzählt, aufgeschrieben, gesungen, gemalt oder verfilmt worden ist, enthält mehr Symbolik oder ein tieferes Geheimnis. Über die Jahrtausende hinweg hat sich die Gralslegende weit in das kollektive Unterbewusste der Menschheit eingegraben. In archetypischen Bildern taucht sie auf, als wolle sie uns immer wieder daran erinnern, dass das Leben letztlich eine Suche nach den »wahren Dingen« ist, eine Reise zum Essenziellen, zum Kern unseres Daseins. Gibt es einen Gral als greifbaren Gegenstand? Gab es ihn zumindest einmal? Oder haben uns die mittelalterlichen Troubadoure nur schöne Geschichten überliefert, die eigentlich dazu gedacht waren, höfische Gesellschaften zu unterhalten? Stecken vielleicht verschlüsselte Botschaften dahinter, die auf etwas Verborgenes und Wichtiges aufmerksam machen wollen, sich dabei aber nur demjenigen erschließen, der bereit und in der

Lage ist, sie zu entschlüsseln? Wer nach Anhaltspunkten sucht, dem wird schnell klar, dass er sich in einen zeitlosen Raum begibt, der äußerst komplex ist und Türen zu weiteren Räumen besitzt, hinter denen sich wiederum Wundersames verbirgt. Lassen Sie uns gemeinsam einige dieser Türen öffnen und in die dahinterliegenden Räume schauen, in der Gewissheit, dass dort noch weitere, bisher unbekannte Türen und Räume auf uns warten werden. Gehen Sie also mit uns auf Gralssuche.

Kapitel 1

Ein ungelöstes Rätsel:
Was ist der Gral und wo befindet er sich?

Materiell wird uns der Gral auf Bildern meist als ein Gefäß präsentiert, das erstaunliche Wirkungen und Gaben hervorbringen kann: ewige Jugend etwa oder Glück, aber auch Speisen und Getränke in Hülle und Fülle. Bei den einen ist er eine Schale, bei den anderen ein Kelch oder ein Stein.

ECKPUNKTE DER GRALSLEGENDE

Der Legende zufolge gilt es den Gral zu finden, um die Gralsgemeinschaft aus einer Notlage zu befreien. So liest man in den Artussagen, dass der Gralskönig dahinsiecht, das Land unfruchtbar und verödet ist und die Ritter bei Hofe in ihrem Bemühen machtlos sind. Man wartet auf einen Helden, der dann in den unterschiedlichen Varianten in der Person des Parzivals, Gawains, Galahads oder Bors erscheint. Er hatte zuvor davon geträumt, ein bedeutender Kämpfer zu werden, und mit diesem Wunsch vor Augen sein Zuhause verlassen, wo er abgeschieden von der Welt aufgewachsen war. Am Königshof schlägt man ihn nun zum Ritter. Er beeindruckt seine Mitmenschen durch Unerschrockenheit. In den verschiedenen Versionen der Geschichte zieht der Held nun allein oder gemeinsam mit den anderen Rittern auf Gralsuche durch unbekannte Gefilde, wo Aufgaben und Abenteuer auf ihn warten. Manchmal greift auch eine Fee oder ein Zauberer wie Merlin mit magischen Kräften helfend ein. Im Laufe der Suche verändert sich der Protagonist, er gewinnt an Erfahrung und Erkenntnis. Und findet schließlich den Gral. Auf Details der Geschichte werden wir zu einem späteren Zeitpunkt ausführlicher eingehen.

DIE HEILUNG

Nachdem das Gralsgeheimnis gelüftet worden ist, wird der Gralskönig geheilt, das Land blüht wieder auf und der Held wird zum Nachfolger des bisherigen Gralshüters bestimmt. Man erkennt: Es geht um Heilung. Sie ist einer der drei Eckpfeiler der Geschichte. Der Gesundwerdung geht eine Erkenntnis voraus, gefolgt von der richtigen Tat.

DAS BLUT

Das menschliche Blut ist ein weiteres zentrales Element der verschiedenen Gralslegenden. Als Jesus am Kreuz hing, wurde etwas von seinem Blut aufgefangen, so heißt es. Josef von Arimathäa, von dem viele glauben, er sei entweder der Onkel oder der Schwiegervater Jesu gewesen, soll dazu ein Gefäß benutzt haben, das schon beim letzten Abendmahl in Gebrauch war. Dadurch wurde diese Schale oder dieser Kelch zu etwas ganz Besonderem. Man sprach ihm Wunderkräfte zu, denn er verband die Menschen mit dem Himmel, in den Jesus nach seinem physischen Tod aufgefahren sein soll. Auch die Lanze des Römers, die ihn am Oberkörper verletzte, war mit dem Blut des Gekreuzigten in Kontakt gekommen. Allerdings besaß sie nie eine mächtige Heilwirkung, da sie im Zusammenhang mit einem Akt der Gewalt steht.

Eine ganz andere Bedeutung erhält das Blutthema, wenn man sich die Legenden, Mythen, Thesen und Theorien anschaut, die mit einer Nachkommenschaft Jesu in Zusammenhang stehen. Dann gerät das materielle Gefäß in den Hintergrund.

DER SINN

Der dritte große Bereich, der untrennbar mit den Gralslegenden verbunden ist, ist unserer Meinung nach der wichtigste. Hier geht es nicht um die Suche nach einem Gegenstand oder nach verborgenen Abstammungslinien, sondern nach der Antwort auf die Frage: Was können wir aus all dem lernen? Letztendlich haben fast alle Märchen und Mythen, wie auch die Gleichnisse in der Bibel, dieselbe Funktion: Sie veranlassen uns zur Reflexion. Für uns selbst war die Beschäftigung mit dem Gralsthema weit mehr als eine unterhaltsame Reise, sie brachte uns dazu, unsere eigenen Wert- und vor allem Glaubensvorstellungen zu überdenken. Wer sich mit der Thematik rund um den Gral befasst, wird zwangsläufig mit dem Bereich der Religion, der Philosophie und der Weltsicht in den verschiedenen Menschheitsepochen konfrontiert. Das Leitthema bietet genügend Anhaltspunkte, die eine Beschäftigung damit lohnenswert machen.

Bei der Suche nach dem Gral geht es nämlich im Wesentlichen um Fragen und Antworten. In den Sagen scheitert Parzival so lange, bis er die richtige Frage stellt. Fragt er nicht, tritt er auf der Stelle. Wir können den Gral als Symbol für die Wichtigkeit des Fragens ansehen. Auch wir treten wie die mittelalterlichen Gralsritter auf der Stelle, wenn wir nicht regelmäßig Fragen stellen. An andere und an uns selbst. Der Gral – unabhängig davon, ob es sich dabei um einen materiellen Gegenstand, ein Symbol, eine Idee oder einen Mythos handelt – bietet, wenn man sich bewusst mit ihm beschäftigt, die Möglichkeit zur Transformation. Und Transformation ist seit Jahrtausenden das zentrale Thema aller großen Weisheitslehren.

EIN GRAL ODER VIELE?

In Wien besitzt man einen Gral in Form einer Achatschale in der Kaiserlichen Schatzkammer, in Rom sind sich manche Forscher sicher, dass ein ähnliches heiliges Gefäß die Ewige Stadt nie verlassen hat, andere wiederum glauben, der Gral könne nur in Südfrankreich sein und die aus historischer Sicht interessantesten Zusammenhänge um einen greifbaren Gegenstand finden sich im spanischen Valencia. Doch es werden noch mehr mögliche Gralsstätten ins Spiel gebracht: die Burg Gisors in der Normandie, das Castel del Monte in Apulien, der Ort Roseto Capo Spulico in Kalabrien und die Rosslyn Chapel in Schottland ... manche Forscher und Buchautoren vermuteten den Gral auch schon in der Turiner Kirche Gran Madre di Dio, in Narta Monga im Kaukasus, ja selbst in Finnland, den USA, in Kanada und in Paderborn. Es stellt sich die Frage, ob es vielleicht mehr als einen Gral gegeben hat. Und in der Tat – einer der Gralsautoren, nämlich Chrétien de Troyes aus dem 12. Jahrhundert, spricht immer von »einem Gral« und nicht von »dem Gral«.

Selbst wenn der Kelch, den Jesus an die Lippen führte, tatsächlich heute noch existiert, angeschaut und angefasst werden kann, so gibt es dennoch weitere Gralsexemplare. Manche stammen tatsächlich aus der Antike, andere sind neueren Datums. Was zählt, ist auch nicht unbedingt die Authentizität des Gegenstands, sondern seine Bedeutung für den oder die Betrachter – im Einzelnen wie im Kollektiv. Es scheint, als werde ein Objekt, das lange Zeit hindurch Verehrung und Anbetung erfährt, durch besondere Kräfte energetisch aufgeladen. Dies könnte die Heilwirkungen bestimmter Reliquien erklären.

RELIQUIEN BEWAHREN ERINNERUNGEN

In verschiedenen Veröffentlichungen ist zu lesen, dass in frühen Zeiten materiellen Hinterlassenschaften besonderer Menschen keine große Beachtung entgegengebracht worden sei. Was könne schon interessant sein an einem Trinkgefäß oder einem Grabtuch? »Eine solche Einstellung verkennt völlig die menschliche Psyche«, schreibt der Gralsexperte Michael Hesemann in seinem Buch *Die stummen Zeugen von Golgatha*: »Wir sind geborene Sammler. Wir neigen dazu, Erinnerungen an wichtige Momente oder wichtige Personen in unserem Leben aufzubewahren. Einiges nehmen wir sogar mit ins Grab. Der Ahnenkult der Urzeit verehrte die sterblichen Überreste der Vorfahren. Die älteste Religion, der Schamanismus, kennt Talismane, Gegenstände,

Unbekannter Künstler,
Die Heilige
Helena findet das
wahre Kreuz,
um 825

von denen man glaubt, dass sie übernatürliche Kräfte in sich tragen. Alle Religionen kennen das Prinzip des Numinosen, des Wunderwirkenden, das das Heilige umgibt. Natürlich haben die Christen der Urgemeinde alles verwahrt, was von Jesu Wirken auf Erden zeugte.«

In der Apostelgeschichte können wir lesen, dass die frühen Christen in Ephesus beim Besuch des Apostels Paulus etwa »Schweißtücher und andere Tücher, die er auf der Haut getragen hat, über die Kranken hielten, und die Krankheiten wichen von ihnen und die bösen Geister fuhren aus« (Apg 19,12). Das trug sich nur zwei Jahrzehnte nach der Kreuzigung zu. Es ist daher anzunehmen, dass man auch Gegenständen, die mit Jesus in Berührung gekommen waren, hohen Wert beimaß.

17

GRAL INTERNATIONAL

21uf den nächsten Seiten werden wir uns einmal genauer die einzelnen Grale, Gralsstätten und sonstigen mythischen Orte der Legende anschauen. Wir denken, dass es sinnvoll ist, sich gleich zu Beginn dieses Buches geografisch zu orientieren, da einige der Namen und Plätze im Laufe der Zeit mehrfach auftreten.

Die Gralslegenden sind ein internationales Thema. Starten wir deshalb eine geografische Tour, um die wichtigsten Grals- und Legendenschauplätze der Antike, des Mittelalters und der heutigen Zeit zu besuchen.

DER BRITISCHE GRAL UND DIE LEGENDE

Die Britischen Inseln sind bekanntlich als die Wiege der Artussage anzusehen; deshalb beginnen wir unseren Rundgang auch dort.

Der »angenagte« Gral – Nanteos Cup

Nanteos Mansion ist ein ehemaliger Adelssitz in der Nähe der walisischen Stadt Aberystwyth und beherbergt heute ein Hotel, das gern von Hochzeitspaaren und deren Gästen genutzt wird, sowie das eine oder andere Spukgespenst, was ihm im Jahr 2008 den Besuch eines Fernsehteams für die Dreharbeiten zu einer Folge der Serie »Ghost Hunters international« einbrachte. Gleichzeitig ist der Name Nanteos vor allem auf den Britischen Inseln mit einer viel mysteriöseren Geschichte verbunden als mit profanen Geistern (die vermutlich so ziemlich jedes Schloss zwischen dem Süden Englands und dem Norden Schottlands ebenso zu bieten hätte): mit der Legende vom Heiligen Gral. Und die Story hält sich dort schon lange: Sie geht zurück auf Josef von Arimathäa, der – so erzählt die Legende – einst per Schiff an der britannischen Küste angelegt und im Gepäck nicht nur frohe Botschaften eines neuen Glaubens für die Inselkelten gehabt haben soll, sondern auch ein hölzernes Gefäß vom letzten Abendmahl Jesu und seiner Jünger, ein Gefäß, in dem er später das Blut des

Gekreuzigten aufgefangen habe. Josef gründete demnach eine religiöse Gemeinschaft im heutigen Glastonbury, wo eine Handvoll Mönche den Heiligen Gral, wie die Schale fortan genannt wurde, bewachte. Es heißt, dass die Mönche später nach Wales fliehen mussten und den Gral mit sich genommen hätten, dort sei er in den Besitz einer Adelsfamilie aus Nanteos gelangt.

Heilende Wirkung

In Wales entstand ein Kult um den Nanteos Cup; man schrieb ihm heilende Wirkungen zu, wenn Kranke aus ihm tranken. Margaret Powell, die ihn im 19. Jahrhundert hütete, empfing oft Menschen mit gesundheitlichen Problemen und ließ sie Wasser aus dem Gefäß trinken.

Leider gab es immer wieder Heilungssuchende, die Stücke aus dem vermeintlichen Gral herausbissen und ihn dadurch ständig verkleinerten, sodass die Besitzer ihn schließlich unter Verschluss nahmen.

In den 1960er-Jahren war in einer Veröffentlichung über das Haus und seine Familien zu lesen, dass Richard Wagner im 19. Jahrhundert dort zu Besuch gewesen sein und ihn die Legende um den vermeintlichen Gral in Wales zu seiner Oper *Parsifal* inspiriert haben soll. Nun, Wissenschaftler, die das Gefäß später für eine Fernsehdokumentation untersuchten, sagten, dass es im 15. Jahrhundert hergestellt worden sein muss. Eine im Vorfeld durchgeführte andere Analyse hatte ergeben, dass die Schale aus dem 1. Jahrhundert n. Chr. stammen könne. Auch wenn man heute mehrheitlich davon ausgeht, dass das Objekt keine 2 000 Jahre alt ist, hält sich der Mythos vom Gral in Wales und lockt auch immer wieder Fernsehjournalisten an. Im Sommer 2014 machte der Nanteos Cup Schlagzeilen, als er einer kranken Frau, der die Besitzer das kleine, nur noch zehn Zentimeter hohe und acht Zentimeter breite Gefäßfragment ausgeliehen hatten, gestohlen wurde, während sie im Krankenhaus lag. Die Polizei wurde gerufen und ging auf Gralssuche.

Wer einen Trip nach Wales plant und in diese Region kommt, findet das Anwesen drei Kilometer südöstlich des Stadtkerns von Aberystwyth entfernt.

Siehe auch: nanteos.com

Betrachten wir nun die zentralen Schauplätze der Artussage – den Königshof Camelot, die Feeninsel Avalon – und mögliche reale Entsprechungen in Britannien.

Tintagel – wo Artus' Wiege stand

Tintagel an der nordöstlichen Küste von Cornwall gilt in den Legenden als Geburtsort von König Artus. Allerdings hat es die gleichnamige, auf einer Landzunge gelegene Burg, deren Ruine noch erhalten ist, im 6. Jahrhundert, in welchem die Artussage zeitlich angesiedelt wird, noch nicht gegeben. Camelot ist der Name des mythischen Königshofes. Hier soll die Suche der Gralsritter ihren Anfang genommen haben. Es gibt verschiedene Spekulationen darüber, ob der Hof mit seiner legendären Tafelrunde tatsächlich existierte oder nicht und, falls dem so sein sollte, wo er sich dann befand. Tintagel ist ein möglicher Standort, der in diesem Zusammenhang oft genannt wird. Allerdings ebenso Caerleon in Wales, Cadbury Castle in Somerset sowie die Reste der keltischen Festungsanlage auf dem Hügel von Glastonbury.

Bunte Auswahl

Selbst wenn man davon ausgeht, dass Artus mit einem keltoromanischen Heerführer zu Beginn des 6. Jahrhunderts zu identifizieren ist, der im Südwesten des heutigen Englands wirkte – worauf wir später noch näher eingehen werden –, wissen wir immer noch nicht, wo denn nun sein sagenhaftes Schloss Camelot stand. Historiker haben nachzuweisen versucht, dass er seine letzte und bekannteste Schlacht in der Nähe von Badbury in Wiltshire schlug. Dort gibt es eine Hügelfestung aus der Eisenzeit namens Liddington Castle. Im Mittelalter glaubte man, Camelot sei identisch mit dem heutigen Winchester. Cadbury Castle, die Hügelfestung aus keltischer Zeit in der Nähe von Glastonbury, liegt bei einem Dorf namens Queen Camel, woraus manche den Namen Camelot ableiteten. In Wales, wo sich die Britannier vor den Eindringlingen vom Kontinent verschanzt hatten, existiert ein uralter Ort mit Namen Caerleon. Die Römer hatten dort eine große Siedlung, die verlassen und von Britanniern übernommen wurde. Manche Forscher glauben, dass dies der Ort Camelot sein müsse. Ein weiterer möglicher Standort ist Dinas Bran Castle in Nordwales. Man kennt in England und Wales mindestens zehn Seen, von denen behauptet wird, auf ihrem Grund ruhe das Schwert Excalibur.

Siehe auch: www.tintagelweb.co.uk, www.thisisnorthcornwall. com/tingagel, www.caerlon.net, www.glastonbury.co.uk, www.the-dorsetpage.com, www.digitaldigging.net/liddington-castle-hilfort-wiltshire/, www.queen-camel.co.uk und www.castlewales.com/dinas.html

Die Feeninsel Avalon

Neben Camelot ist die Insel Avalon der zweite geheimnisvolle Ort der Artuslegenden. Wo hat Morgan le Fay den schwerverwundeten König Artus gepflegt? Auf einer Insel vor Cornwall? Auf der Isle of Man? Oder der Isle d'Aval vor der bretonischen Küste? In Frankreich, genauer gesagt im Burgund, liegt die Stadt Avallon, dort gab es einst einen See und eine Insel. Ist dies der mythische Ort? Eine Insel in einem See namens Avallonia kennt man allerdings auch in Wales. Plinius der Ältere und Pytheas von Massilia beschreiben eine Insel in der Nordsee namens Abalus, dort soll es Bernstein und Kupfer gegeben haben. Die meisten britischen Artusfans sind sich allerdings einig, dass das in der Grafschaft Somerset im Süden Englands gelegene Glastonbury der legendäre Ort gewesen sein muss. Dort weist man überall mit Tafeln darauf hin, dass der Sucher am richtigen Ort sei. Schon am Ortseingang sticht einem die Aufschrift »*The ancient Avalon*« (Das alte Avalon) ins Auge. In der Tat befand sich hier vor 1 500 Jahren ein großer See mit einer Insel, die heute noch als Hügel erkennbar ist.

Siehe auch: www.isleofavalon.co.uk

Glastonbury Abbey

Artus' Grab

Als in Glastonbury Ende des 12. Jahrhunderts eine große Abtei abbrannte, behaupteten die Mönche beharrlich, sie hätten dort das Grab von Artus und seiner Gattin Guinevere entdeckt. Bald schon stellten sich die ersten Pilgerscharen ein und brachten das Geld für den Bau einer neuen Kirche in den Ort. 1962 fand man bei Grabungen an der genannten Stelle Bestattungsspuren. Die Mönche hatten auch gesagt, der Heilige Gral sei bei Messen in der Kirche verehrt worden.

Der Gral im Brunnen

Als man bei Grabungen im mythenbehafteten Glastonbury ein Bronzegefäß fand, wurden schnell Stimmen laut, die verkündeten, man habe den Heiligen Gral entdeckt. Heute befindet sich die Schale in der südenglischen Stadt Taunton und findet kaum noch Erwähnung. Glastonbury zählt allerdings zu den berühmtesten Kultstätten Englands. Ist der Heilige Gral immer noch dort – in der wundersamen Quelle, dem Chalice Well – verborgen, wie man in der örtlichen Literatur über den Glastonbury-Gral lesen kann? In Glastonbury treffen Tradition und Legenden zusammen, tiefer Glaube, Spiritualität und Esoterik prallen auf Tourismus. Der Ort lebt vom Mythos, von Romantik und Geschichte. Die Romantiker besuchen ihn, um auf den Spuren von Artus zu wandeln. Die Pilger reisen wegen des christlichen Erbes an. Die Mystikfreunde – und davon gibt es in Großbritannien viele – versuchen hier den Gral zu finden. Astrologen suchen Antworten auf die Frage, ob sich im Landschaftsbild in und um Glastonbury ein Tierkreis finden lässt. Früher ragte dort, wie gesagt, eine Insel aus dem Sumpfland; war dies das mythologische Avalon?

Britanniens erste Kirche

Schon früh siedelten sich dort Christen an. Im Jahr 705 legte man den Grundstein zu einem Kloster, das im 10. Jahrhundert von den Benediktinermönchen ausgebaut wurde. Da, wo heute die sogenannte Lady Chapel steht, befand sich einst die vermutlich älteste Kirche

Wenceslaus Hollar, Glastonbury, 17. Jahrhundert

der Britischen Inseln, die der Sage nach von Josef von Arimathäa gegründet wurde. Liegt Artus wirklich dort begraben? Ja, so meinen einige, und die berühmte Szene mit dem Schwert Excalibur, das vom
Ritter Sir Bedivere in einen See geschleudert wurde, weil Artus wollte, dass es nach seinem Tod nicht in fremde Hände gelange, könne
sich gar nicht anderswo als bei der Pomparles Bridge kurz vor Glastonbury abgespielt habe.

Der Hüne im Doppelgrab

Es heißt, dass ein walisischer Barde König Henry II. berichtet habe,
wo Artus' Grab sich befinde. Nach dem Brand der alten Kirche wollten die Mönche deren Wiederaufbau auch zur Suche nach der Ruhestätte des Sagenkönigs nutzen und wurden fündig, so erzählte man
sich. Eine steinerne Platte mit der Aufschrift *Hic iacet sepultus inclitus rex
arturius in insula avalonia* (Hier liegt begraben der ruhmreiche König

Artus' Kreuz, Illustration aus der Britannia von William Camden, 1607

Artus auf der Insel von Avalon) habe ein Doppelgrab bedeckt. Der Mann, dessen Knochen man in einem aus einem hohlen Baumstamm geformten Sarg fand, sei sehr groß gewesen und habe Verletzungen am Schädel aufgewiesen. Neben ihm habe das Skelett einer Frau gelegen und es hätten sich noch Reste von blondem Haar an ihrem Schädel befunden. Im Jahr 1962 bestätigte der britische Archäologe Dr. Ralegh Redford den Fund des Grabes, er konnte aber keine eindeutigen Hinweise darauf finden, wer tatsächlich dort bestattet worden war. Schon 1278 waren die Gebeine in eine Marmorgruft vor dem Hochaltar umgebettet worden. Ungefähr 15 Meter weiter, am Südtor der Lady Chapel, befindet sich das leere Originalgrab.

Der Eingang zur Unterwelt

Bei Ausgrabungen auf dem Hügel wurden Spuren von Holzbauten entdeckt. Man fand Reste von Öfen und Tierknochen, die Hinweise auf Festmähler gaben. Tonscherben von Weinamphoren aus dem Mittelmeerraum weisen auf verzweigte Handelsbeziehungen hin.

Die erste Kirche auf dem Hügel, dem Glastonbury Tor, war dem Erzengel Michael gewidmet, sie fiel einem Erdbeben zum Opfer. Vom Folgebau steht der Turm heute noch. Auffällig sind hier sonderbare Gravuren. Man erkennt zum Beispiel einen Pelikan, der seine Brustfedern rupft.

Die Mitglieder der keltischen Kultur glaubten, dass der Gipfel des Hügels ein Eingang in das Reich der Unterwelt sei. Schließlich hörte man das Herz der Erde dort schlagen. Das Quellwasser im Brunnen am Fuß des Hügels macht rhythmische Geräusche, die entsprechende Assoziationen zulassen. Eisenoxyd im Wasser sorgt für eine rote Färbung; für die Kelten war es offensichtlich: Dort pulsiert das Blut von Mutter Erde. Gab es ein besseres Versteck, wenn man den Heiligen Gral, den Josef von Arimathäa mitbrachte, verbergen wollte?

Siehe auch: www.glastonburyabbey.com, www.glastonbury.co.uk/ pages/ und glastonbury.gov.uk

Der Sternentempel

Im Jahr 1929 sorgte ein Buch der englischen Bildhauerin Katharine Maltwood, *The Glastonbury's Temple of the Stars*, für Aufmerksamkeit. Sie schuf nachträgliche Illustrationen zur um das Jahr 1200 in Glastonbury geschriebenen *High History of the Holy Grail* und war sich sicher, riesige Figuren im Landschaftsbild der Umgebung Glastonburys erkannt zu haben. Flüsse, Wege, Straßen, Hügel oder Gräben hätten die Umrisse gebildet. Ein bereits zuvor vorhandenes astrologisches Symbolbild, so die Künstlerin, sei ihrer Meinung nach durch die Schaffung von Wegen und Erhöhungen komplettiert worden. Vor allem im New-Age-Bereich fand die Theorie des sogenannten Sternentempels von Glastonbury viele Anhänger. Als sich später die Kunstlehrerin Mary Caine dessen Erforschung zuwandte, wobei sie auch Luftaufnahmen verwendete, wies sie auf weitere optische Besonderheiten der Landschaft hin, unter anderem auch auf ein Abbild des Gesichtes Jesu.

Siehe auch: www.isleofavalon.co.uk/avalon-zodiac.html und malt wood.uvic.ca

Der marianische Gral

Vor einigen Jahren machte eine Meldung der Nachrichtenagentur Associated Press die Runde: »Ein britischer Historiker hat den Heiligen Gral gefunden!« Sieben Jahre lang will der Geschichtsforscher Graham Phillips gesucht haben, bis er endlich fündig wurde – im Wohnzimmerschrank einer 24-jährigen Designerin in der mittelenglischen Stadt Rugby. Schnell wurde das Familienerbstück, ein kleines Gefäß aus Onyx, in einen sicheren Banktresor geschafft. Der sogenannte marianische Gral bekam seinen Namen, weil er nicht mit Josef von Arimathäa, sondern mit Maria Magdalena in Verbindung gebracht wird. Sie habe etwas von Jesu Blut nach der Kreuzigung in dem Gefäß aufgefangen und es dem Gekreuzigten als Grabbeigabe mitgegeben. Helena, die Mutter des römischen Kaisers Konstantin, habe das eierbecherähnliche Gefäß schließlich gefunden, als sie dort, wo man das Grab Jesu vermutete, danach graben ließ, und habe es mit nach Rom genommen. Im Jahr 410, kurz nach der Eroberung Roms durch die Westgoten, sei es nach England in Sicherheit gebracht worden. Zumindest wird dies von dem griechischen Geschichtsschreiber Olympiodorus so berichtet.

Der Gral in der Grotte

Später sei dieser Gral in den Besitz des keltischen Heerführers Owain Ddantgwyn gelangt, von dem der Autor Graham Phillips meint, er sei identisch mit König Artus. Graham Phillips berichtet von einem Nachfahren Artus' namens Fulke le Fitz Waryn, Baron von Whittington, der um 1250 dieses Gefäß gefunden und versteckt haben soll, bis es 1590 von einem seiner Nachkommen wiederentdeckt wurde. Sonderbarerweise verschwand das Objekt noch mehrmals und wurde immer wieder von späteren Familienmitgliedern gefunden. Graham Phillips sah sich von codierten Hinweisen, die er aus einer auf einem Kirchenfenster abgebildeten Darstellung herauslas, zur Suche nach einer Grotte inspiriert, die er in einem Park fand. Das besagte Fenster in der Kirche von Hodnet in Shropshire zeigt eine langhaarige Frau mit einem Gefäß in der linken Hand. Allerdings war die Grotte, als Phillips sie fand, bereits zerstört und leer. Bei der Recherche in historischen Aufzeichnungen aus der Region stieß der Gralssucher auf den Bericht über einen Geschäftsmann. Dieser hatte das Gefäß bei Reparaturen an der Grotte gefunden. Es wurde dann später innerhalb der Familie vererbt.

Ein Gefäß für Salbe

Zu Zeiten Jesu waren Salbgefäße in Gebrauch. Das Britische Museum analysierte den Fund des Unternehmers, bestätigte dessen Echtheit sowie seine vermutliche Funktion als Salbgefäß und datierte seine Herstellungszeit auf das 1. Jahrhundert. Laut Graham Phillips hieß der Urgroßvater von Fulke le Fitz Waryn, ein normannischer Baron, Payne Peveril. Ihn sieht Phillips als mögliches Vorbild für den Gralsritter Parzival. Die britische Presse nahm den Fund damals bereitwillig auf. »Wenn er recht hat, dann hat Graham Phillips den Kelch Christi gefunden«, schrieb die *Newsweek* und der *Daily Mail* kommentierte: »Die Suche nach dem Gral ist beendet.«

Nur wenige Tage später vermeldete jedoch dieselbe Agentur, ein Templerorden habe in einer Mitteilung verlautbaren lassen, dass der echte Gral sich seit 25 Jahren im Besitz des Ordens-Großmeisters in Rom befinde. Dabei handele es sich um einen neun Zentimeter hohen Kelch, der mit Opalen verziert sei.

Siehe auch: www.grahamphillips.net

Rosslyn Chapel – das Geheimnis der Kapelle

Im Zuge des Erfolges von Dan Browns Romanbestseller *Sakrileg* wurde die Rosslyn Chapel in der Nähe von Edinburgh zu einer der meistbesuchten Sehenswürdigkeiten in Schottland. Die keltische Übersetzung des Wortes *Rosslyn* bedeutet »Hügel am Bach« und hat mit Dan Browns im Roman erwähnter rätselhafter »Rosenlinie«, welche die mutmaßlichen Nachfahren von Jesus und Maria Magdalena bezeichnet, nichts zu tun. Authentisch ist dagegen der ebenfalls im Roman erwähnte Familienname des Gründers der 1446 erbauten Kapelle, Sir William St. Clair, und seiner Nachfahren, den Sinclairs, der häufig in Zusammenhang mit diesem Mythos gebracht wird. Legenden erzählen davon, dass der Heilige Gral in der Kapelle oder in der Krypta darunter verborgen sei. Andere verbinden Rosslyn Chapel mit der Bundeslade, die dem jüdischen Volk einst geraubt wurde.

Das 21 Meter lange Innere des Gebäudes ist überall mit geheimnisvollen Symbolen ausgeschmückt. Man sieht Engel mit Dudelsäcken, Ritter, Drachen, Gehörnte … Den von Dan Brown in *Sakrileg* beschriebenen Davidstern auf dem Fußboden sucht man allerdings vergebens. 213 rechteckige Symbole sind an der Decke zu sehen, die bisher keiner zu deuten wusste. Rätselhaft ist auch die Tatsache, dass einige Ornamente Maiskolben und Kakteen zeigen, die vor der Entdeckung Amerikas in Schottland eigentlich unbekannt gewesen sein müssten.

Freimaurer und Templer

Es heißt, die Sinclairs seien Freimaurer-Großmeister gewesen und hätten Verbindungen zu den Templern gehalten. Verschiedene Autoren auf Gralssuche, beispielsweise Andrew Sinclair, Walter Johannes Stein oder Trevor Ravenscroft, tendierten zu der Annahme, dass sich der Gral in Rosslyn befinde. Nachdem Trevor Ravenscroft die Theorie aufgestellt hatte, das Gefäß sei in der viel bewunderten Säule, dem »Prentice Pillar«, verborgen, wurde diese durchleuchtet. Die Röntgenbilder hätten Metall wie auch Hohlräume erkennbar machen müssen, man sah aber nichts.

Siehe auch: www.rosslynchapel.org.uk.

St. Michael's Mount – der Hafen des Händlers

War der St. Michael's Mount die Stelle, an der Josef von Arimathäa regelmäßig mit seinen Schiffen anlegte, um seinen internationalen Zinnhandel zu betreiben? Es wird in der Region dort heute noch so überliefert. Und auch, dass Josef auf einer seiner vielen Reisen den jungen Jesus, seinen Neffen, mit an Bord gehabt habe. Diodor, der sizilianisch-griechische Geschichtsschreiber, berichtete im 1. Jahrhundert, der Berg sei damals tatsächlich ein Umschlagplatz für den Übersee-Zinnhandel gewesen. Der Hügel im Wasser vor dem Cornwallschen Penzance ist das berühmteste Wahrzeichen des südlichen Englands. Hier und nirgendwo anders kam der Heilige Gral mit Josef von Arimathäa in Britannien an Land, da sind die meisten englischen Gralsfreunde einer Meinung.

Siehe auch: www.stmichaelsmount.co.uk

Winchester Castle – der Tisch an der Wand

Im Jahr 1463 hängt man in der großen Halle im Winchester Castle in Hampshire im Süden Englands einen großen runden Tisch, dessen Herkunft nicht geklärt ist, an die Wand. Er befindet sich heute noch dort und die Besucher erfahren, dass es sich dabei um die legendäre Tafel von König Artus handele. Die Platte stammt aus dem 12. Jahrhundert, im Jahr 1522 ließ Heinrich VIII. sie bemalen. An ihrem oberen Ende sieht man Artus, rund um den Tisch herum sind die Namen der Ritter zu lesen.

Siehe auch: www3.hants.gov.uk/greathall

DER GRAL IN FRANKREICH

Frankreich, insbesondere das im Süden gelegene Languedoc, wird von vielen Forschern mit dem Heiligen Gral in Verbindung gebracht. Deshalb ist Frankreich auch unsere nächste Station.

Merlins Grab?

Die heilige Onenne lebte zu Beginn des 7. Jahrhunderts in Tréhorenteuc, in einer Zeit, als Reste des keltischen Druidentums noch lebendig waren und sich mit dem in der Region noch neuen Christentum vermischten. Die Königstochter Onenne tat sich durch Mildtätigkeit hervor und lebte ein bescheidenes Leben. Über ihrem Grab wurde die erste Kapelle errichtet. Nicht weit entfernt, im Wald von Brocéliande, soll der Sage nach der Zauberer und Druide Merlin beerdigt liegen.

Der Wunsch-Stein

Der große Findling, unter dem manche Merlins Grab vermuten, steht im Mittelpunkt eines sonderbaren Kultes. Besucher legen mitgebrachte

Zettel, auf denen sie persönliche Wünsche formuliert haben, in einen Spalt. Lokale Neu-Druiden kommen regelmäßig, um die Zettel zu sammeln und in einer Zeremonie zu verbrennen, damit die Wünsche in Erfüllung gehen. Ein Baum hinter dem Stein ist stets mit Schmuck, Bändern, Schleifen und diversen Bittschriften behängt. Praktizierende des Merlinkultes malen magische Zeichen auf die umgebenden Bäume und errichten kleine Steinhäufchen in sonderbaren Anordnungen.

Ganz in der Nähe befindet sich eine Quelle namens »Jungbrunnen«. Sie ist nur einer von verschiedenen Kultorten der Region, die alle mit der Artuslegende in Zusammenhang stehen und von der örtlichen Tourismusbehörde gepflegt werden.

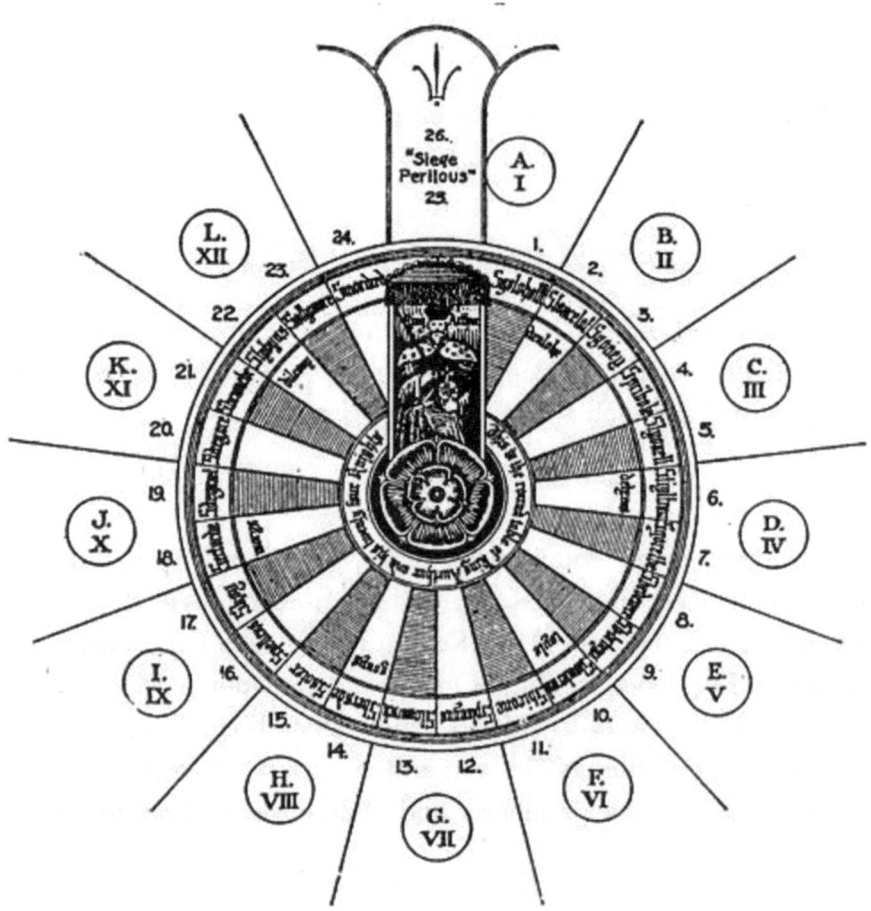

Tafelrunde in Winchester, Illustration aus The Rosicrucians
von Hargrave Jennings, 1870

30

Eine weitere Attraktion ist die Kirche Sainte Onenne in Tréhoren-teuc, die als »L'église du Saint Graal«, als Kirche des Heiligen Grals, bezeichnet wird. Von 1942 bis 1962 war hier der Priester Henri Gillard tätig. In den 20 Jahren seines Wirkens kümmerte er sich besonders um die Renovierung des kleinen, 1618 auf älteren Fundamenten erbauten Gotteshauses. In dessen von Gillard in Auftrag gegebenen und inzwischen berühmt gewordenen Glasfenstern finden sich Darstellungen der Artussage mit Elementen des christlichen Glaubens durchwoben. Auf dem ersten Kirchenfenster, das 1942 geschaffen wurde, ist die Tafelrunde zu sehen und in der Mitte der Gral. Ein deutscher Kriegsgefangener, der Kunstmaler Karl Rezabeck, schuf vier Gemälde mit keltischen und christlichen Elementen sowie solchen der Artussage. Eines seiner Bilder zeigt einen unter der Last des Kreuzes zusammenbrechenden Jesus und Maria Magdalena davorstehend, mit auffälligem Schmuck und bekleidet mit einem roten, langen, schulterfreien Abendkleid. Man mag sich die erstaunten Blicke anderer Priester vorstellen ...

Dem Abbé Gillard war daran gelegen, den Tourismus anzuregen, und so organisierte er Busreisen in die abgelegene Ortschaft und erzählte den Besuchern der Kirche bei Führungen von den Abenteuern der Gralsritter. Dies missfiel seinen Vorgesetzten und man enthob ihn seines Amtes, da er heidnische Geschichten in einer christlichen Kirche verkündete. Der Abbé brachte zudem esoterisches Gedankengut in die Schriften ein, die er verfasste und die heute im örtlichen Touristenbüro erhältlich sind.

Siehe auch: www.foret-broceliande.fr/L-eglise-de-l-abbe-Gillard und www.tourisme-brocéliande.com

Rennes-le-Château – Ort der Rätsel

Das inzwischen wohl bekannteste Ziel des internationalen Gralstourismus ist Rennes-le-Château im Languedoc – vor allem, seit die Autoren Henry Lincoln, Michael Baigent und Richard Leigh mit ihrem Bestseller *Der Heilige Gral und seine Erben* und 20 Jahre später Dan Browns *Sakrileg* die Aufmerksamkeit großer Massen dorthin lenkten. Auch hier stehen einige Priester im Mittelpunkt, allen voran der mysteriöse

Abbé Bérenger Saunière. Im weiteren Verlauf dieses Buches werden wir ihm und seinem vermeintlichen Schatz, den er im Ort gefunden haben soll, noch mehrfach begegnen.

Der Mythos lebt

Rennes-le-Château liegt am Fuß der Pyrenäen im Süden Frankreichs, rund 40 Kilometer von der Stadt Carcassonne entfernt. Heute würde sich kaum jemand für dieses kleine Dorf auf einem Hügelplateau interessieren, gäbe es nicht die Flut an Büchern, Presseveröffentlichungen und Fernsehdokumentationen, die in schöner Regelmäßigkeit von Templerschätzen, Jesusgräbern und dergleichen, die man dort entdeckt haben will, berichten. Im Focus der Besucher stehen die Dorfkirche Sainte Marie-Madeleine aus dem 11. Jahrhundert, die benachbarte Villa Béthanie und der Magdalenenturm – Tour Magdala –, sowie der Dorffriedhof. Viele Jahre hindurch lag eine geheimnisvolle und auch etwas morbide Atmosphäre über dem Ort; zu Beginn des neuen Jahrtausends hat man seitens der Gemeindeverwaltung damit begonnen, den Gralsmythos planmäßig zu vermarkten. In der Villa befindet sich jetzt ein Museum. Die offizielle Website von Rennes-le-Château klärt den besuchswilligen Gast dreisprachig über die Infrastruktur des Ortes auf und auch über die rätselhafte Legende, die mit ihm verbunden ist und die wir, wie schon angedeutet, noch ausführlicher beleuchten werden.

Siehe auch: www.rennes-le-chateau.fr

Die sonderbare Villa

Das Haus wurde in den Jahren zwischen 1901 und 1905, nachdem man die der Maria Magdalena geweihte Kirche umfangreich restauriert hatte, auf dem Grundstück des Pfarrers Saunière erbaut. Gleichzeitig ließ der auf für seine Mitbürger kaum erklärbare Weise sehr reich gewordene Priester einen Park anlegen mit einem gotischen Turm, in dem er seine Sammlung von 10 000 Postkarten und 100 000 Briefmarken unterbrachte. Unter dem Turm befindet sich heute noch ein tieferes Geschoss mit mehreren Sälen, von denen der französische Autor Alexandre Adler bemerkt: »Alles ist noch heute zu besichtigen und vermittelt den Eindruck, als wäre die Anlage nach einem bestimmten, mystischen Plan errichtet, als hätten hier auch Initiationsriten oder spiritistische Sitzungen stattgefunden.« 1945 verkaufte Marie Dénarnaud, Saunières langjährige Haushälterin, heimliche Gefährtin und Erbin, die Villa dann gegen eine Leibesrente an einen Mann namens Noël Corbu, der sie in ein Hotel mit Restaurant verwandelte. Er ließ die Geschichten rund um mysteriöse Dokumente, Goldschätze und Verschwörungen, um rätselhafte Todesfälle und Geheimnisse aus biblischer Zeit über eine Lokalzeitung verbreiten und beschwor dadurch einen Rattenschwanz an Veröffentlichungen und Forschungen herauf. Nach Corbus Tod blieb das Haus bis zum Jahr 2000 ein Hotel, dann übernahm es die Gemeinde Rennes-le-Château, um aus dem gesamten Komplex ein Museum zu machen.

Die seltsame Kirche

Die Kirche von Rennes-le-Château stammt aus westgotischer Zeit. Bei den Renovierungsarbeiten im Jahr 1886, so wird erzählt, habe der Glöckner Antoine Captier in einem Stützpfeiler mysteriöse Pergamente gefunden. Gewissen Theorien zufolge soll darin von der Ahnenreihe Christi, die sich bis zu den Merowingern und darüber hinaus erstreckt, die Rede gewesen sein, also von einem »Gral« in seiner immateriellen Form. Da die Papiere jedoch nicht mehr auffindbar sind, können über ihren Inhalt nurmehr Spekulationen angestellt werden. Besucher lesen heute in der Kirche geheimnisumwitterte Inschriften wie »Dies ist das Haus Gottes und das Tor zum Himmel«, »Mein Haus wird das Haus der Gebete genannt«, »Durch dieses Zeichen wirst du siegen«, »Das Licht ist im Himmel« und fragen sich, was es damit auf sich hat. Im Altarraum sieht man die heilige Familie dargestellt, sonderbarerweise tragen jedoch beide Eltern jeweils ein Kind. Ein Relief am Altar zeigt die weinende Maria Magdalena. Sie kniet in einer Höhle vor einem Kreuz, das aus zwei Ästen besteht: Der eine trägt Blüten, der andere nicht. In der Vorhalle steht eine Teufelsfigur mit verzerrten Gesichtszügen, über dem Eingang liest man die oft zitierte Inschrift: »Terribilis est locus iste« (Dieser Ort ist furchtbar). Wer mit wachen Augen durch das kleine Gotteshaus geht, findet überall derartige Merkwürdigkeiten.

Mit Dan Browns berühmtem Roman *Sakrileg* auf Gralssuche in Museen – geheimnisvolle Hinweise in den Bildern Leonardo da Vincis

Die spannende Handlung in *Sakrileg* beginnt mit dem Mord an Museumsdirektor Jacques Saunière im Louvre. Hier hängt die *Mona Lisa* (siehe Bildtafel 39), die im Roman eine geheime Botschaft enthält und somit eine Schlüsselrolle spielt, und von hier nimmt die abenteuerliche Schnitzeljagd auf den Spuren des von Saunière bei seinem Tod chiffrierten Rätsels ihren Ausgang.

Im 14. Jahrhundert war die im 12. Jahrhundert mitten im heutigen Paris errichtete Burg zu einem Palais umgebaut worden, das von den jeweiligen Herrschern im Laufe der Zeit stetig erweitert wurde. In seiner aktuellen riesigen Ausdehnung stammt der Louvre hauptsächlich aus dem 17. Jahrhundert. Als Museum wird er seit mehr als 200 Jahren genutzt; kurz nach der Französischen Revolution wurden Schätze des Königshauses erstmals öffentlich gezeigt. Mehr als sechs Millionen Besucher zählt man jährlich im Louvre. Und obwohl er das größte Museum der Welt ist, wird nur ein Zehntel der kolossalen Sammlungen ausgestellt. Das berühmteste aller Gemälde, die *Mona Lisa*, hängt seit April 2005 wieder an seinem früheren Platz, in der nach ihm benannten Salle de la Joconde, nachdem der Raum zuvor vier Jahre lang renoviert worden war. Allein der Fernsehsender NTV steuerte knapp fünf Millionen Euro zu den Kosten bei. Pro Stunde können etwa 1 500 Besucher das geheimnisvolle Lächeln der Portraitierten bewundern, die durch eine Absperrung vor allzu aufdringlichen Zeitgenossen geschützt wird. Das bekannteste Kunstwerk der Welt wirkt im riesigen Louvre erstaunlich klein – 77 Zentimeter misst es in der Höhe, seine Breite beträgt knapp mehr als einen halben Meter. Dennoch kann sich kaum einer der Tausenden, die das Bild täglich besuchen, dem Zauber des Blickes der Schönen entziehen: Jeder im Raum fühlt sich von ihr beobachtet, egal in welchem Winkel er zu ihr steht. Dan Brown lässt seinen Helden Robert Langdon erzählen, der Name Mona Lisa sei von den beiden antiken Gottheiten Amon und Isis abgeleitet. In Wirklichkeit trug das Bild bei Leonardo da Vinci keinen Titel. In Italien wird es *La Gioconda* genannt. Ob es sich aber tatsächlich um eine Lisa Gioconda, möglicherweise die Frau eines reichen Auftraggebers, gehandelt hat, ist nicht sicher. Vermutlich hieß die Dame, die Leonardo in der Zeit zwischen 1503 und 1505 Modell saß, aber mit Vornamen wirklich Lisa. »Monna Lisa« wäre eigentlich die richtige Bezeichnung, »Monna« als Kurzform von Madonna. Leonardo bezeichnete das Gemälde in seinen eigenen Aufzeichnungen als sein bestes Bild und gab es nicht her, der Auftraggeber erhielt es niemals. Im Alter verkaufte er es dann aber schließlich doch, nämlich an den französischen König. 300 Jahre nach seiner Entstehung hing es dann im Schlafzimmer von Napoleon.

Verschlüsselte Botschaften in den Gemälden des Genies?

Leonardo war wohl eines der größten Genies der Menschheitsgeschichte. Sein Nachname lautete nicht »da Vinci«, hier hat Dan Brown recht oberflächlich gearbeitet. Vinci ist ein kleines Dorf nahe Florenz und diesem entstammte er: »Da Vinci« bedeutet schlicht »aus Vinci«. Seine Eltern hatten früh das Talent ihres Sohnes erkannt und ihm eine Maler- und Bildhauerlehre ermöglicht. Zwischen den Jahren 1495 und 1498 malte er das berühmte *Letzte Abendmahl* im Speiseraum des Mailänder Klosters Santa Maria delle Grazie; es ist 4,22 Meter hoch und 9,04 Meter breit. Das Wandgemälde musste immer wieder restauriert werden, die letzte Arbeit daran dauerte 20 Jahre.

In Dan Browns *Sakrileg* wird erzählt, Leonardo da Vinci habe in seinen Werken verschlüsselte Botschaften über die Existenz einer Abstammungslinie hinterlassen, die die Nachfahren Christi bezeichne, die aus dessen Verbindung zu Maria Magdalena hervorgegangen seien. Tatsächlich gibt es nicht wenige Autoren, die auch dieser Meinung sind. Das *Letzte Abendmahl* (siehe Bildtafeln 37 und 38) zeigt die Szene, in der Jesus seinen Jünger sagt, einer von ihnen werde ihn bald schon verraten. Als Gralsforscher suchen wir zuerst einmal nach dem geheimnisvollen Trinkgefäß auf dem Bild – vergeblich. Hat der geniale Maler uns den Kelch, der ansonsten auf den meisten ähnlichen Darstellungen anderer Künstler an exponierter Stelle sofort auffällt, absichtlich unterschlagen? Wir erkennen nur einige kleine Gläser. Hat Leonardo ihn deshalb bewusst weggelassen, weil ja Maria Magdalena, der »lebendige Gral«, mit auf dem Bild ist? Auch diese Deutung Dan Browns und anderer will erläutert werden: Die beiden Hauptfiguren, Jesus und der vermeintliche Jünger Johannes, neigen sich in entgegengesetzte Richtungen, beinahe im gleichen Winkel. Der unvoreingenommene Betrachter dieses Bildes mag in der Figur des Johannes durchaus eine Frau erkennen. Und diese erinnert auch an so manche Maria-Magdalena-Darstellungen: Sie hat lange rötliche Haare und weibliche Gesichtszüge. Befürworter der Theorie meinen, Leonardo habe ganz bewusst Maria Magdalena in das Gemälde mit aufgenommen, um einen Hinweis auf die enge Beziehung zwischen Jesus und ihr zu geben. Und das »V«, das durch die geneigte Körperhaltung der beiden zentralen Figuren im Bild deutlich zu erkennen ist, soll das göttlich Weibliche darstellen, den Schoß als Gefäß: den Gral.

Das Blut von Fécamp

In der Stadt Fécamp in der Normandie besitzt man in der Kirche eine Heilig-Blut-Reliquie. Es heißt, dass sie im Stamm eines Feigenbaumes vom Meer angeschwemmt worden sei. Die Gläubigen sind der Meinung, dass es sich dabei um Jesu Blut handele, das Nikodemus, der mit Josef von Arimathäa nach Europa kam, aufgefangen habe. Es gibt Gralsforscher, die die Legende dort verorten, zumal man im Mittelalter einen Armknochen als Reliquie verehrte, der Maria Magdalena gehört haben soll.

Siehe auch: www.precieuxsang-fecamp.eu

DER GRAL IN SPANIEN

In Spanien gibt es gleich mehrere Gefäße, die als Gral verehrt werden, wenn deren berühmtester auch sicherlich der Santo Cáliz in Valencia ist, den wir daher auch am ausführlichsten betrachten werden.

Der Kelch von San Isidro in León

Im Frühjahr 2014 erklärten die Geschichtsprofessorin Margarita Torres aus dem spanischen León und der Kunsthistoriker José Miguel Ortega del Río, dass der Kelch in der Basilika von San Isidoro in León der einzig echte Gral sei, der, von dem die ersten christlichen Gemeinden in Jerusalem glaubten, dass Jesus ihn beim letzten Abendmahl benutzt habe. Drei Jahre lang haben die beiden Wissenschaftler geforscht. Sie stützen ihre Erkenntnisse auf zwei ägyptische Schriften, die sie entdeckt und ausgewertet haben. Demnach sei der Kelch aus der Kirche in Jerusalem entnommen worden und zunächst in Kairo gelandet. Der Emir von Denia habe ihn später an den kastilischen König Ferdinand weitergegeben, der ihn schließlich seiner Tochter Urraca schenkte.

Siehe auch: www.museosanisidorodeleon.com

Der Gral von Valencia:
der Santo Cáliz de la Cena del Señor

Und dabei hatte man in Spanien seit Langem geglaubt, der echte Gral befinde sich sowieso bereits im Lande, nämlich in Valencia. Allerdings hat es immer wieder Historiker gegeben, die die Ansicht vertreten, dass dieser Kelch zwar tatsächlich von den Aposteln benutzt wurde, nicht aber unbedingt von Jesus selbst. Obwohl die katholische Kirche den Santo Cáliz de la Cena del Señor nie offiziell als Reliquie anerkannt hat, gilt er trotzdem als solche, und es ging ein Bild um die Welt, das den polnischen Papst Johannes Paul II. zeigte, wie er das Gefäß küsste. Auch sein Nachfolger Benedikt XVI. besuchte Valencia im Jahr 2006, um mit dem Santo Cáliz eine Messe zu zelebrieren.

Der Santo Cáliz ist ein Kelch aus Achat, der in der Kathedrale von Valencia aufbewahrt wird. Bis in das 3. Jahrhundert hinein verwendeten die ersten 25 Päpste das Gefäß in Rom als Kelch für das Abendmahlsritual, und viele Menschen sind der Ansicht, dass es sich tatsächlich um den echten Gral handelt, um das Trinkgefäß, das Jesus benutzte, als er zum letzten Mal mit seinen Jüngern zusammensaß. Fachleute haben bestätigt, dass es kurz vor Beginn der Zeitrechnung hergestellt worden sein muss. Für die römische Christenheit steht deshalb mehr oder weniger fest, dass man es hier mit dem Heiligen Gral als greifbarem Objekt zu tun hat. Demnach gäbe es kein Rätsel oder Gralsmysterium – der Gral stünde schlicht und einfach in einer Seitenkapelle der Kathedrale und könnte dort von jedermann besichtigt werden.

Heilige 17 Zentimeter

»Der heilige Kelch des Abendmahles des Herrn ruft zugleich Bewunderung und Misstrauen hervor«, heißt es im deutschsprachigen Text der offiziellen Homepage der Kathedrale von Valencia. Der Betrachter fühle sich zuerst durch die Schönheit des Gefäßes gefesselt, durch die Form, die goldenen Details und die ihn umrahmenden Edelsteine. Dann wird aber sogleich die Frage aufgeworfen, ob es sich bei dem Santo Cáliz de la Cena del Señor nicht um einen weiteren der vielen vermeintlichen Kelche handelt, denen das Attribut »Heiliger Gral« zugeschrieben wird. Den Informationen auf der Website zufolge ist der Valencia-Gral ein sogenannter alexandrinischer Becher, der zwischen den Jahren 100 und 50 v. Chr. hergestellt worden ist. Wenn sich das Licht in ihm widerspiegelt, zeigt das Gefäß bunte Adern. Die Griffe und der goldene Fuß wurden später angebracht. Der untere Becher, *naveta* genannt, ist aus Alabaster und eine arabische Arbeit. Alles in allem misst der Gral von Valencia nur 17 Zentimeter in der Höhe.

Ein Kelch auf Reisen

Die Überlieferung besagt, dass der Apostel Petrus das Gefäß verwahrt und mit nach Rom genommen habe. Papst Sixtus II., der von Kaiser Valerian im Jahr 258 verhaftet und zum Tode verurteilt wurde, beauftragte seinen Diakon Laurentius, die Kirchenschätze unter den Armen der Stadt zu verteilen. Lediglich das als besonders schützenswert betrachtete Abendmahlsgefäß habe Laurentius einem römischen Soldaten anvertraut. Dieser soll es dann nach Spanien gebracht haben. Als Aufenthaltsorte werden Yebra, Siresa, Santa María de Sásabe, Bailio und schließlich das Kloster San Juan de la Peña in den Pyrenäen genannt, wo der Kelch im Jahr 1071 in einem Dokument erwähnt wird. 1399 wurde er König Martín de Aragón überreicht, der ihn in seinem Schloss in Zaragoza verwahrte. 1424 gelangte das Gefäß mit König Alonso V. schließlich nach Valencia, dort steht es seit dem Jahr 1437 in der Kathedrale. Unterbrochen wurde sein Aufenthalt in der Mittelmeerstadt allerdings zwischen 1809 und 1813, als man es vor den Franzosen auf Mallorca versteckte, und von 1936 bis 1939, da man es während des Spanischen Bürgerkrieges in der Stadt Carlet unterbrachte.

Im Katharerschatz?

Kritiker der Theorie von der Echtheit des Santo Cáliz meinen, dass Jesus keinen großen Wert auf wertvolle Gegenstände gelegt haben könne. Allerdings lebten er und seine Jünger nicht in Armut; es scheint durchaus wohlhabende Sponsoren gegeben zu haben, die auch dafür sorgten, dass das letzte Abendmahl in einem standesgemäßen Haus mit entsprechendem Geschirr gefeiert werden konnte. Es gibt Theorien darüber, dass der Santo Cáliz zwischen dem 8. und dem 13. Jahrhundert im französischen Languedoc versteckt gewesen sei, da er auch in San Juan de la Peña nicht sicher war. Über Umwege sei er später nach Valencia gelangt. Er wird deshalb auch mit dem geheimnisvollen Schatz in Verbindung gebracht, den die Katharer während der Belagerungen des Montségurs vermutlich versteckten, worauf später noch näher eingegangen wird.

Siehe auch: www.catedraldevalencia.es/el-santo-caliz

Links: Wappen der autonomen Region Galicien. Rechts: Historisches Banner Galiciens

Ein galicischer Gral

Ungefähr 160 Kilometer von Santiago de Compostela entfernt liegt die kleine Ortschaft El Cebrero. Der Kelch, den man in der dortigen Ortskirche verehrt, wurde erst bekannt, nachdem sich die Gralslegenden schon verbreitet hatten. In Spanien glauben manche, dass er Richard Wagner als Inspiration für seinen *Parsifal* diente. In dem Kelch, so wird berichtet, habe sich ein Transsubstationswunder ereignet. Allerdings sollen nur zwei Menschen dieses Wunder erlebt haben: Im Jahr 1300 zelebrierte ein Priester seine Messe mit nur einem Kirchgänger, einem armen Schäfer, die übrigen Dorfbewohner waren wegen eines heftigen Schneesturms zu Hause geblieben. Der Überlieferung zufolge hätten sich vor beider Augen Brot und Wein in Fleisch und Blut verwandelt. Die Transsubstationslehre war zu diesem Zeitpunkt erst wenige Jahrzehnte alt. Beim Vierten Laterankonzil im Jahr 1215 hatte man sie zum Dogma erhoben. Der »galicische Gral« ist in das Wappen der spanischen Provinz eingegangen.

Siehe auch: www.es.wikipedia.org/wiki/El_Cebrero

DER GRAL IN ITALIEN

Italien als Zentrum des katholischen Glaubens darf natürlich nicht fehlen, wenn es um weitere Grale geht.

Die Heilige Schüssel von Genua

Der Sacro Catino ist ein Gefäß, das auch als »die Heilige Schüssel von Genua« bekannt wurde. Auch er gehört zu den Objekten, die man regional als Gral verehrt. Eine Überlieferung erzählt, die Genueser hätten ihn im Jahr 1101 zum Dank für ihre Unterstützung bei der Belagerung von Caesarea erhalten. Eine andere geht davon aus, dass er 1147 nach der Eroberung der spanischen Stadt Almería in genuesischen Besitz gelangt sei. Erzbischof Wilhelm von Tyrus erwähnte im 12. Jahrhundert in einem Bericht, die Kreuzfahrer hätten das Gefäß, das aus einem von Herodes dem Großen erbauten Tempel stamme, für viel Geld gekauft.

Grüner Gral aus Glas

Im Jahr 1806 beauftragte Napoleon Bonaparte Experten, den Kelch zu untersuchen. Sie kamen zu dem Ergebnis, dass der Sacro Catino nicht, wie man bislang glaubte, aus einem Edelstein besteht, sondern aus grünlichem Glas. Er befindet sich in der Schatzkammer der Kathedrale von San Lorenzo, seit dem Rücktransport aus Frankreich hat er einen Bruchschaden.

Siehe auch: www.visitgenoa.it/de/der-sacro-catino

Ein Gral im Grab des Laurentius

In Rom untersuchten italienische Forscher vor einigen Jahren mittelalterliche Fresken und Mosaike auf Hinweise nach dem Heiligen Gral und kamen zu dem Schluss, dass er sich nirgendwo anders befinden könne als innerhalb der Grenzen der römischen Hauptstadt. Er liege im Grab seines letzten Hüters, des Diakons Laurentius, in der Basilika San Lorenzo fuori le Mura, so ließen sie verlautbaren, trafen mit ihrer Theorie aber auf wenig Gegenliebe seitens des Vatikans.

Dort bleibt man bei der überlieferten alten Version: Laurentius habe vor seinem Märtyrertod im Jahr 258 den Gral einem römischen Soldaten anvertraut, der ihn nach Spanien brachte. Laurentius wurde zu einem der meistverehrten Heiligen innerhalb der katholischen Kirche. 72 Jahre nach seinem gewaltsamen Tod ließ Kaiser Konstantin eine Basilika über seinem Grab errichten.

Allerdings hatte man ihn ohne den abgetrennten Kopf bestattet. Sein Haupt war als wertvolle Kopfreliquie auf die Reise gegangen und nach Deutschland gelangt. Bis zum Ende des Mittelalters wurde es in Mönchengladbach verehrt und später an den Vatikan weitergegeben, wo es sich heute noch immer befindet. Da an seinem Gedenktag, dem 10. August, oft Sternschnuppen am Himmel gesichtet werden, nannte man dieses Phänomen »Laurentiustränen«.

Siehe auch: www.basilicasanlorenzo.it

Der apulische Templergral

Am südöstlichen Ende Italiens, in Apulien, steht seit dem Jahr 1250 das Castel del Monte. Sein Bau geht auf den Stauferkaiser Friedrich II. zurück. Diese Burg ist in ihrer baulichen Struktur einzigartig, was sie zu einem der bedeutendsten Architekturdenkmäler aus der Zeit des Mittelalters macht. Das Kastell steckt voller Symbolismen, es erinnert auf den ersten Blick an die achteckige Reichskrone und weckt Assoziationen zur Pfalzkapelle in Aachen wie auch zu arabischen Baumustern. Die Erbauer haben die Burg in Abhängigkeit von gewissen Sternenkonstellationen errichtet, was ermöglicht, dass an bestimmten Tagen des Jahres besondere Licht- und Schattensituationen auftreten, die das Gebäude zu einem überdimensionalen Himmelskalender machen. 1991 war in der Zeitschrift *Der Spiegel* nachzulesen, was zwei italienische Forscher herausgefunden hatten: »In der geometrischen Formelsprache von Castel del Monte soll nämlich Friedrich II. allerlei Hinweise auf andere ihm wichtige Orte und Bauwerke versteckt haben: auf Chartres und die Kathedrale Notre Dame, auf Jerusalem und den Felsendom. Vor allem aber wollen die Forscher im Grundriss versteckt auch ein Abbild der Cheops-Pyramide erkannt haben – samt Angaben über die Lage jener verborgenen Kammer des Pharaos, die bisher von niemandem gefunden wurde.« Der Stauferkaiser Friedrich II. soll Tempelritter beauftragt haben, im Heiligen Land nach dem Gral zu suchen. Dieser sollte dann im Castel del Monte aufbewahrt und von Templern bewacht werden. In der Burg finden sich mögliche Hinweise auf die geheimnisvollen Ritter, so etwa als Schlussstein in einer Halle der steinerne Kopf eines bärtigen Mannes, der mit dem mysteriösen Baphomet in Verbindung gebracht wird, dem Götzen, den die Tempelritter angeblich anbeteten. Den Gral, den sie nach Apulien gebracht haben sollen, habe man zunächst in der Basilica di San Nicola in der 16 Kilometer von der Burg entfernt liegenden Hafenstadt Bari untergebracht, dann verlor sich seine Spur.

Siehe auch: www.unesco.org/en/list/398

Ein lombardischer Gral

In Italien gibt es auch eine Legende, die besagt, es sei versucht worden, den Gral aus Glastonbury im 6. Jahrhundert nach Rom zu bringen, weil er in Britannien nicht mehr sicher gewesen sei. Der Mönch, der heimlich mit dem Gefäß reiste, so erzählt die Geschichte, habe es aber aufgrund kriegerischer Handlungen in der Lombardei nicht bis Rom geschafft. Im Val Codera habe er den Gral daher bei einem markanten Felsen vergraben. Ein päpstlicher Grabungstrupp sei später mit leeren Händen zurückgekehrt, da ein Erdrutsch das Versteck verschüttet habe.

Siehe auch: www.comacina.it/santograal.htm

Ein Gral unter der Erde

Als die Stadt Aquileia in der Provinz Udine, nicht weit von der heutigen Grenze nach Slowenien, im Jahr 452 n. Chr. von den Horden des Hunnenführers Attila belagert wurde, verbargen die Bewohner sämtliche Wertgegenstände in einer Grube namens Puteum aureus. Noch heute glauben viele Einwohner der Kleinstadt, dass zu diesem nie geborgenen Schatz auch der Heilige Gral gehört habe, der bis zur Mitte des 5. Jahrhunderts von den örtlichen Kirchenobrigen bewacht worden war. Woher kam der Gral? Auch hier spricht die Überlieferung von Josef von Arimathäa, der nicht in Südfrankreich, sondern eben im Hafen von Aquileia von Bord gegangen sei. Ein weiterer Passagier sei der Evangelist Markus gewesen, der den Römern Aquileias das Christentum nahegebracht haben soll. Die Legende, dass unter dem Ort Reichtümer und Reliquien lägen, spielt auch heute insofern noch eine Rolle, als Grundstückskaufverträge eine Klausel beinhalten, dass, sollte ein neuer Besitzer auf seinem Gelände einen Schatz finden, dieser dem Vorbesitzer gehört.

Siehe auch: wwwturismofvg.it/Ort/Aquileia

San Galgano

Hochinteressant ist ein Phänomen, das man sich in der Toskana, rund 35 Kilometer südöstlich von Siena anschauen kann, wenn man die Kapelle von San Galgano in Montesiepi besichtigt. Dort steckt nämlich ein echtes Schwert in einem echten Stein. Wir werden an späterer Stelle noch auf das sagenhafte Schwert Excalibur eingehen, das von König Artus aus dem Fels gezogen wurde. Angesichts der vielen unterschiedlichen Stimmen aus Spanien, der Bretagne, Südfrankreich oder von den Britischen Inseln, die für ihr Land beziehungsweise ihre Region in Anspruch nehmen, der Ursprungsort der Gralslegende zu sein, ist es nur verständlich, dass auch manche Italiener einwerfen: »Halt, vergesst unser San Galgano nicht!« Immer wieder haben Besucher erfolglos versucht, das Galgano-Schwert aus dem Stein zu ziehen, dabei wurde es sogar beschädigt. Seit 1991 ist es deshalb durch eine durchsichtige Plexiglaskuppel geschützt.

Das Schwert im Fels

Experten der Universität Padua, die im Jahr 2001 Hightech-Untersuchungen am Schwert vornahmen, stellten fest, dass es tatsächlich tief in den Fels hineinreicht, ohne dass kleine Zwischenräume zu erkennen wären. Jemand muss es mit unmenschlicher Kraft in den Fels gerammt haben. Und das im 12. Jahrhundert, wie ein Chemieprofessor der Universität von Pavia herausgefunden hat. Schaut man sich die Geschichte des Heiligen, der hier verehrt wird, genauer an, treten verblüffende Parallelen zu der des Gralsritters Parzival zutage, auf welchen wir an anderer Stelle noch genauer zu sprechen kommen werden. Der Heilige hieß mit bürgerlichem Namen Galgano Guidotti und war ein Ritter, Spross einer alten Familie aus Marseille. Er kam im Jahr 1148 in Chiusidino zur Welt. Zunächst soll er ein ziemlich ausschweifendes Leben geführt haben, sich dann aber irgendwann der Sinnlosigkeit seines Tuns und vor allem der des Kriegshandwerks bewusst geworden sein. Bevor er sich als Einsiedler auf den Hügel, auf dem heute seine Kapelle steht, zurückzog, sei ihm der Erzengel Michael in zwei Visionen erschienen. Daraufhin sei er in der Lage gewesen, sein Schwert tief in den Felsen zu schieben, als bestünde dieser aus Butter. Er soll dem Engel zuvor gesagt haben, dass es ebenso wenig möglich sei, sein bisheriges Ritterleben aufzugeben, wie es unmöglich sei, sein Schwert in einen Felsen zu rammen. »Versuche es doch einmal!«, habe der Engel ihm geantwortet.

Galgano – Gawain?

Das Resultat dieses Versuchs ist seit über 800 Jahren in Galgano zu sehen, so die Legende. Drei Tage, nachdem der Einsiedler im Alter von 33 Jahren gestorben war, sprach man ihn selig. 1185 wurde er von Papst Urban III. heiliggesprochen. Der Name Galgano klingt ähnlich wie der eines Ritters von Artus' Tafelrunde: Galvano (Gawain). Der Hügel von Montesiepi war schon in der Antike ein heiliger Ort, ein Kult- und Kraftplatz. Die örtlichen Legenden erzählen von einem unterirdischen Raum, in dem der Heilige seine Visionen empfangen haben soll. Auch sei er dort Hüter des Heiligen Grals gewesen und dieser habe ihn mit seinen Kräften ausgestattet. Unweit seiner Kapelle erheben sich die Ruinen einer imposanten gotischen Zisterzienserabtei, die ebenfalls nach ihm benannt ist und an Glastonbury denken lässt. Die Sage vom ehemaligen Ritter, dessen Schwert in einem Felsen steckt und der in einer Einsiedelei einen Gral hütet, fand rasch Eingang in die Troubadourslyrik und dürfte die bretonischen Gralsdichtungen durchaus beeinflusst haben.

Siehe auch: www.commune.chiusdino.siena.it

Der amerikanische Gral

Auch die Neue Welt nimmt für sich in Anspruch, die jetzige Heimat des Grals zu sein.

Ein Gral im Kunstmuseum

Auf den Kirchenlehrer Hieronymus geht die manchmal vertretene Annahme zurück, dass beim letzten Abendmahl zwei Kelche auf dem Tisch gestanden hätten: ein kleiner für den Wein und ein größerer mit zwei Litern Füllmenge für Wasser. Der Gral, der sich heute im Metropolitan Museum of Art in New York befindet, gehört zum sogenannten Schatz von Kaper Koraon und wird als Antiochia-Kelch bezeichnet. Es gab immer wieder Spekulationen darüber, ob es sich dabei um das von Hieronymus genannte Weingefäß handelt. Der Schatz umfasst 56 Silbergegenstände, die zwischen 1908 und 1910 im nördlichen Syrien gefunden wurden. Der sich darunter befindliche Kelch besteht aus drei Teilen: dem Fuß, dem dekorativen äußeren Kelch und dem einfachen inneren Teil. Auf dem

Der Antiochia-Kelch

äußeren Kelch sind zwölf sitzende Figuren zu erkennen, die durch Weinranken miteinander verbunden sind: Jesus und seine Jünger. Jesus wird frontal, seine Jünger dagegen von der Seite dargestellt. Heute geht man davon aus, dass zumindest der äußere Teil im 6. Jahrhundert entstanden ist.

Siehe auch: www.metmuseum.org

Der Kelch des Abtes

Ebenfalls in den USA, in der Washingtoner National Gallery of Art, befindet sich der Kelch Sugers von Saint Denis. Wiederholt wurde vermutet, dass zumindest ein Teil des Messkelches Bestandteil des Heili-

*Michel Félibien,
Ausschnitt aus einer
Darstellung des Schatzes
von Saint Denis:
Sugers Kelch,
1706*

gen Grals gewesen sei. Suger, der Abt von Saint Denis, hatte ihn einst in Gold und Juwelen einfassen lassen. Der aus Onyx bestehende obere Kelch stammt vermutlich aus dem Raum Alexandria und wurde im 2. oder 1. Jahrhundert v. Chr. geschaffen.

Siehe auch: www.nga.gov

Oak Island

Die Sinclairs in Amerika

Der Gralsforscher Andrew Sinclair brachte die These auf, dass die Sinclairs, die Erbauerfamilie der legendären Rosslyn Chapel, aus dem gleichlautenden schottischen Roslin schon lange vor Kolumbus gemeinsam mit einigen Tempelrittern den amerikanischen Kontinent besucht hätten. Auf Oak Island, der Eicheninsel, soll – so glauben diverse Autoren – der Schatz der Templer inklusive Gral versteckt sein. Die Theorie, dass die Templer sich gerade dort aufgehalten hätten, wird vielfach vertreten. Im Jahr 1795 wurde dort ein Schacht entdeckt, der tatsächlich die Funktion eines Verstecks gehabt haben könnte. Was dort womöglich verborgen wurde, das hat allerdings bisher noch niemand herausfinden können.

John Dee

Der legendäre Alchemist und Astrologe John Dee war ebenfalls der Überzeugung, dass sich Siedler aus England lange vor der offiziellen Entdeckung Amerikas durch Kolumbus im Jahr 1492 auf diesem Kontinent niedergelassen hätten. Er datierte die Besiedlung auf die Zeit von König Artus. Die Autorin Monika Hauf schreibt dazu in ihrem Buch *Wege zum Heiligen Gral – der abendländische Mythos*: »Skeptiker weisen diesen Anspruch zurück. Dee habe als guter Patriot lediglich versucht, einen historischen Anspruch Englands auf Amerika zu begründen. Jedoch hatte Dee tatsächlich Forschungsreisen über den Ozean unternommen. Auf der anderen Seite fragen sich Experten, ob die sagenhaften Legenden über keltische Mönche, also Zeitgenossen Arthurs, welche mit ihren nussschalenähnlichen Booten geheimnisvolle Inseln besucht haben sollen, nicht einen Kern von Wahrheit enthalten. War Dee auf ihre Spuren gestoßen?«

Der ungeborgene Schatz

Oak Island liegt südlich von Halifax in Kanada. Seit langer Zeit versucht man vergeblich, den dort vermuteten Schatz zu bergen. Wohl fand man ein großes Kreuz aus vier kegelförmigen Granitblöcken, in dessen Mitte ein kleiner Sandstein in Form eines menschlichen Schädels steckte. Manche Forscher sind der Meinung, dass die ebenfalls dort vorgefundenen Markierungen und Einkerbungen an Steinen Symbole darstellen, die von Freimaurern oder Templern angebracht wurden. Ging hier die Flotte mit 13 Schiffen der Templer an Land, die im Jahr 1307 den Hafen von La Rochelle verließ und nie mehr gesehen wurde? Es wird vermutet, dass die Schätze der Templer, zu denen viele auch den Heiligen Gral zählen, zuerst nach Schottland gebracht wurden und dann von dort an die kanadische Küste. Es gibt ein Dokument aus dem Jahr 1398, das sogenannte Zeno-Dokument, das eine Atlantik-Überquerung beschreibt.

Siehe auch: www.oakislandmoneypit.com

Der deutsche Gral

Die Gralslegende stieß auch in Deutschland auf große Resonanz; und so sollte es uns auch nicht wundern, dass dort ebenfalls nach dem Gral geforscht und der ein oder andere Ort mit diesem in Verbindung gebracht wurde.

Burg Wildenberg – die Wiege des Parzivals

Dies ist beispielsweise der Fall der Burg Wildenberg, die im Odenwald, in der Nähe von Amorbach, steht. Sie wird gern als die deutsche Gralsburg bezeichnet. Man erzählt sich, dass Wolfram von Eschenbach auf der Burg an seinem Parzival-Roman gearbeitet habe. Allerdings gibt es hinter den Burgmauern kein Gefäß, das mit dem Gral in Verbindung gebracht würde. Der Mythos hängt allein mit dem Autor zusammen, der hier schöpferisch tätig war.

Der Gral und die Nazis

Die Wewelsburg als Gralsstätte

Weiter nördlich auf der Landkarte liegt die Wewelsburg bei Paderborn. Heinrich Himmler wollte dort für die SS ein Ordenszentrum einrichten. Doch niemand kann heute noch mit Bestimmtheit sagen, ob es – wie wiederholt behauptet wurde – einen konkreten Plan der Nazis gab, den Gral zu finden und auf die Wewelsburg zu bringen. Es scheint aber gut möglich, wenn man bedenkt, welches Interesse die Nazis an Reliquien bekundeten, die eine große Wirkung auf die Bevölkerung hatten. Immer wieder war die Rede von einem okkulten Zirkel innerhalb der Führungsriege, die von dem Glauben an die Erfüllung einer alten Prophezeiung durchdrungen gewesen sein soll, der zufolge Deutschland die Weltherrschaft erringen sollte. In nicht wenigen Veröffentlichungen wurde spekuliert, die SS habe tatsächlich einen Gral gefunden und auf der Wewelsburg verwahrt. 1945, beim Zusammenbruch der Nazidiktatur, sei dieses Gefäß im Chiemsee versenkt worden.
Siehe auch: www.wewelsburg.de

Die Frau mit dem Kelch

Im Harz, am Stadtrand von Goslar, steht der Klusfelsen. Dort befindet sich, in den Fels gehauen, eine kleine Kapelle, die möglicherweise auf eine frühzeitliche Kultstätte zurückgeht. Agnes, die Frau Heinrichs III., hatte die Sankt-Peters-Basilika auf dem nahen Petersberg gestiftet und kam regelmäßig zum Beten in die Kapelle. Am Klusfelsen sind einige Steinreliefs zu erkennen. Auf einem davon sieht man eine große Frau, die einen Kelch vor sich herträgt. In der Gegend erzählt man sich die Legende von einem kleinen Mädchen, das oft am Felsen gespielt habe. Als das Kind eines Tages dort eine schöne blaue Blume pflückte, habe sich der Berg vor ihm aufgetan und einen Gang ins Innere der Erde enthüllt. Das Mädchen sei hineingeschritten und habe einen Zwerg getroffen, der es in einen großen Saal geführt habe, der hell erleuchtet war. In der Mitte des Raumes hätten an einem Tisch schweigende Männer mit langen Bärten gesessen. Das Mädchen sei auf einen der Langbärte zugegangen und habe ihm die blaue Blume geschenkt. Als Gegengeschenk habe es einen prächtigen goldenen Becher erhalten. Das Mädchen sei nach Hause gegangen und habe den Becher sein ganzes Leben lang behalten; dieser habe ihm Glück und Wohlstand gebracht.

Das arglose Kind

Wenn wir uns später intensiver mit der mittelalterlichen Gralslegende beschäftigen, werden wir rückblickend hier schon einige ihrer wesentlichen Elemente erkennen: Das Kind ist unverdorben und arglos wie der Ritter Galahad. Die Gralshüter erkennen, dass der junge, reine Mensch es wert ist, den Becher zu besitzen. Wie so oft wird auch hier eine Legende mit einem realen Gegenstand in Verbindung gebracht. Im Petersberger Kloster befindet sich ein Goldbecher und – wir können es uns schon denken – es gibt Autoren, die diesen als den Heiligen Gral bezeichnen.

Siehe auch: www.goslar.de

DER GRAL IN ÖSTERREICH

Und schließlich kommt auch Österreich, genauer gesagt Wien, als mögliche Gralsstätte in Betracht.

Eine geheimnisolle Achatschale
in der Wiener Hofburg

In der Schatzkammer der Wiener Hofburg werden zwei unveräußerliche Erbstücke des Hauses Habsburg aufbewahrt. Das eine ist das sagenhafte Ainkhürn, der Stoßzahn eines Narwals, den man früher für das Horn eines Einhorns hielt, das andere eine Achatschale, die wegen ihrer Größe als Naturwunder gilt. Sie hat einen Durchmesser von 76 Zentimetern. Der Legende nach wurde sie im Jahr 1204 bei der Eroberung von Konstantinopel erbeutet. Über das Erbe der Burgunder gelangte sie in den Besitz der Habsburger. In früheren Zeiten will man die Buchstaben B.XRISTO.RI.XXPP. auf der Schale erkannt haben, die heute allerdings nicht mehr sichtbar sind. Da man die Buchstaben auf Jesus bezog, wurde die Schale als Reliquie betrachtet und für den Heiligen Gral gehalten. Sie passt damit ganz gut zu einer weiteren Reliquie, die ebenfalls in der Hofburg zu finden ist: der Heiligen Lanze. Sie ist das älteste Reichskleinod der Könige und Kaiser des Heiligen Römischen Reiches, wird jedoch erst auf das 8. Jahrhundert datiert und stammt demnach nicht aus biblischer Zeit. Ein Stück eines Kreuzigungsnagels soll in sie eingearbeitet sein. Auch die Lanze wurde mit dem Blut Jesu in Verbindung gebracht, da man sie dem römischen Hauptmann Longinus zuschrieb. Mit ihr soll der Soldat den Tod des Gekreuzigten festzustellen versucht haben.

Siehe auch: www.hofburg-wien.at

Die Heilige Lanze

Dadurch, dass die Longinuslanze mit Jesu Blut in Kontakt gekommen sein soll, erhielt sie ihren Status als heiliger Gegenstand. Es hieß, dass die Lanze ihren Besitzer unbesiegbar mache. Wer sie offiziell in Händen hielt, dessen Macht musste gottgegeben sein. Für

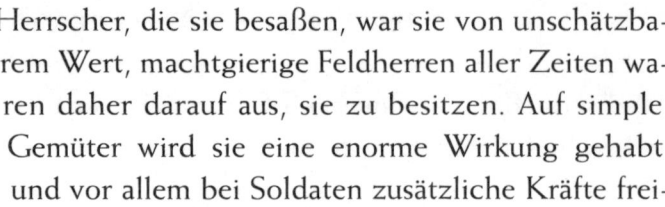

Herrscher, die sie besaßen, war sie von unschätzbarem Wert, machtgierige Feldherren aller Zeiten waren daher darauf aus, sie zu besitzen. Auf simple Gemüter wird sie eine enorme Wirkung gehabt und vor allem bei Soldaten zusätzliche Kräfte freigesetzt haben. So ist es verständlich, dass man die Lanze während der Invasionen napoleonischer Truppen versteckte, da man nicht wollte, dass sie Napoleon in die Hände fiel. Sie wurde daher während der napoleonischen Feldzüge von Nürnberg nach Wien gebracht. Hitler, noch wahnsinniger als der kleine Korse, holte sie zurück, weil er möglicherweise auch an die Geschichte von der Unbesiegbarkeit glaubte. 1945 fanden alliierte Soldaten das Stück in einem Stollen. Ein Jahr später schickten die Amerikaner es zurück nach Wien. Heute ist nur noch die Spitze erhalten, sie ist ungefähr einen halben Meter lang. Untersuchungen ergaben, dass sie etwa 1200 Jahre alt ist.

Die Heilige Lanze

Nachdem wir uns nun einen Überblick über mögliche Gralsstandorte verschafft haben, wenden wir uns im Folgenden der Legende als solcher zu.

Kapitel 2

Die Legende um König Artus und die Gralsritter

DER GRALSMYTHOS

Im Folgenden wollen wir noch einmal auf die Frage eingehen, ob es sich beim Heiligen Gral überhaupt um ein materielles, greifbares Objekt beziehungsweise um eine geheimnisvolle Blutlinie handelt oder ob wir es hier nur mit einem Mythos aus alter Zeit zu tun haben, der sich aus den Erzählungen und Legenden verschiedener Kulturen speist. Das Thema ist facettenreich und birgt für uns Betrachter einen enormen Interpretations- und Deutungsspielraum.

LEGENDE UND WAHRHEIT

Eine Sage ist bekanntlich eine Erzählung, etwas »Unwahres«, von Menschen Erfundenes, das anfangs mündlich, später schriftlich weitergegeben wurde. Zwar liegt ihr meist ein reales historisches Fundament zugrunde, doch ist dieses häufig nicht sofort zu erkennen, und es scheint unmöglich zu sein, genau zu bestimmen, wo der Wahrheitsbericht aufhört und die Fiktion beginnt. Man nimmt zum Beispiel heute an, dass es vor 1 500 Jahren in Britannien historische Vorbilder für König Artus und seine Mannen gegeben hat. Aber haben diese die Abenteuer wirklich erlebt, so wie sie uns überliefert worden sind? Wir bezweifeln es und denken eher, dass diese auf Elemente der keltischen Mythologie und auch der Märchen zurückgehen, die es im frühen Mittelalter schon gab, sodass schließlich Fiktion mit der Beschreibung echter Geschehnisse vermischt wurde.

Der Gral ist lebendig

Das Gleiche gilt für die Legende, die uns Wolfram von Eschenbach und seine Vorgänger viele Jahrhunderte später überlieferten. Diverse Mythen flossen in den Stoff der Artussage ein. Und wenn man die Sache weiterverfolgt, stellt man fest, dass das Gralsthema einem dynamischen Prozess unterliegt – die Legende ist lebendig. Denn weder die biblischen Erzählungen, noch die der Artusmaterie oder die Romane des Mittelalters sind statische, einmal festgeschriebene Fassungen. Jede Epoche bringt vielmehr eigene Elemente mit ein. Mit nahezu jedem neuen Buch, das sich mit dem Heiligen Gral beschäftigt, werden uns neue Theorien, neue Orte, neue Personen, neue Zusammenhänge, neue Deutungen präsentiert. Manche Theorien erscheinen so abwegig, dass man sich die Haare raufen möchte. Fast alle sind spekulativ, relativ zu sehen. Und die mit der größten Durchsetzungskraft und breitesten Massenwirkung gehen schließlich in das moderne Allgemeinwissen ein. Besonders dann, wenn sie in Form bewegter Bilder daherkommen: als Fernsehdokumentationen, über Videokanäle im Internet oder auf der Kinoleinwand, wie im Falle von *Sakrileg*.

Es stellen sich die Fragen: Was ist am Heiligen Gral so faszinierend? Wieso beschäftigt sich eine so große Zahl an Menschen damit? Weshalb lassen uns viele andere Reliquien und vergleichbare Themen mehr oder weniger kalt, während der Gral ein Dauerbrenner ist?

Eine bunte Mischung

Einer der Gründe für die rasch wachsende Popularität der Gralsromane im 12. und 13. Jahrhundert war die Mischung aus keltischen, christlichen und orientalischen Sagen und Erzählungen, die in das Geschriebene einfloss: Bei den Stories handelte es sich um mündliche Überlieferungen mit archetypischen Inhalten aus dem keltischen und dem orientalischen Überlieferungskreis. Diese verbanden sich mit Elementen der christlichen Liturgie, in denen der Kelch eine Rolle spielte, mit Kultischem, das sich auf Reliquien bezog, und mit Aspekten der in adeligen Kreisen bevorzugten Literatur. Vor allem in Frankreich begegneten sich zu jener Zeit auf relativ engem Raum Bevölkerungsgruppen, die sich ihrer keltischen, fränkischen, normannischen oder romanischen Wurzeln durchaus bewusst waren. Und auch in der östlichen Mythologie trifft man auf einen Gral. So erwähnt ihn beispielsweise der persische Philosoph Suhrawardi (1154–90).

Dieses Umfeld bot einen guten Nährboden für die Sagen rund um Artus, Lancelot & Co. Weiteren spannenden Stoff lieferte das aktuelle Geschehen: Kriegs- wie auch Pilgerzüge ins Heilige Land und die damit verbundene Gründung von Ritterorden wie dem der Tempelritter, die für den Schutz der Reisenden und der eroberten Gebiete sorgen sollten, sowie die Entdeckung verschiedener Christenheitsreliquien.

König Artus und die Gralsritter

Betrachten wir nun die Figur des König Artus etwas näher. In vielen literarischen Werken des Mittelalters begegnen wir dem sagenhaften König. Während der Übergangszeit von der Antike ins Mittelalter (um das Jahr 500 n. Chr.) – so berichten britische Chroniken ab dem 9. Jahrhundert – soll er britannische Heere als König bei der Verteidigung des Landes gegen eindringende Angeln, Jüten und Sachsen angeführt haben. Er ist eine der wichtigsten Figuren der Mythologie Britanniens. Während er namentlich in früheren Chroniken nicht auftaucht, wird er erstmals in der *Historia Brittonum* (Geschichte der Briten, 9. Jahrhundert) schriftlich erwähnt. Diese ist vermutlich im Jahr 840 von dem walisischen Mönch Nennius geschrieben worden. Er bezeichnet Artus als einen Heerführer, der in zwölf Schlachten gekämpft habe. Rund 110 Jahre später wird der König in den *Annales Cambriae* als Sieger der Schlacht von Badon genannt. William of Malmesbury berichtet in der ersten Hälfte des 12. Jahrhunderts in seiner *Gesta Regum Anglorum* (Die Taten der englischen Könige) davon, dass Artus einen anderen Kriegsherrn, Ambrosius Aurelianus, im Kampf gegen die Angeln unterstützt habe.

Als älteste überlieferte Artusgeschichte gilt die *Historia Regum Britanniae* (Geschichte der Könige Britanniens), um 1135 von Geoffrey of Monmouth verfasst.

Die Geschichte von König Artus

Allmählich ist es an der Zeit, den Inhalt der Artussage vorzustellen. Folgen wir also den Spuren König Artus' und seiner Getreuen.

Zwölf bis 1 600 Ritter

Es ist Pfingsten. Am Hof des Königs in Camelot treffen sich die edelsten Ritter des Landes zum großen Turnierwettstreit. Die Banner der Teilnehmer wehen bunt im Wind. Es haben sich Ritter mit klangvollen Namen angekündigt: Parzival, Lanzelot und viele andere, deren Namen uns später noch mehrfach begegnen werden.

Das Turnier ist das letzte der Gemeinschaft der Recken, denn danach beginnt für die meisten die Suche nach dem Heiligen Gral. Es ist auch gleichzeitig das Ende der Tafelrunde und des sagenumwobenen Königreichs von Artus, dem wohl legendärsten Herrscher Britanniens des ausgehenden Mittelalters. Nach dem Turnier begeben sich die Ritter in den großen Festsaal von Camelot und nehmen an der Tafelrunde Platz, jenem Tisch, den König Leodegrance einst seinem Schwiegersohn Artus zur Vermählung schenkte. Der Tisch hat eine enorme Größe: 150 Ritter können dort nebeneinander sitzen; allerdings finden sich in den verschiedenen Versionen der Artusdichtung bezüglich der Tafelrunde sehr unterschiedliche Angaben: Bei einigen Autoren ist von zwölf Rittern die Rede, andere dagegen schreiben von bis zu 1 600.

Erleuchtete Helden

»Mit einem Male hörten sie ein Krachen und Donnern, dass sie meinten, die ganze Halle müsste einstürzen. Inmitten dieses Getöses brach ein Sonnenstrahl herein, siebenmal heller als der Tag, und alle wurden von der Gnade des Heiligen Geistes erleuchtet. Da schauten die Ritter einander an, und jeder kam dem anderen schöner vor, als er ihn jemals gesehen hatte. Lange Zeit brachte keiner ein Wort heraus, und so schauten sie einander nur an, als wären sie stumm. Dann erschien der heilige Gral in der Halle, mit reichem golddurchwirktem Damast bedeckt, aber keiner konnte ihn sehen oder erkennen, wer ihn trug. Die Halle füllte sich mit süßen Düften, und jeder Ritter erhielt die Speisen und Getränke, die er am meisten auf dieser Welt liebte. Nachdem der heilige Gral durch die Halle getragen worden war, verschwand er plötzlich, und keiner wusste, wohin er getragen worden war. Da fanden sie alle ihre Sprache wieder.« So beschreibt Sir Thomas Malory im 15. Jahrhundert in seinem Roman *Le Morte d'Arthur* (Arthurs Tod) das Erscheinen des Grals in der Artussage. Er fasste mit seinem Roman die bisher erschienenen Versionen des Artusstoffes sowie die ihm bekannten mündlichen Überlieferungen zusammen und schuf damit quasi den Inbegriff der Artusgeschichte.

Der ursprüngliche Artus

Das Ende Roms

Gehen wir nun noch ein paar Jahrhunderte zurück und machen uns auf die Suche nach dem historischen Artus und seiner Beziehung zum Heiligen Gral.

Wer war der legendäre britannische Fürst? Um es gleich vorwegzunehmen: Es hat ihn nie gegeben, jedenfalls nicht in der Gestalt, die uns überliefert worden ist. Begeben wir uns also auf eine Zeitreise in das Britannien an der Schwelle zwischen Antike und Mittelalter. Zu Beginn des 5. Jahrhunderts hatten die Römer das seit dem Jahr 43 n. Chr. besetzte keltische Land aufgegeben. Die einstige Weltmacht stand vor dem Zerfall. Innere Streitigkeiten, unfähige und/oder zu junge Herrscher und wirtschaftliche Probleme waren die Hauptursachen dafür. Die Truppen, die die Grenzen des Imperiums gesichert hatten bis hin zum Hadrianswall, jener 113 Kilometer langen Befestigungsanlage zwischen der römischen Festung Pons Aelii (beim heutigen Newcastle) und dem Meeresarm Solway Firth an der Irischen See weit im Norden der Insel, wurden abgezogen.

Nur wenige blieben und versuchten vergeblich, das Land vor den Angriffen der eindringenden Pikten, Sachsen und Scoten zu schützen. Ein Hilfeersuchen an Rom wurde ausgeschlagen und so blieb Britannien sich selbst überlassen.

Das nach dem Abzug der römischen Befehlshaber entstandene Macht-
vakuum wurde von rivalisierenden Fürsten gefüllt, die sich sowohl den
Feinden von außen als auch den Fehden untereinander stellen mussten. Die germanischen Stämme der Angeln und Sachsen, Jüten aus Dänemark und Friesen aus dem Gebiet der heutigen Niederlande drangen
in kleinen Gruppen vom Kontinent her ins Land ein. Viele dieser Krieger waren höchstwahrscheinlich noch von den römischen Besatzern als
Söldner für den Kampf gegen die Pikten aus dem Norden der Insel und
die Skoten aus Irland angeworben worden. Es waren unruhige, kriege-
rische Zeiten und die schriftlichen Quellen darüber sind dürftig. Nur
wenig ist überliefert, die literarischen Hinterlassenschaften sind rar und
die spärlichen Aufzeichnungen, die dieses dunkle Zeitalter überdauert
haben, stammen aus dem frühen 6. Jahrhundert.

Das Christentum hatte sich noch zu Zeiten der römischen Besatzung verbreitet. Flavius Theodosius, genannt Theodosius der Große,
Kaiser von Ostrom und im Jahr 394 für einige Monate sogar Kaiser
des gesamten, bereits schon im Zerfall befindlichen Römischen Reiches, hatte Gesetze gegen das Heidentum, Irrlehren und andere
Weltanschauungen erlassen und damit das Christentum faktisch zur
Staatsreligion erklärt.

Alte Kultur, neuer Glaube

Religion und Kultur der Kelten waren in Britannien jedoch noch lebendig und existierten neben dem neuen Glauben. Rom war fern und
die Protagonisten des irisch geprägten Christentums verhielten sich
den Überlieferungen gegenüber tolerant, integrierten gar keltische
Elemente in den christlichen Kontext. Alte heidnische Jahresfeste
wurden weiterhin gefeiert, wenn auch nun vermischt mit christlichen Elementen. Die Einwanderer vom Festland brachten ihre eigenen Religionen mit, in deren Himmel sich viele Götter tummelten,
vom Donnergott Thor bis zum Göttervater Odin/Wodan.

Erst gegen Ende des 5. Jahrhunderts kam es zu einer erneuten
Missionierung Englands.

THE LADY OF THE LAKE
TELLETH ARTHVR OF THE
SWORD EXCALIBVR

Aubrey Beardsley, Illustration aus Le Morte D'Arthur, *1894*

Papst Gregor I. entsandte im Jahr 596 den Prior des Andreasklosters auf dem Monte Celio, den Benediktinermönch Augustinus, gemeinsam mit 40 weiteren Mönchen nach Britannien. Der erste Versuch der Bekehrung scheiterte, denn Augustinus machte kurz vor Überquerung des Kanals wieder kehrt – die Gerüchte von den wilden, barbarischen Briten erschienen ihm wohl doch zu bedrohlich; doch Papst Gregor beharrte auf Erfüllung seines Auftrages. Und so zog Augustinus erneut gen Nordwesten. Schließlich erreichte er England über die Insel Thanet im Südosten (heute Teil des britischen Festlandes) und fand eine Gesellschaft vor, die keineswegs so wild und unkultiviert war, wie er es befürchtet hatte.

Der freundliche König

Der Missionar wurde wohlwollend am Hofe des angelsächsischen Königs Ethelbert von Kent aufgenommen, dessen Frau Bertha bereits Christin war und zudem die Tochter des Merowingerkönigs Charibert I. Ethelbert war den Missionaren freundlich gesinnt und gab ihnen als Residenz die kleine Stadt Cantwarabyrig, wo Augustinus eine Kirche bauen ließ, aus der nach und nach eine prächtige Kathedrale entstand. Canterbury, wie der Ort heute heißt, ist seitdem Hauptsitz des geistlichen Oberhauptes der englischen Kirche und Augustinus wurde ihr erster Erzbischof. Um es kurz zu machen: Ethelbert ließ sich bereits ein Jahr später taufen und damit begann die rasche Christianisierung der Angelsachsen. Viele Herzöge und Herrscherfamilien samt ihren Untertanen taten es ihrem König gleich und bereits zu Beginn des 9. Jahrhunderts war nahezu das gesamte Land Teil der damaligen christlichen Welt, wenn auch der Volksglaube und heidnische Riten weiterexistierten.

Die Artusliteratur in englischer Sprache – erste Schriften

Die *Historia Brittonum*

Mit den Mönchen kam auch die Geschichtsschreibung. Und so erfahren wir von den Geschehnissen der zurückliegenden Jahrhunderte aus Schriften wie der bereits erwähnten *Historia Brittonum* vom Beginn des 9. Jahrhunderts mehr über die Zeit nach dem Abzug der Römer. Ihr Verfasser Nennius berichtet vom keltischen Kriegsherrn Vortigern, der die Angelsachsen als Söldner auf die Insel holte, welche sich später allerdings gegen ihn selbst erhoben. Und er erzählt auch von Ambrosius Aurelianus, jenem römisch-britischen Anführer, der sich in den Schlachten gegen die Sachsen einen Namen gemacht hatte. Beide – Vortigern und Ambrosius – waren jedoch keine Könige, sondern lediglich Feldherren. Und hier begegnen wir nun zum ersten Mal jenem Artus, der sich als Heerführer, nicht als König, siegreich im Kampf gegen die eindringenden Sachsen auszeichnete. Ruhmreich an der Seite des britischen Königs kämpfend soll er insgesamt zwölf Schlachten geschlagen haben. Wohlgemerkt, *an der Seite* des Königs, nicht selbst als ein solcher.

Das Ende in der Schlacht

In einer weiteren mittelalterlichen Chronik, den *Annales Cambriae* (Annalen von Wales), die über einen Zeitraum von rund 500 Jahren geführt wurde und bis ins späte 13. Jahrhundert hineinreicht, wird ebenfalls von einem Heerführer namens Arthur (angelsächsisch für Artus) berichtet, der sich in der großen Schlacht von Mons Badonicus ruhmreich geschlagen habe. Ort des Geschehens war vermutlich das heutige Bath, aber das ist nicht wirklich bewiesen.

Dort lesen wir auch von einer weiteren Schlacht, nämlich der von Camlann im Jahr 537, möglicherweise dem heutigen Somerset am Flüsschen Cam. Ganz in der Nähe liegt die Burg Cadbury, eine Befestigung, die von vielen Historikern mit dem legendären Camelot in Verbindung gebracht wird. In dieser Schlacht fand Artus sein Ende, ebenso wie Mordred, sein Neffe und Gegner, der in der Lite-

61

ratur der folgenden Jahrhunderte in vielerlei Gestalt auftritt und schließlich zum Verräter an der Tafelrunde geworden sein soll.

Die *Historia Regum Brittaniae*

Im Jahr 1066 überquerten unter der Führung des Herzogs Guillaume (William) 300 Schiffe mit rund 7000 Mann Besatzung von der Normandie aus den Ärmelkanal und drangen bis nach London vor. In der großen Schlacht von Hastings besiegten die Normannen die Angelsachsen und rissen die Macht an sich. Noch im selben Jahr, zu Weihnachten, wurde William the Conqueror zum König von England gekrönt. In der Folgezeit änderten sich Kultur und Sprache im Land nachhaltig. Aus dem Angelsächsischen entwickelte sich das Anglonormannische und wurde für mehr als 300 Jahre die Landessprache.

Dies also ist die Zeit, in der Geoffrey of Monmouth sein Werk, die *Historia Regum Britanniae* (Die Geschichte der Könige Britanniens), ein teilweise fiktives Werk, schrieb. Damit es nicht zu einem Problem mit der normannischen Obrigkeit kam, ließ er die Geschichte der Briten vor der Eroberung enden. Doch was wollte Geoffrey mit den Schöpfungen seiner blühenden Fantasie erreichen? Es ging ihm wohl darum, den Briten auf der Insel eine Geschichte zu geben – und dies ist ihm auch gelungen.

Merlin – der Sohn des Dämons

Betrachten wir uns also die *Historia Regum Britanniae* näher. Hier lesen wir die erste ausführliche Biografie von König Artus. Auch begegnen wir nun Merlin, dem Barden, Zauberer, Druiden, Schamanen, Berater und Propheten. Bei Geoffrey of Monmouth taucht er schon als Ratgeber des Königs Aurelius Ambrosius auf, Artus' Onkel. In späteren Veröffentlichungen ist er sein Erzieher und späterer Berater. Merlin ist der Sohn eines Inkubus, eines Dämons, und einer Nonne von edler Abstammung. Geoffrey misst seiner Figur so viel Bedeutung bei, dass er noch zwei weitere kleinere Bücher über ihn verfasst: die *Prophetiae Merlini* (Die Prophezeiungen des Merlin) und die *Vita Merlini* (Das Leben des Merlin).

Aubrey Beardsley, Illustration aus Le Morte D'Arthur, *1894*

In der *Historia Brittonum* erscheint Aurelius Ambrosius, den Geoffrey of Monmouth in seiner Nacherzählung dann mit Merlin identifiziert, als vaterloser Knabe, der geopfert werden soll: Die Zauberer und Berater König Vortigerns hatten diesem geweissagt, er müsse ein Kind opfern, das keinen Vater hat, damit die Burg, die er erbauen lassen wollte, deren Bau aber immer wieder misslang, endlich errichtet werden könne.

Zwei Drachen

Ambrosius/Merlin zeigt seine seherische Begabung, indem er darauf hinweist, dass der Grund für das Misslingen des Baus ein unterirdischer Teich und zwei schlafende Drachen sind. Man glaubt ihm und findet die Drachen, einen weißen und einen roten, die alsbald in einen heftigen Kampf geraten. Als aber der König dies sieht, fragt er Merlin nach der Bedeutung dieser Geschehnisse und jener erklärt, dass es sich hierbei symbolisch betrachtet um die Zukunft des Landes handele, und dass mit dem weißen Drachen die hereinbrechende Gefahr seitens der Sachsen gemeint sei, die das Land, verkörpert durch den roten Drachen, angreifen würden. Noch heute ist das Symbol der walisischen Flagge ein roter Drache. Aber auch eine gute Nachricht hat Merlin parat: »Denn der Eber von Cornwall wird sie unterstützen und ihre Nacken unter seinen Füßen zertreten. Die Inseln des Ozeans werden seiner Macht unterworfen sein und er wird die Wälder von Gallien besitzen. Das Haus des Romulus wird seinen Mut fürchten und sein Ende wird ungewiss sein. Er wird mit den Aussagen der Menschen gefeiert werden. Und seine Großtaten werden Speisen für die sein, die mit ihm verbündet sind.« Der Eber steht in diesem Fall für Artus.

Die Zeugung eines Helden

Doch zurück zum Sagenkönig in der *Historia Regum Britanniae*. Artus' Zeugung ist ein Kuriosum: Sein Vater, Uther Pendragon, hat sich in Ygerne, die Frau des Herzogs von Cornwall, verliebt. Merlin, der mächtige Zauberer, verleiht seinem König das Äußere des Herzogs, dieser erschleicht sich daraufhin eine Liebesnacht mit der Herzogin und zeugt mit ihr den gemeinsamen Sohn Artus. Bald darauf fällt der

Oben: Bildtafel 1. Unbekannter Künstler, *Merlins Zeugung*, Illustration aus
Estoire de Merlin von Robert de Boron, 13. Jahrhundert

Links oben: Bildtafel 2. Perceval in der Gralsburg,
Miniatur aus Le Conte du Graal, *13. Jahrhundert*

Links unten: Bildtafel 3. Unbekannter Künstler, Perceval am Hof des Fischerkönigs,
um 1330

Oben: Bildtafel 4. Perceval in der Gralsburg,
Miniatur aus Le Conte du Graal, *13. Jahrhundert*

Oben: Bildtafel 5. Perceval, Miniatur aus
Le Conte du Graal, *13. Jahrhundert*

Rechts: Bildtafel 6. Der Gral entschwindet, Miniatur aus
Le Conte du Graal, *13. Jahrhundert*

Oben: Bildtafel 7. Werkstatt des Diebold Lauber, Parzival und Herzeloyde,
Miniatur aus einer Handschrift des Parcival, um 1443

Oben: Bildtafel 8. Werkstatt des Diebold Lauber, Parzival befreit Pelrapeide und gewinnt
dadurch die Hand Condwiramurs, Miniatur aus einer Handschrift des Parcival, um 1443

Rechts: Bildtafel 9.
Évrard d'Espinques,
Die Ritter der
Tafelrunde,
um 1470

Bildtafel 10. Edwin Austin Abbey,
Sir Galahad und der Gral, *1895*

gehörnte Herzog im Kampf gegen seinen Nebenbuhler. Die unwissende Herzogin wird von Uther getröstet und heiratet diesen bald darauf. Artus wird von Merlin erzogen. Dass Artus der rechtmäßige König Britanniens ist, beweist er den anderen Fürsten, indem er auf der Feeninsel Avalon das sagenhafte Schwert Excalibur aus einem Felsblock befreit und damit eine Prophezeiung erfüllt, denn auf der Klinge des Schwertes steht geschrieben: »Wer dieses Schwert aus dem Stein zieht, ist der rechtmäßige König.« Hier gehen die Versionen allerdings auseinander, denn in anderen Büchern wird das sagenhafte Schwert auch als ein Geschenk von Viviana, der Dame vom See, bezeichnet: Es soll Artus von einem sich aus dem Wasser reckenden Arm überreicht worden sein.

Artorius/Artus und das Schwert

Was aber hat es nun genau mit Excalibur auf sich? Durch seinen Besitz erlangt Artus die Königswürde. Manche Historiker vermuten heute, dass die Sage um das Schwert mit sarmatischen Lanzenreitern, die in Diensten der Römer standen, nach Britannien und Gallien gelangte. Die Sarmaten waren ein Reitervolk, das im heutigen Iran seinen Ursprung hatte. Sarmatische Legenden weisen viele Parallelen zum Kreis der Artussagen auf, zum Beispiel befindet sich darunter die Sage von einem im Erdboden steckenden magischen Schwert. Viele Sarmaten wurden von den Römern in Bremetannacum Veteranorum angesiedelt, dem heutigen Ribchester in Lancashire. In römischer Zeit waren rund 5 500 sarmatische Lanzenreiter in Britannien stationiert. Um das Jahr 180 n. Chr. kommandierte sie offenbar ein römischer Soldat namens Lucius Artorius Castus. Er gilt als eines der ältesten historischen Vorbilder für König Artus. Artorius wurde nach Dalmatien versetzt und dort fand man auch seinen Grabstein. Möglicherweise haben die Sarmaten sein Andenken bewahrt und sein Name wurde auf einen späteren Helden übertragen.

Einen weiteren Hinweis auf das Schwert gibt uns eine jütische Sage, der zufolge ein sächsischer Krieger ein Wunderschwert, das ihm der legendäre Schmied Wieland aus »Sterneneisen« geschaffen habe, an einen britischen König verloren haben soll. Keltische wie auch germanische Schmiede glaubten, dass ein Schwert, das man aus Meteoreisen geschmiedet hat, den Kämpfer unbesiegbar mache, da es aus Metall besteht, das vom Himmel gefallen ist.

Das Grab bei den Riesen

Die folgenden Jahre, so erzählt Geoffrey weiter, sind geprägt vom unermüdlichen Kampf gegen die immer wieder vordringenden Sachsen. König Uther Pendragon kann sie jedoch stets erfolgreich zurückschlagen, bis sich Spione bei ihm einschleichen und einen Brunnen vergiften. Der König und viele seiner Getreuen erkranken und sterben. In einer großen Zeremonie wird Uther neben seinem Bruder Ambrosius innerhalb eines Steinkreises, dem »Tanz der Riesen«, bestattet. Den »Tanz der Riesen« kennen wir heute als Stonehenge. Diese große kultische Anlage, so können wir es in Geoffreys Erzählung nachlesen, ist in Irland von Riesen erschaffen und mittels der Magie von Merlin in die Ebene von Salisbury transportiert worden. Archäologische Forschungen haben ergeben, dass es sich bei der wundersamen Steinkreisanlage tatsächlich um eine historische Kult- und Begräbnisstätte gehandelt hat.

Ein jugendlicher Anführer

Nach Uthers Tod versammeln sich in Geoffreys Erzählung die britischen Führer und bestimmen Artus zu ihrem König. Geoffrey preist Artus in den höchsten Tönen und erzählt von da an ausführlich über dessen Schlachten und Werdegang. »Arthur war zu der Zeit fünfzehn Jahre alt, aber einen Jüngling von solch unvergleichlichem Mut und Großzügigkeit, verbunden mit solch einer Anmut des Gemüts und von angeborener Güte, die ihn umfassende Liebe gewinnen ließ.« Mit seinem Schwert Caliburn – wie Excalibur bei Geoffrey heißt –, das auf der Insel Avalon geschmiedet worden ist, und seiner Lanze Ron verteidigt er das Land mutig und erfolgreich gegen die Sachsen, besiegt die Iren, Schotten und Pikten, erobert Irland und Island und heiratet die schöne Guanhumara, eine Tochter aus einer edlen römischen Familie, die schönste aller Frauen der Britischen Inseln – bei anderen Autoren wird sie später Guinevere genannt. Anschließend bricht eine lange friedvolle Zeit an.

Der Zug nach Rom

Während eines festlichen Turniers erscheinen plötzlich zwölf vornehm gekleidete Botschafter aus Rom und überbringen ein Schreiben von Lucius, dem Prokurator des Römischen Imperiums, in welchem dieser Artus vorwirft, sich unrechtmäßig des Landes bemächtigt zu haben. Er fordert den ausstehenden Tribut und Artus soll umgehend in Rom erscheinen, um diesen zu entrichten und sich der römischen Herrschaft zu unterwerfen. Artus denkt nicht daran, dieser Aufforderung Folge zu leisten. Stattdessen verlangt er seinerseits Tribut vom Römischen Reich. Er versammelt seine Ritter um sich und bricht auf nach Rom. Guanhumara lässt er in der Obhut seines Neffen Mordred zurück. Ein schwerwiegender Fehler, wie sich später herausstellen wird. Als Artus auf dem Kontinent in Gallien gegen Lucius und dessen Truppen kämpft und diese nach langen Gefechten besiegt, um anschließend gen Rom zu ziehen, vernimmt er kurz vor der Überquerung der Alpen die Nachricht aus England, dass seine geliebte Frau ihn mit seinem eigenen Neffen Mordred betrogen und dieser die Krone an sich gerissen habe.

Pflege auf Avalon

Wutentbrannt kehrt Artus nach England zurück, wo sich Mordred, die Gefahr witternd, die Unterstützung der feindlichen Sachsen gesichert hat. Es kommt zu einem Bürgerkrieg und in der letzten Schlacht, in der auch Mordred und viele edle Rittern fallen, wird Artus tödlich verwundet. Man bringt ihn auf die Insel Avalon, damit er dort von seinen Wunden genesen kann. Artus übergibt die Krone »seinem Sippenmann Konstantin, dem Sohn von Cador, Herzog von Cornwall im fünfhundertzweiundvierzigsten Jahr der Fleischwerdung unseres Herrn.« Soweit nun die Geschichte bei Geoffrey.

Was hat dies mit dem Gral zu tun?

Etwas fällt uns auf: Wir lesen bei Geoffrey of Monmouth nichts von einem Gral und auch nichts von der Tafelrunde. Ein aus einem Stein oder Amboss gezogenes Schwert findet keine Erwähnung und Artus'

Schwert heißt bei Geoffrey nicht Excalibur, sondern Calibum. Wie ist das zu erklären?

Nun, dies ist die erste literarische Ursprungsgeschichte der Artuserzählung. In den folgenden Jahrzehnten wurde der Stoff erzählt, weitergesponnen, ausgeschmückt und verändert. Doch das Wichtigste ist: Er verließ die Britischen Inseln und erreichte den Kontinent.

Die Artusliteratur in französischer Sprache

Robert Waces *Roman de Brut*

In Frankreich greift ein junger anglonormannischer Poet mit Namen Robert Wace (auch südnormannisch Guace oder französisch Gaice genannt) den Artusstoff auf.

Um 1100 auf der Kanalinsel Jersey geboren, stand Wace dem Hause Plantagenet sehr nah und war bekannt mit Henry II., Herzog der Normandie und Aquitanien und von 1154 bis 1189 König von England, sowie mit dessen Frau Eleonore von Aquitanien, einer der einflussreichsten Frauen des Mittelalters. Sie galt als eine der großen Gönnerinnen und Mäzeninnen der Troubadoure. Ab 1130 schrieb Wace für den französischen Adel Heiligenlegenden, unter anderem über die heilige Margareta und den heiligen Nikolaus. Sein Hauptwerk aber ist der *Roman de Brut*. In Caen, einer der wichtigsten Städte des Herzogtums der Normandie, hatte er die *Historia Regum Britanniae* von Geoffrey of Monmouth gelesen und beschlossen, den Stoff ins Französische zu übersetzen. Dabei gestaltete er ihn um und schuf aus dem bisherigen Prosatext ein in Paarreimen verfasstes Werk der Geschichtschronik. In rund 15 000 je achtsilbigen Versen übertrug er jedoch Geoffreys Schrift nicht einfach ins Französische, sondern kürzte die Passagen der ausführlich geschilderten Schlachten und erweiterte die Geschichte dafür an anderen Stellen, fügte insbesondere in der Artuserzählung neue Elemente hinzu und schmückte den Stoff weiter aus.

Kein Gral bei Wace

Der *Roman de Brut* wurde ein Bestseller, zumindest für damalige Verhältnisse. Denn es erschienen so viele Abschriften davon, dass bis heute insgesamt 32 Handschriftenexemplare komplett oder in Fragmenten erhalten geblieben sind. Festzustellen ist allerdings: Der Heilige Gral kommt auch in seinem Werk nicht vor!

Die Geburt der Runde

Dafür erblickt aber die Tafelrunde das Licht der literarischen Welt. Nur die edelsten Ritter dürfen an ihr Platz nehmen. Artus wählt sie selbst aus, er holt die besten und berühmtesten Männer aus aller Welt an seinen Hof. Dieser erhält nun von Wace seinen wohlklingenden, legendären Namen Camelot. Tausende von Historikern und Spurensuchern vergangener und heutiger Zeiten werden sich auf den Weg machen, um das sagenhafte Schloss oder zumindest dessen Überreste in der realen Welt zu finden. Auf einem hohen Berg gelegen – was recht untypisch ist, betrachtet man die englischen Landschaftsverhältnisse – ist Camelot uneinnehmbar, dennoch groß genug, um all die Feste, Turniere, Gerichtshöfe und Feierlichkeiten abzuhalten, die in der Dichtung erwähnt werden. Die Größe der Tafel schwankt: Waren es zunächst nur zwölf Ritter, die an ihr Platz fanden, so werden es in den folgenden Ausschmückungen zunehmend mehr – 24, 150, 240 bis hin zu 1 600 Rittern, wie uns der angelsächsische Dichter Layamon, ein weiterer Verfasser der Artuslegende, um 1200 in seinem *Brut*, einer in 320 000 Versen in mittelenglischer Sprache geschriebenen Geschichte Brittaniens, mitteilt. Er bezeichnet sich selbst darin als Priester und besingt die englische Geschichte ausgehend vom Untergang Trojas bis zum Tod des letzten britischen Königs Cædwallas im 7. Jahrhundert. Die Grundlage seines Epos ist vermutlich das französischsprachige Werk von Robert Wace.

Die runde Tafel von Winchester

Doch zurück zur Tafelrunde. Hier ist nun endlich der gemeinsame Platz, an dem sich die berühmtesten und edelsten Ritter aus aller Welt versammeln können, von denen in den folgenden Jahrhunderten immer wieder die Rede sein wird. Die Tafel war rund und hatte damit keinen »Kopf«, also keinen Platz, an dem der Herr, das Oberhaupt, saß, wie sonst üblich. Jeder konnte jedem direkt ins Gesicht schauen, kein Platz war erhöhter als ein anderer – nahezu das Abbild einer demokratischen Gemeinschaft, bei der der König ein Gleicher unter Gleichen wäre. Die Tischplatte, die man heute in der Königskathedrale in Winchester besichtigen kann, wird als jene der Artusrunde präsentiert. Allerdings wurde diese Tafel, wie uns der englische Archäologe und Mittelalterforscher Martin Biddle berichtet, der sie in den 1970er-Jahren erforscht hat, erst im 13. Jahrhundert geschaffen. Ursprünglich war sie nicht bemalt gewesen, doch hatte rund 300 Jahre nach ihrer Fertigung Henry VIII. die Tafel kunstvoll ausschmücken lassen, natürlich mit einem Bildnis von sich selbst als König in der Mitte der weiß-roten Rose, dem Symbol der Tudors. An dieser Tafel haben 24 Gäste Platz gefunden.

Chrétien de Troyes – eine neue Literatur

Nach Wace trat noch ein weiterer, inzwischen weltberühmter Romancier der Artussage auf den Plan: Chrétien de Troyes. Gleich fünf Romane über den sagenhaften König und seine kühnen Recken verfasste er und begründete damit eine neue literarische Gattung, den höfischen Roman. Seine Lebensdaten und seine Herkunft liegen im Dunkeln der Geschichte, wenig ist über ihn bekannt. Geboren wurde er um das Jahr 1140. Seinem Namen nach zu urteilen stammte er aus Troyes, dem Zentrum der gleichnamigen Grafschaft, die zudem Residenz der Grafen der Champagne war.

Allerdings wissen wir von dieser Herkunft lediglich aus seinem Roman *Érec et Énide*, da er sich dort als aus Troyes stammend bezeichnet. Auch lässt der Umstand, dass die Auftraggeberin des *Lancelot*, Marie de Champagne, die Mutter Henrys II., war, darauf schließen, dass Chrétien de Troyes diesem Hof sehr nahe stand. Marie war wie ihre Mutter Éléonore d'Aquitaine eine literaturbegeisterte, großzügige Frau; sie war es auch, die laut Chrétiens eigenen ausdrücklichen Bekundungen Einfluss auf die Darstellung der unglücklichen Liebesverbindung zwischen Lancelot und Guinevere hatte. Denn bei Chrétien ist es Lancelot, nicht Mordred – wie zuvor bei Geoffrey–, der die Schöne begehrt.

Chrétien verfasste, wie bereits erwähnt, insgesamt fünf Werke, neben *Érec et Énide* (um 1176), *Cligès* (um 1176), *Lancelot* (um 1177–81), *Iwain* (ebenfalls um diesen Zeitraum) und den zwischen 1182 und 1191 verfassten *Le Conte du Graal ou Le roman de Perceval*, die älteste bekannte Gralserzählung, die leider vermutlich aufgrund des Todes des Dichters oder auch seines Auftraggebers unvollendet blieb und abrupt nach 9 234 Versen abbricht.

Manche Literaturforscher vermuten, dass Chrétien seinen Auftraggeber auf einen Kreuzzug ins Heilige Land begleitet und dort auch sein Ende gefunden habe. Sein *Perceval* wurde von unbekannten Autoren in verschiedenen Versionen fortgesetzt. Gewidmet ist sein Werk dem Kreuzfahrer Philipp von Elsass, dem Grafen von Flandern, der zu diesem Zeitpunkt wohl der Förderer und Auftraggeber Chrétiens war.

Im namenlosen Wald – der Beginn der Legende in Chrétien de Troyes' Conte du Graal

Die Gralsgeschichte nimmt fernab der Zivilisation ihren Lauf. In einem Waldgebiet lebt eine Mutter mit ihrem namenlosen Sohn, weit weg vom höfischen Leben und vor allem vom ruhmreichen Rittertum. Sie will ihn damit vor dem Schicksal seines Vaters und seiner ihm unbekannten Brüder bewahren, die auf der Jagd nach Ruhm und Ehre als ebensolche Ritter ihr Leben verloren haben. Perceval, so wird man den Knaben später nennen, weiß von alledem nichts. Eines Tages trifft der Junge bei der Jagd im Wald fünf Ritter in strahlenden Rüstungen. Völlig fasziniert von ihrer Erscheinung hält er sie für Engel und ihren Anführer gar für Gott persönlich.

Der naive Jüngling

Als sie ihm freundlich erklären, wer sie sind und was das Rittertum bedeutet, hat Perceval fortan nur noch einen Wunsch: Er will ebenfalls ein Ritter werden und natürlich an den Hof von König Artus reiten. Darum verlässt er seine Mutter. Diese versucht nun in aller Eile, ihm noch die wichtigsten Ratschläge mit auf den Weg zu geben. So belehrt sie ihn kurz und knapp über Religion, wie man mit Damen umzugehen hat und auch über eine gewisse höfische Zurückhaltung. Im Verlauf der weiteren Geschichte erkennen wir, wie falsch Perceval diese Verhaltensregeln verstanden hat und wie naiv, unwissend und dumm er sich zunächst benimmt. Er trifft auf eine junge Frau, der er in seinem jugendlichen Leichtsinn einen Kuss gibt und einen Ring abnimmt, sehr zum Ungemach ihres Geliebten. Am Artushof angekommen, wird Perceval zunächst ob seiner Erscheinung und seiner Forderung, zum Ritter geschlagen zu werden, heftig verspottet. Die übliche Ausbildung zum Ritter dauert ihm zu lange, ungeduldig verlässt er den Hof wieder. Er trifft auf einen Ritter in strahlender, roter Rüstung, welcher ein Gegner der Tafelrunde ist; kurz zuvor hat er dort die goldene Trinkschale des Königs entwendet. Mit einem gezielten Speerwurf tötet Perceval in voller Absicht den Ritter und bemächtigt sich umgehend dessen Rüstung.

Suche nach Abenteuern

Perceval möchte ein Kämpfer werden und das auf dem schnellsten Wege. Ein Knappe, der den Kampf beobachtet hat, muss ihm in die Rüstung helfen und wird von ihm anschließend mit der Botschaft an den Hof des Königs geschickt, dass er sich für die erlittenen Schmähungen rächen werde. Perceval reitet aber in die falsche Richtung und gelangt zum Ritter Gornemant von Goort, von dem er jetzt tatsächlich eine ritterliche Ausbildung erhält. Er lernt schnell und sein innigster Wunsch geht in Erfüllung. Von Gornemant bekommt er den Ratschlag »Wer zu viel spricht, der sündigt«, den er allzu genau nimmt. Danach nimmt Perceval Abschied von Gornemant und begibt sich, wie sollte es anders sein, auf *Aventiure*, auf Abenteuer. Auf seiner Wanderschaft erreicht er eine halbverfallene Burg, auf der die Burgherrin, die schöne Blancheflor, von den Soldaten eines ungebetenen Verehrers belagert wird. Sie hat nur wenige Männer zur Verteidigung gegen die aufdringlichen Widersacher zur Verfügung und gewährt Lancelot Quartier. Eines Nachts schleicht Blancheflor in das Schlafzimmer ihres Gastes, dieser aber bleibt, Gornemants Rat und seiner Mutter Weisung eingedenk, schweigsam und verhält sich zurückhaltend. Blancheflor bittet ihn um Hilfe und er fordert als Gegenleistung ihre Liebe. Am nächsten Tag besiegt er die Belagerer.

Die Burg im Tal

Statt jedoch seine Belohnung für die Befreiung aus der Not entgegenzunehmen, erinnert sich Perceval an seine Mutter, beschließt diese zu besuchen und verlässt Blancheflor mit dem Versprechen, schon bald zu ihr zurückzukehren. Allerdings kommt es ihm dann doch überhaupt nicht in den Sinn, den Weg in den verlassenen Wald zu nehmen, in dem seine Mutter lebt. Stattdessen zieht er weiter auf der Suche nach neuen Abenteuern. Schließlich gelangt er an einen reißenden Fluss, den er ohne Hilfe nicht überqueren kann. Er fragt zwei Fischer nach einer Brücke oder einer Furt, erfährt jedoch, dass es weit und breit keine Möglichkeit gebe, über das Wasser zu gelangen. Einer der Fischer lädt ihn ein, für die Nacht sein Gast zu sein. Er weist ihm den Weg und Perceval erreicht eine gewaltige Burg mitten in einem Tal, die Gralsburg. Man nimmt ihn dort freundlich auf, bittet ihn, seine Waffen abzulegen, und führt sein Pferd in den Stall. Perceval ist von der Burg und ihrer Pracht fasziniert und verhält sich ganz so, wie seine Mutter und auch sein Lehrmeister es ihm geraten haben.

Der verletzte Burgherr

In einem riesigen Saal nimmt er neben dem Herrn der Burg Platz. Dieser liegt auf einem Bett und Perceval erkennt, dass er verletzt ist. Ein Knappe bringt ein kostbares Schwert herein und der Burgherr überreicht es Perceval als Geschenk mit den Worten: »Es ist für dich bestimmt.« Nun beginnt eine eigenartige Prozession. Eine weiße Lanze wird hereingetragen, aus deren Spitze ein Blutstropfen quillt, der den Schaft bis zur Hand des sie tragenden Knappen entlangläuft. Perceval ist verwirrt. Starr vor Staunen, traut er sich nicht, eine Frage nach dieser merkwürdigen Lanze zu stellen. Nun folgen zwei weitere Knappen mit goldenen Kerzenleuchtern sowie ein prachtvoll gekleidetes junges Mädchen, das einen mit Edelsteinen besetzten Gral aus purpurnem Gold trägt. Da ist er nun: Zum ersten Mal erscheint hier der Gral in der Geschichte um Artus und die Tafelritter! Chétien schreibt allerdings von »einem« Gral, nicht von »dem« Gral!

Die Gralsprozession

Was aber hat es nun mit diesem Gral auf sich? »Als sie mit diesem in die Halle getreten war, da verbreitete sich dort eine so strahlende Helligkeit, dass die Kerzen ihren Glanz verloren, ebenso wie es die Sterne oder der Mond tun, wenn sich die Sonne erhebt«, so schreibt Chrétien. Dem ersten Mädchen, das den Gral in Händen hält, folgt ein zweites, das eine silberne Platte trägt. Die Prozession durchquert den Saal und entschwindet in einen anderen Raum. Und auch hier fragt unser Held nicht, wen und was er da gerade gesehen hat. Anschließend berichtet Chrétien von einem üppigen Mahl, welches dem Burgherrn und seinem Gast auf einem breiten Tisch aus Elfenbein serviert wird. Während sie essen, wiederholt sich bei jedem weiteren Gang die seltsame Prozession. Und obwohl Perceval neugierig ist, fragt er weder, was es mit dem Gral auf sich habe, noch an welcher Wunde oder Krankheit sein Gastgeber leide. Als sich dieser für die Nacht verabschiedet und erneut darauf hinweist, dass er nicht selbst gehen kann, sondern getragen werden muss, verliert Perceval darüber kein Wort. Er wagt es nicht nachzufragen, sondern nimmt sich dies für den nächsten Tag vor.

Die verlassene Burg

Als Perceval bei Tagesanbruch erwacht, findet er die Burg jedoch verlassen vor. Die Türen zu den Gemächern sind alle verschlossen. So laut er auch ruft, niemand antwortet. Das Ausgangstor ist geöffnet und so bleibt ihm nichts anderes übrig, als die Burg ohne ein weiteres Wort und vor allem ohne überhaupt noch eine Frage stellen zu können wieder zu verlassen. Die Zugbrücke ist heruntergelassen, aber niemand steht davor, den er nach der blutenden Lanze und dem Gral hätte fragen können. Wie von Geisterhand wird die Zugbrücke hochgezogen, nachdem Perceval mit seinem Pferd darübergeritten

Perceval in der Gralsburg, Miniatur aus Le Conte du Graal, *13. Jahrhundert*

ist. Und auch jetzt hilft ihm sein Rufen nicht, denn niemand antwortet ihm. Er findet Pferdespuren und folgt diesen. Dabei kommt er an einer jungen Frau vorbei, die weinend auf dem Boden sitzt und voller Trauer einen toten Ritter in ihren Armen hält. Sie ist erstaunt über sein Erscheinen, da ja weit und breit außer der Gralsburg keine weitere Unterkunft vorhanden ist. Sie klärt ihn darüber auf, an welch seltsamem Ort er die Nacht verbracht hat. Anschließend findet Perceval den Weg zum Artushof. Dort erscheint eine Frau und beschuldigt ihn in aller Öffentlichkeit, die entscheidende Frage danach, woran der König leide und wem der Gral diene, nicht gestellt und damit das Leiden des Fischerkönigs nicht beendet zu haben. Der König wurde nämlich in einer Schlacht so stark verwundet, dass er das Land nicht mehr richtig regieren beziehungsweise an der Spitze seiner Ritter vor eindringenden Feinden schützen kann. Perceval ist tief erschüttert ob der Nachricht der Gralsbotin und schwört, den Gral zu suchen und den Fischerkönig von seinem Leiden zu erlösen.

Die Kraft des Grals

Es vergehen fünf Jahre, während derer Perceval die Gralsburg vergebens sucht und sich in Zweikämpfen bewähren muss. Es ist eine Zeit des Strebens nach Ruhm, aber auch einer nicht enden wollenden Suche nach Erfüllung. Und so gelangt er schließlich an einem Karfreitag voller Gewissensqualen zu einem Einsiedler. Vor diesem fällt er auf die Knie und bittet um Vergebung, weil er auf den langen Wegen seine religiöse Überzeugung verloren habe, und erzählt dem Eremiten von seiner Begegnung in der Gralsburg. Da erfährt er von diesem erstaunliche familiäre Zusammenhänge: Der Eremit ist sein eigener Onkel, der Bruder seiner Mutter und auch des Fischerkönigs. Dieser wird nur durch die Macht des Grals am Leben erhalten und auch nur von diesem erhält er Nahrung. »Doch glaube nicht, er bekomme Hecht, Lamprete oder Salm. Eine einzige Hostie reicht man ihm, die im Gral zu ihm getragen wird. Sie hält ihn am Leben und stärkt ihn – so geheiligt ist der Gral.« Der bisher im Roman fehlende Bezug zur Heiligkeit des Grals wird nun deutlich. Auch wenn dessen Herkunft unausgesprochen bleibt, kommt jetzt seine Kraft ans Licht: Der Gral ist lebensspendend. Und hier beginnt der Mythos von seiner heilenden Wirkung.

Fortsetzungen des unvollendeten Romans

Von Perceval berichtet Chrétien nach der Begegnung mit dem Einsiedler nicht weiter. Die restlichen Verse handeln von den Abenteuern des Gralsritters Gauvain. Der Roman endet aus ungeklärten Gründen mit Vers 9234. Wie Chrétien sich die weitere Suche vorgestellt hat, wie der Gralskönig Erlösung finden kann und was aus dem mittlerweile gereiften Ritter Perceval wird, erfahren wir nicht. Fortsetzungen von Percevals Geschichte verdanken wir anderen, mehr oder weniger bekannten Autoren, mit denen wir uns hier jedoch nur kurz beschäftigen wollen.

Chrétiens über 9 000 Verse wurden in den folgenden Jahren auf etwa 40 000 erweitert; diese folgen dabei mehr oder weniger dem Stil des Ursprungstextes.

Die erste Fortsetzung, verfasst von einem unbekannten Autor, führt die Geschichte um Gauvain weiter. Dieser begibt sich ebenfalls auf die Suche nach der Gralsburg und findet diese letztendlich auch. Der »Gral«, wie er in Chrétiens Versen noch schlicht genannt wurde, wird nun zum »Heiligen Gral«. Gauvain ist zudem auf der Suche nach der Heiligen Lanze und hier wird der erste Bezug zur Kreuzigung Jesu hergestellt. Bei Gauvains Besuch auf der Gralsburg wird die versammelte Gesellschaft einzig und allein vom Gral gespeist und dieser verschwindet anschließend von selbst wieder. Aber auch Gauvain stellt die entscheidende Frage nicht.

In der zweiten Fortsetzung – sie wird einem gewissen Wauchier de Denain zugeschrieben – ist die Lanze ebenfalls von größerer Bedeutung als der Gral. Perceval steht nun wieder im Mittelpunkt des Geschehens. Jedoch erfahren wir nicht viel mehr über den Gral und auch die Abenteuer Percevals sind trotz der in der Gralsburg nun endlich gestellten Frage nicht zu Ende.

In der dritten Fortsetzung erleben wir auch wieder die Gralswunder durch die Speisung der Ritter. Am Ende, nach dem Tod des Fischerkönigs, wird Perceval zum Einsiedler, Gral und Lanze folgen ihm und verschwinden nach seinem Tod spurlos.

Die vierte Fortsetzung ist ein wenig verworren, wiederholt Episoden der bisherigen Geschichte und bringt nun die Lanze eindeutig mit dem Soldaten Longinus in Verbindung, der damit Jesus nach der Kreuzigung verletzte. Obschon wesentlich umfangreicher als das Ausgangswerk, kommen die Fortsetzungen doch nicht an dessen literarische Kraft heran. Der *Conte du Graal* ist und bleibt ein unvollendetes Meisterwerk.

Robert de Boron – *Estoire dou Graal*

Obgleich Robert de Boron keinen Versroman schreibt, den man wirklich der Artusepik zuordnen könnte, ist er für die weitere Entwicklung der Geschichte über die Ritter der Tafelrunde und die Suche nach dem Heiligen Gral von großer Bedeutung. Sein Werk *Estoire dou Graal* (Geschichte des Grals), bestehend aus rund 3 500 Versen, erschien ungefähr zeitgleich mit Chrétien de Troyes' *Conte du Graal*, also auch am Ende des 12. Jahrhunderts. Doch bei Boron gibt es keinen Perceval, keine Tafelrunde und keinen König Artus. Sein König ist der gekreuzigte Jesus und seine *Aventuire* die Flucht des Josef von Arimathäa, der das Blut des Gekreuzigten in dem Kelch, der während des letzten Abendmahles verwendet wurde, aufgefangen hat. Sein Werk erfüllt den Gral Chrétiens mit Leben, gibt ihm einen greifbaren historischen Hintergrund und lässt die folgenden Generationen den Gral als den Abendmahlskelch erkennen.

Eine Grals-Trilogie

Auch über Robert de Boron wissen wir nur das, was er in seinen Gedichten über sich selbst berichtet. Sein Geburts- und Todesjahr liegen im Dunkeln. Vermutlich kommt der anglonormannische Dichter aus dem kleinen Dorf Boron, das in der Nähe von Montbéliard im Osten Frankreichs in der Freigrafschaft Burgund gelegen ist. Für den Kreuzfahrer Gautier de Montbéliard, der 1212 in Jerusalem starb, schrieb er sein erstes Dichtwerk. Es liegt nahe, dass Robert de Boron seinen Herrn begleitete, da sich in seinem Werk Kenntnisse von anderen Ländern wiederfinden. Der Geschichte vom Heiligen Gral liegen nicht nur die biblischen, sondern auch außerbiblische (apokryphe) Texte zugrunde, was für die Literatur der Zeit um die Wende zum 13. Jahrhundert in Mitteleuropa eher untypisch ist. Allerdings hatte Boron seine Geschichte vom Heiligen Gral wohl als ersten Teil einer Trilogie geplant. Beginnend mit dem Gral im Altertum sollte seine Gralsgeschichte mit den Erzählungen um Merlin und Artus fortgesetzt werden und in einem dritten Teil mit Artus' Tod enden. Überliefert sind aber lediglich die ersten 500 Zeilen der Merlin-Geschichte.

Der *Perlesvaus*

Irgendwann zwischen 1200 und 1240 erscheint der erste altfranzösische Prosaroman, der *Perlesvaus*, geschrieben von einem Unbekannten im Auftrag von Jean de Nesle, dem Burggrafen von Brügge in der Grafschaft Flandern – ebenfalls, wie auch Robert de Borons Wohltäter Gautier de Montbéliard, ein Kreuzritter. Direkt zu Beginn des Romans erfahren wir, was der Gral ist:

> Höret die Geschichte des hochheiligen Gefäßes, das da genannt wird der heilige Gral! In selbigem Gefäße wurde das kostbare Blut des Erlösers aufgefangen an jenem Tage, da er zu Errettung seines Volkes vor den Qualen der Hölle am Kreuze erhöhet und angenagelt wurde. Josephus hat darüber, auf Mitteilung einer Engelstimme, Bericht erstattet; es sollen aber alle guten Ritter und die anderen wackeren Gottesstreiter aus seinem Buche lernen, wie dass sie zur Erhöhung und Förderung des Gesetzes, welches Jesus durch seinen Tod und seine Kreuzigung erneuert hat, bereit sein müssen, sich Leiden und Mühen aller Art zu unterziehen.

Perceval – hier heißt er Perlesvaus – gelangt mit Gewalt in die Gralsburg und dort erscheint ihm der Gral mit der blutigen Lanze sowie einem Schwert, mit dem Johannes der Täufer enthauptet worden sein soll. Doch die heiligen Gegenstände entschwinden und Perlesvaus zieht aus, um weitere Abenteuer zu bestehen und das Land zu beschützen, bis ihn ein Schiff mit unbekanntem Ziel fortbringt.

Die Artusliteratur in deutscher Sprache

Der mittelhochdeutsche *Prosa-Lancelot*

Es waren gerade einmal 40 Jahre vergangen, seit der *Perceval* Chrétien de Troyes' bekannt wurde, als in mittelhochdeutscher Sprache ein weiteres großes Werk entstand, das zugleich den ersten deutschen Prosaroman darstellt: der *Vulgata-Zyklus*, auch als *Lancelot-Gral-Zyklus* und *Prosa-Lancelot* bekannt. Er wurde von einem unbekannten Autor verfasst. In fünf verschieden langen Teilen, für die Literaturhistoriker die Titel *Die Geschichte vom Gral, Merlin, Lancelot vom See, Die Suche nach dem Heiligen Gral* und *Der Tod des König Artus* gewählt haben, wird hier der gesamte Artus-Zyklus zusammengefasst. Der Held der Geschichte ist jedoch nicht Artus selbst, sondern sein erster Ritter, Lancelot vom See. Die Geschichte erzählt ausführlich von seinen ruhmreichen Heldentaten und vor allem von seiner Liebe zu Artus' Ehefrau Guinevere. Um den Gral geht es dabei nur am Rande: Gauvain erreicht im weiteren Verlauf der Erzählung die Gralsburg und wird Zeuge einer seltsamen Prozession, bei der ein wunderschönes Mädchen ein prächtiges Gefäß in Form eines Kelches trägt. Aus welchem Material der Kelch besteht, bleibt unerwähnt, aber wie auch in den Fortsetzungen von Chrétiens *Conte du Graal* wird die komplette versammelte Gesellschaft von ihm mit allen nur erdenklichen Speisen genährt. Auch Lancelot erreicht die Burg, die hier den Namen Corbenic trägt, ist demütig und wird vom Gral mit reicher Speise beschenkt. Sein Sohn Galahad, ebenfalls auserkoren, den Gral zu finden, gelangt mit gerade einmal 15 Jahren am Pfingsttage an den Hof von König Artus und wird dort zum Ritter geschlagen. Damit beginnt der vierte Teil des Zyklus: *Die Suche nach dem Heiligen Gral*. Gemeinsam mit Perceval und Lancelots Vetter Bors findet Galahad den Gral und durch dessen Anblick auch den Tod. Perceval wird daraufhin zum Einsiedler, während Bors an den Artus-Hof zurückkehrt, um von den Geschehnissen zu berichten. Nun beginnt der letzte Teil des Werkes: *Der Tod des König Artus*. Die Geschichte vom Verrat am König endet nicht nur mit dessen eigenem Tod, sondern auch mit dem von Lancelot und Guinevere.

Wolfram von Eschenbach und
sein mittelalterlicher Bestseller

Man vermutet den Geburtsort des bekanntesten mittelalterlichen deutschen Gralsautors im oberfränkischen Eschenbach, welches sich heute mit seinem Namen schmückt und sich »Wolframs Eschenbach« nennt. Dort soll er zwischen 1160 und 1180 das Licht der Welt erblickt haben. Keine Urkunde berichtet über ihn; dies muss jedoch nichts heißen, denn auch von anderen großen Dichtern seiner Zeit, etwa Hartmann von Aue oder Gottfried von Straßburg, wird bei den Chronisten nicht berichtet. Auch von ihnen wissen wir nur das, was sie in ihren eigenen Werken über ihre Vita schreiben oder was andere Autoren von ihnen erzählen.

Wolfram von Eschenbach, Autorbild als Ritter im Codex Manesse, *um* 1305

Uns ist also kaum etwas über Wolfram überliefert und selbst die Informationen, die er über sich selbst in seine eigenen Werke einfließen lässt, sind mit Vorsicht zu genießen, da er sich dort gern als »ungebildet« ausgibt.

Der dichtende Ritter

Wolfram von Eschenbach war möglicherweise von Adel und bezeichnete sich selbst als Schildträger – also dem Ritterstande zugehörig. Und nur dafür wollte er bewundert und angesehen werden – er kokettierte mit seinem Unwissen, bezeichnete sich nicht als Dichter, sondern als des Lesens und Schreibens nicht mächtig. Gleichzeitig sagte er über sich aber auch mit einem gewissen Stolz, dass er etwas von der Dichtkunst verstehe. Seine Kenntnisse auf dem Gebiet der Sprachen (Latein und Französisch) und auf dem der Wissenschaften (von Geografie bis hin zu Medizin) waren umfangreich. Er war für damalige Verhältnisse sehr gebildet und weitgereist und mitnichten der Analphabet, für den er sich gern ausgab. Einig sind sich die Literaturwissenschaftler in einem Punkt: Mit seinem *Parzival* und den unvollendeten Werken *Titurel* und *Willehalm* hat Wolfram wohl die berühmtesten und populärsten Romane der deutschsprachigen Literatur des Mittelalters geschrieben, und man darf ihn deshalb uneingeschränkt als den Bestsellerautor seiner Zeit bezeichnen. Von seinem »Megaseller« *Parzival* sind über 80 vollständig oder aus Fragmenten bestehende handschriftliche Manuskripte erhalten. Sie stammen aus der Zeit zwischen dem 13. und 15. Jahrhundert. Das ist mehr als das Doppelte von dem, was von anderen populären Dichtungen jener Zeit, wie zum Beispiel dem *Nibelungenlied*, dem *Tristan* von Gottfried von Straßburg oder dem *Iwein* von Hartmann von Aue, überkommen ist. Geschrieben ist sein Epos in 25 000 paarweise gereimten Versen.

Die schriftliche Quelle

Wolfram von Eschenbach griff das unvollendete Werk Chrétien de Troyes' auf, das zu seiner Zeit schon einen gewissen Ruhm erlangt hatte, und vollendete es. Dabei berücksichtigte er auch die verschiedenen Fortsetzungen. Er gab dies auch indirekt zu, denn er verwies in seinem Epilog zum *Parzival* auf Chrétien, den er dafür kritisierte, den *Conte du Graal* nicht beendet zu haben: »... ob von Troys meister Cristjân disem mære hât unreht getân, daz mac wol zürnen Kyôt, der uns diu rehten mære enbôt« («Blieb Meister Chrétien de Troyes dieser Geschichte etwas schuldig, so ist Kyot mit Recht empört: Die wahre Geschichte vermittelte er«). Wolfram bezog sich, wie auch Chrétien, der behauptet hatte, er verfüge über eine schriftliche Quelle, auf ein Buch vom *Graal*, das ihm von seinem Auftraggeber, dem Grafen Philipp von Elsass, gegeben worden sei. Um dessen mysteriösen Autor Kyot ranken sich verschiedenste Theorien.

Verwandte mit Herkunft

Den Figuren, die bei Chrétien nur mit Umschreibungen bezeichnet werden, gibt Wolfram von Eschenbach Namen und Herkunft, auch beschreibt er ausführlich deren vielschichtige Verwandtschaftsverhältnisse und geht tiefer auf die einzelnen Lebensgeschichten der handelnden Personen ein: Bei ihm finden wir beispielsweise Herzeloyde, Parzivals Mutter. Sie ist die Tochter von Frimutel und Enkelin von Titurel, den ersten Gralshütern, die Eschenbach erwähnt. Der Gralskönig Anfortas und der Eremit Trevrizent sind ihre Brüder. Gahmuret ist ihr verstorbener Ehemann, der seine erste Ehefrau Belacane im Orient zurückgelassen hatte, um nach England heimzukehren, zudem ist Gahmuret ein entfernter Verwandter von König Artus. Belacane gebar Parzivals Halbbruder Feirefiz, den »Gescheckten«. Dieser ehelicht am Schluss des Epos die schöne Gralsträgerin Repanse de Schoye und kehrt mit ihr in den Orient zurück. Dort begründet er mit ihr ein Geschlecht von Priesterkönigen. Parzival ehelicht Condwiramurs, die selbstverständlich auch außergewöhnlich schön ist, und bekommt mit ihr zwei Kinder, Kardeiz und Loherangrin; Letzterer wird nach Parzival zum Gral gerufen. Daneben gibt es noch Gawain, einen Verwandten von Gahmuret und Artus, der Orgeluse heiratet, die zweitschönste Frau nach Condwiramurs – Stoff genug für eine abendfüllende mittelalterliche Unterhaltungsserie.

Die Bestimmung des Finders durch den Gral

Abgesehen von den Schilderungen bezüglich Parzivals/Percevals Werdegang unterscheiden sich die Dichtungen Wolfram von Eschenbachs und Chrétien de Troyes' lediglich in verschiedenen Details, deren Bedeutung aber einen wichtigen Stellenwert hat. So blickt sich Perceval bei Chrétien beim Abschied um und sieht seine Mutter zusammenbrechen. Es kümmert ihn jedoch nicht und er reitet weiter. Diese Sünde wird ihm im späteren Verlauf der Geschichte vorgeworfen. Bei Wolfram reitet er fort, ohne sich umzublicken.

Auch der rote Ritter, dessen Rüstung sich Parzival anzieht, ist bei Chrétien lediglich ein nicht weiter erwähnenswerter Feind, während er bei Wolfram als naher Verwandter von König Artus vorgestellt wird, der als Gegner des Artushofes Machtansprüche an den Thron stellt. Um Parzival nicht zu brutal darzustellen, liegt der Tod des Ritters bei Wolfram nicht in dessen Absicht, anders als bei Chrétien.

Und auch die Begegnung mit dem Einsiedler Trevrizent bei Parzivals zweitem Versuch, die Gralsburg zu finden, wird bei Wolfram wesentlich ausführlicher erzählt. Der Protagonist erfährt von dem Eremiten mehr über den Gral – der bei Wolfram ein Stein ist –, über dessen Kräfte und seine Verbindung zur Gralsgemeinschaft.

Und genau hier liegt der größte Unterschied von Wolframs Roman zu allen bisherigen Erzählungen: Der Gral kann nicht durch einen Willensakt gefunden werden, er selbst bestimmt den Finder und dieser muss sich erst als würdig erweisen.

Repanse, die Gralsträgerin

Wolfram erklärt die Zusammenhänge ausführlicher. Parzival erreicht die Gralsburg und wird zu einem Gastmahl geladen. Sein kranker Gastgeber Anfortas empfängt ihn freundlich, es ist jedoch offensichtlich, wie sehr er leidet. Mehrere Ritter sind zugegen. Zuerst beginnt, wie bei Chrétien, die Prozession mit dem Hereintragen der blutenden Lanze. Nun folgen Edeldamen, die Wolfram ausführlich in all ihrer Pracht beschreibt, und schließlich schreitet die Königin herein. Repanse de Schoye ist die Gralsträgerin. »… auf grünem Seidentuch trug sie den Inbegriff paradiesischer Vollkommenheit, Anfang und Ende allen menschlichen Strebens! Dieser Gegenstand wurde ›Gral‹ genannt und übertraf alle Vorstellungen irdischer Glückseligkeit.«

Resümee: die mittelalterlichen Gralsromane und das Wesen des Grals

Wie wir bis jetzt feststellen konnten, sind die Gralsromane innerhalb einer recht kurzen Zeitspanne entstanden. Schauen wir uns diese Daten und Gralsbeschreibungen noch einmal an: Den Anfang macht Chrétien de Troyes, er verfasste in Frankreich seinen *Conte du Graal* ungefähr in der Zeit zwischen 1182 und 1191. Sein Gral ist noch ein nicht näher erklärtes Etwas von strahlendem Glanz. Nahezu parallel dazu schrieb Robert de Boron sein Werk *Estoire dou Graal*. Sein Gral ist bereits explizit der Abendmahlskelch. Damit liefert er der Nachwelt eine eindeutige Erklärung. Die kirchliche Überlieferung, die in die allgemeine Legende vom Gral eingeflossen ist, geht übrigens auf den Bischof Amalarius von Metz zurück, der Mitte des 9. Jahrhunderts starb. Jener Amalarius interpretierte die Eucharistiefeier als Allegorie, in der der Altar das Grab Christi und das Altartuch das Leichentuch darstellte. Theologen, die im 12. und 13. Jahrhundert dieser Überlieferung folgten – Rupert von Deutz, Hildebert von Tours, Guillaume Durand – beeinflussten Robert de Boron diesbezüglich beim Verfassen seiner Texte.

In den folgenden zwei Jahrhunderten werden die Artus- und Gralsepen weiter gelesen, erzählt, kopiert und auch hinterfragt. Dabei ist der Gral bald ein Klumpen Gold, bald ein Stein aus einer anderen Welt, ein Edelstein aus der Krone Luzifers, der auf die Erde fiel, nachdem Luzifer aus dem Himmel gestürzt wurde, und vieles mehr. Auch die Figuren der Geschichte wechseln, gehen neue Beziehungen ein und erleben weitere Abenteuer. Mythische Sagengestalten erscheinen. Der Gral wechselt von einem Ort zum anderen. Er erscheint auch schon einmal in der Mitte der Tafelrunde.

Ein ganz anderer Gralsroman, die Vorlage für modernere Fassungen: Thomas Malorys *Le Morte d'Arthur*

Ein völlig anderer Typ als seine gralsbuchschreibenden Vorgänger ist der Engländer Sir Thomas Malory: von Hause aus kein Dichter, sondern nach eigenen Aussagen selbst ein Ritter. Er wurde um das Jahr 1405 geboren und von König Heinrich VI. 1442 in den Adelsstand erhoben. Einen Großteil seines Lebens verbrachte Malory hinter Gittern. England befand sich nach den Wirren des Hundertjährigen Krieges mit Frankreich Mitte des 15. Jahrhunderts in einem eigenen Bürgerkrieg, dem Rosenkrieg. Die Adelshäuser York und Lancaster führten einen erbitterten Streit um die Krone. Beide Häuser entstammten zwar in ähnlicher Linie der Herrscherdynastie der französischen Plantagenets, doch nach dem Nervenzusammenbruch eines psychisch labilen Königs aus dem Hause Lancaster, Henrys VI., strebte der Duke of York, Richard Plantagenet, nach der Macht. Erbitterte Kämpfe, Intrigen und Ränkespiele waren die Folge.

Erst als nach der von den Lancasters gewonnenen Schlacht von Bosworth im Jahr 1485 Henry Tudor zum König gekrönt wurde und Elisabeth von York heiratete, war der Krieg zu Ende. Es entstand das Haus Tudor mit der weißen Rose von York und der roten Rose von Lancaster im Wappen, und seine prominenten Nachfahren Henry VIII. und Elisabeth I. würden Geschichte schreiben. Malory stand während der Unruhen auf Seiten der Lancasters und so stellt sich natürlich die Frage, inwieweit die gegen ihn erhobenen Anklagen auf versuchten Mord, Raub und Vergewaltigung womöglich einer realen Grundlage entbehrten und im Grunde rein politisch motiviert waren. Wir können es nicht mehr herausfinden, denn eine Verurteilung hat es nie gegeben. Thomas Malory wurde einfach nur eingesperrt.

Der Mann im Tower

Dies passte ihm allerdings gar nicht und so brach er mehrfach aus, wurde aber jedes Mal erneut gefasst und wieder inhaftiert, bis er schließlich in dem berüchtigtsten Gefängnis der damaligen Zeit

Aubrey Beardsley, Die Erlangung des Grals, *1894*

landete, dem Tower von London. An Ausbruch war hier nicht mehr zu denken, also arrangierte sich Sir Thomas mit der Situation. Der Tower war kein normales Gefängnis und auch die Haftbedingungen bei den meisten aus politischen Gründen Inhaftierten ließen sich mit mehr oder weniger großzügigen Geldbeträgen deutlich verbessern. Über solche Mittel schien Malory wohl zu verfügen, denn seine Zelle war geräumig, hatte ein großes Fenster und er bekam Papier, Feder und Tinte. Damit schrieb er nun *The Book of King Arthur and His Noble Knights of the Round Table* in den Jahren 1469 und 1470. Auf Reisen in Frankreich hatte er die Artus- und Gralsromane kennengelernt und auch die verschiedenen englischen Versionen gelesen. Dem von Krieg, wirtschaftlicher Not und Zerfall des Rittertums erschütterten England wollte er etwas von der Güte und Menschlichkeit der Tafelrunde zurückgeben. Sein Werk wurde zur Summe aller bis dahin erschienenen Artusdichtungen und prägt unsere Sicht auf die Sage noch heute.

Die Vorlage für Späteres

Die meisten heutigen Romane, Erzählungen und Filme basieren auf Malorys zusammengefasster und mit einem klaren roten Faden versehener Version der Geschichte. Wenn wir von Artus, der Tafelrunde, Camelot und dem Schwert Excalibur, den ruhmreichen Rittern auf der Suche nach dem Heiligen Gral und dem Untergang des arthurischen Reiches sprechen, sehen wir das von Sir Thomas Malory geprägte Bild vor uns. Er hat den Erfolg seines Romans leider nicht mehr erlebt. Kurz nach Fertigstellung seines umfangreichen, über 800 Seiten starken Werkes wurde er aus dem Tower entlassen und begab sich in ein Kloster in London, in das Christ Church Greyfriars. Dort starb er vermutlich ein Jahr später. William Caxton, der erste englische Buchdrucker, erhielt das Manuskript, das heute noch existiert. In der British Library in London wird diese Kostbarkeit verwahrt.

Der erste Megaseller in englischer Sprache

Caxton druckte das Werk 1485. Er gab ihm nun den Titel *Le Morte d'Arthur*, ersetzte die fehlenden Seiten der Einleitung, gliederte den Roman in 21 Bücher mit insgesamt 507 Kapiteln, die er um kurze Inhaltsangaben ergänzte, und machte daraus den ersten gedruckten Bestseller der englischen Literaturgeschichte und den meistgelesenen und berühmtesten Artusroman überhaupt. Malorys Werk ist direkter, nachvollziehbarer und schlichter als die seiner Vorgänger. Er entwirft den

Stoff der verschlungenen Geschichten, kürzt diese da, wo es notwendig ist, auf das Wesentliche, kann sich allerdings auch selbst vor ein paar Ungereimtheiten nicht retten, die man jedoch geflissentlich übersehen darf. Malory greift in seinem Werk bei der Erzählung über Gral und Lanze auf die Darstellung zurück, die sich bis ins 15. Jahrhundert durchgesetzt hatte. Und so lesen wir: »Und hier folgt die edle Geschichte vom heiligen Gral, der das heilige Gefäß genannt wird, und die Bezeichnung des gesegneten Blutes unseres Herrn Jesu Christi, das durch Josef von Arimathia in dieses Land gebracht wurde.« Auch die Lanze, noch unbenannt und unerklärt bei Chrétien, ist hier eindeutig der Speer des römischen Soldaten Longinus: »Und das war die nämliche Lanze, die Longinus unserem Herrn ins Herz gestoßen hatte.«

AUF DER SUCHE NACH DEN HISTORISCHEN WURZELN

IDEALE ZUR ORIENTIERUNG

Zur Zeit der Kreuzzüge befand sich das heutige Europa in einer Krise. Es war absehbar, dass der Kampf um das Heilige Land nicht gewonnen werden konnte. Man brauchte einen Mythos, mit dem man sich in Zeiten des Umbruchs identifizieren konnte. Vor allem Adel und Rittertum benötigten Ideale zur Orientierung. In den Romanen waren die ursprünglich keltischen Krieger zu Rittern mit höfischem Benehmen geworden. Die Plätze der Feen wurden von edlen Damen eingenommen. Dennoch blieben viele Elemente aus der keltischen Sagenwelt erhalten.

In der Mythologie spielten heilige Gefäße eine große Rolle. Wer daraus trank, dem war das ewige Leben gewiss. Ein weiterer Kult führte dazu, dass man auch in späteren Zeiten die großartige Kunst der keltischen Kultur bewundern durfte: In zahlreichen Gewässern wurden Gefäße und Schwerter gefunden, die man dort rituell versenkt hatte. Man glaubte, dass derjenige, der der Anderswelt einen im Wasser versunkenen Gegenstand entriss, auch den Tod überwand. Heimkehrende Kreuzritter brachten aus dem Orient Reliquien mit, die überall hoch verehrt wurden.

DER GEHEIMNISVOLLE KYOT

Lange glaubte man, dass Chrétien de Troyes der Verfasser der ursprünglichen Artus- und Gralsgeschichte gewesen sei und sich alle späteren Autoren mehr oder weniger stark an ihn angelehnt hätten. Allerdings nennt Wolfram von Eschenbach, wie bereits erwähnt, eine andere Hauptvorlage: das Buch eines Autors namens Kyot. Wolfram betont, dass Chrétien von der Ursprungsversion abgewichen sei, und geht detaillierter auf den »Urparzival« ein. Bei Kyot seien die Vorbilder keine keltischen Krieger, sondern die herrschenden spanischen Familien des 12. Jahrhunderts. Der kranke Gralskönig stünde demnach für die Person des Königs von Aragón und Navarra, Alfonso I. In Urkunden, die damals in lateinischer Sprache verfasst wurden, wird dieser Anfortius genannt, was stark an den Anfortas bei Wolfram erinnert. Alfonso war verwandt mit Hugo von Payens, dem Gründer des Templerordens, und vererbte diesem ein Drittel seines Landbesitzes. Wolfram von Eschenbach bezeichnete die Gralsritter als »Templeise« und gab damit einen deutlichen Hinweis auf die Beteiligung der Templer an der Gralsgeschichte. Nach einer schweren Verletzung starb Alfonso/Anfortius 1134 in der Klosterburg San Juan de la Peña. Dies erinnert an die Artuslegende. Der Schwiegersohn von Alfonsos Bruder Ramiro I., seinem Nachfolger auf dem Thron, Ramón Berenguer IV., der Herrscher von Katalonien, wird von Wolfram »Kyot von Katelangen« genannt und soll Chrétien de Troyes die Vorlage des Gralsromans übergeben haben. Kyot von Katelangen sei aber nicht selbst dessen Verfasser gewesen. Dieser war Wolfram zufolge »Kyot der Provenzal«. Hinter diesem Namen steckte möglicherweise ein Schreiber der Königin Urraca (der Gemahlin von Alfonso/Anfortas), der »Guiot de Provins« namens Guillén de Narbona.

HISTORISCHE VORBILDER IN SPANIEN

Liest man die Beschreibungen der Gralsburg von Chrétien und Wolfram, lassen sich Parallelen zur Klosterburg von San Juan de la Peña finden. Wolframs Munsalvaesche wie die spanische Klosterburg lie-

gen in einem Wald unterhalb eines Sees und auch sonst gibt es Übereinstimmungen. Das Felsenkloster befindet sich an einem der Pilger-
wege nach Santiago de Compostela, der Berg oberhalb des Gebäudes
heißt Monte Salvador, die okzitanische Bezeichnung dafür ist Mont
Sant Salvatge, was deutlich an den Namen Munsalvaesche erinnert.

Einige moderne Autoren haben nun versucht, auch den anderen
Romanhelden historische Vorbilder zuzuweisen. Routrou II., der
Graf des Val Perche, ein Vetter des Königs, stehe demnach für Parzival (Val Perche – Perche Val). Interessant ist zudem, dass Routrou
mit der unehelichen Tochter von König Henry I. von England verheiratet war. Sein Schwager, Graf Robert of Gloucester, der auch der
Herr von Caen in der Normandie war, wird als der Hauptauftragge-
ber für die Niederschrift der *Historia Regum Britanniae* von Geoffrey of
Monmouth angesehen. Hier schließt sich also der Kreis.

Wurde der Gral in San Juan de la Peña verehrt? Vor Ort findet
man keinerlei Hinweise darauf. Aber im Stadtarchiv von Barcelona
existiert eine Urkunde aus dem Jahr 1399. Sie berichtet von einem
Geschenk, das dem damaligen König Martín gemacht wurde. Es
handelt sich um den schon erwähnten Santo Cáliz, den heiligen
Kelch, der seit dem Jahr 1076 bis eben 1399 in dem Kloster San Juan
de la Peña aufbewahrt wurde. Wir können davon ausgehen, dass die
Autoren jener Zeit genau über Geschichte und Aufenthaltsort des
Objektes Bescheid wussten. Heute wird es, wie schon erwähnt, als
Gral in der Kathedrale von Valencia verehrt. Es gibt allerdings Unterschiede in der Darstellung des Grals bei Chrétien und Wolfram.
Ersterer schreibt von einer strahlenden Schale, Letzterer von einem
sehr reinen Edelstein. Wir müssen deshalb noch einmal genauer
hinschauen. Archäologische Untersuchungen ergaben, dass die Achatschale des Santo Cáliz, die durchscheinend ist, zwischen dem 4. Jahrhundert v. und dem 1. n. Chr. hergestellt wurde. Ein goldener Stiel
aus dem 12. Jahrhundert verbindet sie heute mit einem ebenfalls
durchscheinenden Sockel aus Onyx. Man kann also durchaus sowohl von einer Schale als auch von einem Stein sprechen.

Drei Romanfiguren auf der Spur

Anfortas

Der Gralskönig liegt schwer verletzt auf seiner Gralsburg und wartet auf das Ende. Der historische Alfonso I., den man, wie gesagt, auch Anfortius nannte, zog sich im Jahr 1134 in der Schlacht von Fraga eine schwere Verletzung zu und wurde in das Gralskloster San Juan de la Peña gebracht. Sieben Jahre später starb er nach langem Siechtum. Das Volk hatte lange Zeit an seine Rückkehr geglaubt.

Parzival

Nachdem er seine Mutter im Wald verlassen hat, kommt der rote Ritter Parzival zur Gralsburg. Der historische Routrou de Perche, der ein Vorbild für den Protagonisten gewesen sein könnte, war ebenfalls Sohn einer Witwe und dem Gralsfachmann Michael Hesemann zufolge auch derjenige, der das Gralswissen nach Westeuropa brachte. Routrou, der Gründer der Akademie von Chartres, war auch maßgeblich an der Entstehung der dortigen weltberühmten Kathedrale beteiligt, die von den Templern mitfinanziert wurde.

Kyot

Kyot ist derjenige, der die Autoren in Frankreich und Deutschland durch seine in Toledo entstandene Schrift zu ihren Gralsromanen inspiriert. Der historische Troubadour Guiot de Provins wirkte am Hof von König Alfonso II. und auch bei Philipp von Flandern, dem Auftraggeber Chrétien de Troyes'. In Deutschland traf er Wolfram von Eschenbach. Dies war allerdings einige Jahrhunderte nach der keltischen Zeit, die wir nun näher betrachten werden.

Kapitel 3

Die keltischen Wurzeln der Gralslegende

ARTUS,
EIN KELTISCHER HEERFÜHRER

Obwohl die Autoren des 12. Jahrhunderts Artus und seine Mannen als kühne Ritter in glänzenden Rüstungen zeichneten, müssen wir uns im historischen Rückblick den König und sein Gefolge als eine Schar keltischer Krieger vorstellen, nur spärlich bekleidet und mit Lanzen und dicken Holzschilden in den Kampf ziehend.

Es ist sicherlich legitim zu fragen, wieso einem keltischen Anführer 600 Jahre nach seinem Tod so ein enormes Maß an Aufmerksamkeit zuteilwurde. Wohl weniger aufgrund seiner Heldentaten. Es muss einen anderen Grund gegeben haben. Und dieser liegt auf der Hand: Artus wurde gezielt benutzt. Nach der Schlacht bei Hastings im Jahr 1066 schwangen sich die Normannen zu den neuen Herrschern in Britannien auf. Eine Methode, derer man sich in der Menschheitsgeschichte gern bediente, um einen Machtanspruch zu legitimieren, bestand darin zu behaupten, von einem ehemaligen König des Landes abzustammen. Artus bot sich insofern an, als man davon ausging, dass seine Familie im 5. Jahrhundert vor den Sachsen in die Normandie geflohen und er einer der Nachfahren William the Conquerers sei, des Siegers von Hastings. Zwar gab es in der Normandie keinerlei Artus-Überlieferungen, wohl aber in der Bretagne, und die lag ja direkt nebenan. Die Artusdichtungen schöpften viel aus den aus keltischer Zeit stammenden Überlieferungen. Bei den Kelten hatten die Barden eine wichtige Funktion inne, sie bewahrten die

Stammesgeschichte. Ihre Dichtungen enthielten neben genealogischen Elementen die gesammelten Heldentaten der Vorfahren und verankerten damit die Menschen in der Mythologie der eigenen Sippe. Chrétien de Troyes stand zwar in der Tradition der Barden, seine Zielgruppe war aber nicht der einzelne Stamm, sondern das Königreich, das seine Identität aus dem Mythischen bezog. Bei ihm stand kein regionales Oberhaupt im Mittelpunkt, sondern Artus als Anführer eines großen Königreiches.

Keltische Überlieferungen

Irische Mönche als Bewahrer des keltischen Sagengutes

Heute können wir davon ausgehen, dass sich der Mönch Nennius, bei dem wir als erstem über den historischen Artus nachlesen können, auf verschiedene mündliche und möglicherweise auch verschollene schriftliche Quellen gestützt haben wird. Dies waren alte keltische Sagen, vermischt mit christlichen Geschichten, die vermutlich von seinen walisischen und irischen Mönchsbrüdern aufgeschrieben worden waren. In Irland gab es seit der ausgehenden Antike eine Schreibkultur in den abgeschiedenen Mönchszellen. Als vandalistische Horden Rom überrannten, wurde von klugen Menschen, die Schlimmes kommen sahen, gerade noch rechtzeitig alles greifbare Schrifttum fortgeschafft und auf die grüne Insel gebracht, wo die kundigen Mönche viel Zeit darauf verwendeten, die alten Schriften abzuschreiben und zu konservieren. Es ist der Verdienst der Klosterbrüder, dass wir uns heute ein historisches Bild von den antiken Philosophen, Medizinern und anderen Wissenschaftlern machen können.

Die Mönche schrieben jedoch nicht nur das ab, was man ihnen brachte, sie ließen ihre Federn auch über das sprechen, was in ihrem näheren Umkreis geschah. Und sie standen noch tief in der keltischen Tradition, manche von ihnen trugen gar eine gehörige Portion Druidentum in sich.

Eine Kultur ohne Schrift

Bei den Kelten handelte es sich weder um ein homogenes Volk noch um eine Nation. Als keltisch lässt sich eine bestimmte Kultur bezeichnen, die historisch in die Zeit zwischen dem 8. Jahrhundert v. Chr. und dem 5. Jahrhundert n. Chr. angesiedelt wird. Die Gemeinsamkeiten, die Völker der damaligen Zeit als »Kelten« vereinten, sind in erster Linie kultureller, sprachlicher, künstlerischer und religiöser Natur. Obwohl der Schatz an Sagen, Märchen und Geschichten sehr reich war und manches bis heute erhalten geblieben ist, haben die antiken Kelten selbst nur wenig aufgeschrieben. Zwar besaßen sie ein einfaches Alphabet und in den Regionen, die von den Römern regiert wurden, kannte man auch die lateinische Schrift – geschriebene Bücher spielten jedoch keine Rolle. Dies änderte sich erst nach der Christianisierung und den frühen Klostergründungen. Die schriftkundigen Mönche schrieben die walisischen Sagen auf, in dem Buch *Die vier Zweige des Mabinogion* aus dem 11./12. Jahrhundert sind diese gesammelt worden. Vergleicht man die Artusepen mit dem Sagengut der walisischen Kelten, wie man es im *Mabinogion* findet, lassen sich erstaunlich viele Parallelen aufzeigen. So ist schnell zu erkennen, dass die Autoren der Artusgeschichten auch aus diesem Sagenschatz geschöpft haben.

Keltische Gralsvorläufer: wundersame Kessel

Auch Vorläufer des Grals finden wir in der keltischen Sagenwelt wieder, nämlich in Gestalt wundersamer, magischer Kessel, die in vielen Geschichten und auch später als Inspirationsquelle bei der Entstehung der Grallegenden eine wichtige Rolle spielten.

Sowohl bei den Inselkelten als auch in der germanischen Kultur hatten diese Kessel eine wichtige Funktion inne. Sie waren nicht nur Gebrauchsgegenstände, sondern zugleich auch sakrale Objekte.

Warum gerade Kessel? Als in der Bronzezeit die aus Ton gebrannten Koch- und Aufbewahrungsgefäße den metallenen Kesseln wichen, wurden diese schnell zu reich verzierten Kunstwerken. Wer sie verwenden durfte, das wurde von den Druiden, den Vertretern der spirituellen Elite, bestimmt. Wir finden heute Kessel als Grabbeigaben, beispielsweise in dem eindrucksvollen Grab des Fürsten von Hochdorf. Der dort gefundene, mit Löwenköpfen verzierte Bronzekessel fasste einen Inhalt von rund 500 Litern und war – Spuren belegen es noch heute – einst mit Met gefüllt gewesen. Met, der Trank der Götter, sollte den im 6. Jahrhundert v. Chr. verstorbenen Fürsten neben anderen Beigaben wie Trinkhörnern, einem goldenen Torques (Halsring), jenem typisch keltischen Herrschaftszeichen, einem Streitwagen, seinen Waffen und anderen Dingen auf seinem Weg in die Anderswelt begleiten. Gerade in der inselkeltischen Kultur waren Kessel als Kultgegenstände allgegenwärtig.

Der Kessel von Gundestrup, 5. bis 1. Jahrhundert v. Chr.

Der magische Kessel der Ceridwen

Die wichtigsten Götter der keltischen Mythologie besaßen magische Kessel, mit deren Hilfe man Tote zum Leben erwecken, die Zukunft vorhersagen sowie Wissen und Weisheit erlangen konnte und die Nahrung in Hülle und Fülle spendeten, ohne je zu versiegen.

Werfen wir einmal einen Blick auf einige der Sagen, in denen Kessel eine Rolle spielen, dann erkennen wir die Ähnlichkeiten mit denen der Artusepik.

In der *Weltchronik* des Walisers Elys Gruffydd aus dem 16. Jahrhundert finden wir die Geschichte von Taliesin, dem berühmten britischen Barden aus dem 6. Jahrhundert. »Hanes Taliesin« erzählt die Geschichte der keltischen Muttergöttin Ceridwen und ihren Kindern. Sie ist die Göttin des Mondes, der Natur und der Fruchtbarkeit. Ihr Gatte ist Tegid Foel, ein Wassergott des Sees Tagid. Von ihren

J. E. C. Williams, Gwion Bach, Tegid Foel und Ceridwen, *1901*

Kindern ist ein Knabe mit Namen Avaggdu missgestaltet und hässlich, ihre Tochter Creivym dagegen das schönste Mädchen der Welt.

Um aber ihrem Sohn auch Ruhm und Anerkennung in der Welt zu verschaffen, beschließt Ceridwen, in ihrem magischen Kessel einen Trank zu brauen, der dem Kind die Gaben des Wissens, der Weisheit und der Weissagung verleihen soll. Die Herstellung ist kompliziert und langwierig und dauert ein Jahr und einen Tag. Während sie mit anderen Aufgaben beschäftigt ist, lässt Ceridwen den siedenden Kessel in der Obhut eines blinden, alten Mannes und eines Zwerges mit Namen Gwion Bach.

Die beiden geben gut auf den Kessel acht, bis gegen Ende des Jahres plötzlich drei Tropfen des Gebräus auf die Finger von Gwion Bach spritzen. Als er diese ableckt, kann er plötzlich in die Zukunft blicken. Er sieht, was geschehen wird, und flieht, denn Ceridwen, erbost über die vertane Arbeit – der Trank war nun unbrauchbar geworden – verfolgt den Zwerg voller Zorn. Gwion, ebenfalls der Zauberkraft mächtig, verwandelt sich in einen Hasen, der von Ceridwen in der Gestalt einer Jagdhündin verfolgt wird. Danach wird er zum Fisch, sie zu einem Otter, er zu einem Vogel, sie zu einem Falken und

97

letztendlich verwandelt er sich in ein Weizenkorn und Ceridwen in eine Henne, die das Korn frisst. Daraufhin wird sie schwanger und er ihr wunderschönes Kind.

Der erste Merlin

Ceridwen bringt es trotz ihrer Wut nicht übers Herz, den Kleinen zu töten, und setzt ihn in einem Boot aus, wie es einst auch Moses widerfuhr, bedeckt ihn mit einem Tuch und lässt das Boot auf dem Wasser treiben. Der Knabe wird von Elphins, dem Sohn Gwydnos, gefunden und erhält den Namen Taliesin, »strahlende Sterne«. Aus ihm wird ein großer Barde und Druide, sozusagen ein Vorläufer Merlins. Der Kessel mit dem Zaubertrank fand seinen Eingang in die Hexenküchen des Volksglaubens.

Die magische Schale des Zauberers Gwawl

Eine weitere Erzählung über einen wunderwirkenden Kessel finden wir im *Mabinogion*, im *Dritten Zweig*: »Manaewdan fab Lly^r«, die Geschichte von Pryderie und Rhiannon. Manawydan heiratet die schöne Rhiannon, die Witwe Pywells, des Fürsten von Dyfed. Pywell ist der Held der ersten Sage des *Mabinogions*, des *Ersten Zweigs*. Ein weiterer Held ist Pryderie, der in allen vier *Zweigen* in Erscheinung tritt, und seinem treuen Freund Manawydans seine verwitwete Mutter Rhiannon zur Frau gibt. Sie kehren in das reiche Fürstentum Dyfed zurück und wie durch Zauberei ist nach einem Unwetter mit Donner und Blitz das Land verlassen. Als sich die Nebel lichten, sind außer Manawydans, Rhiannon, Pryderie und dessen Frau Cigfa keine Menschen und Tiere mehr dort und das Land ist öde geworden. Sie schlagen sich mehr schlecht als recht durch und gelangen eines Tages an eine seltsame Burg. Als Pryderie die Burg betritt, findet er sie verlassen vor.

Die Schale aus Gold

Keine Menschenseele ist zu sehen. Auch fehlen jegliche Gebäude innerhalb der Burgmauern. Lediglich im Innern, im Burghof, befindet sich ein Brunnen und davor eine Schale aus Gold, stehend auf einer

Marmorplatte und mit vier Ketten befestigt, deren Enden in die Luft ragen und nicht zu sehen sind. Fasziniert von der magischen Schale berührt Pryderie sie und bleibt wie durch Zauberei an ihr haften. Auch seine Füße können sich nicht mehr von der Marmorplatte lösen. Zudem hat er seine Sprache verloren. Rhiannon, auf der Suche nach ihrem Sohn, gelangt in die Burg, und da Pryderie sie nicht warnen kann, bleibt sie ebenfalls an der wundersamen Schale haften. Plötzlich erhebt sich ein Donnergrollen und die Burg mitsamt Schale und den beiden Unglücklichen verschwindet im Nichts.

Die keltische Artussage

Manawydan und Cigfa bleiben allein zurück. Schließlich wird enthüllt, wer dies alles inszeniert hat, nämlich der Zauberer Gwawl, ein Feind Pywells, der einst um die schöne Rhiannon warb, von ihr aber abgewiesen wurde. Nach einem Handel um eine verwandelte Maus kann Manawydan erreichen, dass der Zauber aufgehoben wird, Rhiannon und Pryderie wieder zurückkehren und auch das Land wieder fruchtbar wird.

Verwunschene Burgen, seltsame Schalen und große Heldentaten – all dies taucht in den späteren Artussagen wieder auf.

Der Zauberkessel des Riesen Dyrnwch

In einer weiteren Sage, »Kulhwch ac Olwen«, begegnen wir sogar König Artus persönlich. Es ist dies wahrscheinlich die älteste Prosaerzählung des arthurischen Sagenkreises aus Wales und beschreibt die Geschichte um den Ritter Kulhwch – dessen Name so viel wie »Kuhle des Schweins« bedeutet, da er in einer solchen zur Welt gekommen ist – und Olwen, die Tochter des Riesen Ysaddaden Bencawr. Die Sage wurde zunächst rein mündlich überliefert und erst viel später aufgezeichnet.

Kulhwch, der zudem auch der Neffe (in anderen Versionen der Vetter) von König Artus ist, reitet an dessen Hof und bitte ihn um Hilfe beim Werben um die schöne Olwen. Als Unterstützung sollen ihm viele edle Ritter, Barden und Frauen helfen, darunter neben Kai und Bedwyr, Taliesin und Gwehwyfar noch zahlreiche andere, deren Namen auch in den späteren Sagen um den Gral wieder auftauchen werden.

Speisen für die Guten

Nach einem Jahr des Suchens gelangt Kulhwch mit einer kleinen Gruppe Ritter zur Burg des Riesen. Das Werben dauert mehrere Tage und ist auch von Auseinandersetzungen begleitet. Ysaddaden lenkt ein, stellt aber fast unlösbare Forderungen. Kulhwch soll 40 Aufgaben erfüllen, eine davon ist es, den magischen Kessel des irischen Riesen Dyrnwch zu stehlen. Dieser Kessel kann gute von bösen Menschen unterscheiden, nur die guten werden aus ihm reichlich gespeist – eine Geschichte, die dem *Prosa-Lancelot* ähnelt. Der Kessel ist für das Hochzeitsmahl erforderlich. Kuhlwch erfüllt mit der Hilfe von Artus und seinen Gefährten den Großteil der Aufgaben. Die Geschichte nimmt ein gutes Ende, Kulhwch bekommt Olwen und sie werden gemeinsam glücklich. Der wahre Held der Geschichte ist allerdings König Artus, er erlebt die meisten Abenteuer.

Der Kessel im Palast

Die letzte keltische Sage, die wir erzählen wollen, handelt ebenfalls von König Artus. Es ist ein 60 Verse langes Gedicht aus dem 8. Jahrhundert mit Namen »Preiddeu Annwn«, was so viel bedeutet wie »Die Beraubung der Anderswelt«. Wir finden es mit anderen Texten, die sich ebenfalls mit Artus befassen, in einer Sammelhandschrift aus dem frühen 14. Jahrhundert, im *Llyfr Taliesin* (Buch von Taliesin), des bereits erwähnten Barden.

Drei Schiffe, darunter auch das von König Artus, segeln mit großem Gefolge, unter anderem auch mit Pwyll und Pryderie, die wir ja schon von der Sage »Hanes Taliesin« her kennen, nach Annwn. Ihr Ziel ist es, einen wertvollen Kessel zu rauben, der mit vielen Edelsteinen besetzt ist und auch über eine außerordentliche Gabe verfügt. Er wird von neun Jungfrauen gewärmt und nur die Mutigen können aus ihm essen. Feiglinge lehnt er ab. Der Kessel befindet sich im Glaspalast des Fürsten der Anderswelt und dort wird auch Gwair, der Gefährte der Reisegesellschaft, festgehalten. Aber das Unternehmen endet mit einem Drama: Lediglich sieben der Getreuen kehren am Ende heim.

Der Kessel des Gottes

Wie wir gesehen haben, spielten Schalen und Kessel eine bedeutende Rolle in der inselkeltischen Mythologie. Doch auch der irische Gott Dagda, der Anführer des Göttervolkes der Túatha Dé Danann, besaß, der Legende zufolge, einen riesigen Kessel, der niemals leer wurde, immerwährend mit wunderbarer Speise gefüllt. Dagda war der Hauptgott der irischen Kelten. Sein Kessel hatte einen eigenen Namen: »Hallow«, was ungefähr so viel bedeutet wie »niemals trocken«. Er gehörte zu den vier Schätzen der Túatha Dé Danann, die neben ihm aus dem Speer des Gottes Lugh, dem Schwert des Núada namens Fragarach und dem Lía Fáil, dem Stein von Fal, bestanden. Letzterer war der Legende nach der Krönungsstein der irischen Herrscher und hatte die Fähigkeit, den wahren König Irlands zu erkennen.

Der Kessel der Druiden

Aber auch bei sterblichen Druiden spielte der Kessel eine herausragende Rolle, vor allem bei zeremoniellen Handlungen und Opferriten zu Ehren der Götter. Als Julius Cäsar im Jahr 55 v. Chr. seinen Fuß auf britischen Boden setzte, um das Land zu erobern, beschrieb er die Kelten als grausame, für den Kampf blau bemalte Barbaren, die ihren Göttern Menschen opferten. Solche Rituale wird es regional durchaus gegeben haben. Vermutlich noch in verstärktem Maße nach den Invasionen der Römer, da die Druiden durch solche rituellen Handlungen das Wohlwollen der Götter für die Kämpfe gegen die Eindringlinge erbitten wollten. Dabei sollen sie auch das Blut der Unglücklichen in den Kesseln aufgefangen haben. Woran erinnert uns das?

Unbekannter Künstler, Tempelritter, Illustration aus Münchener Bilderbogen, *1870*

Kapitel 4

Das Mysterium des Grals
in der Zeit der Templer

Immer wieder wurde erzählt, die Tempelritter seien die wahren Gralshüter gewesen. Daher ist es nun an der Zeit, diesen geheimnisvollen Ritterorden näher zu betrachten.

WER WAREN DIE TEMPELRITTER?

Sie trugen lange weiße Mäntel über schweren Kettenpanzern und ein rotes Tatzenkreuz als Wappen auf der Brust. Sie waren Ritter und Kämpfer und gleichzeitig Mitglieder eines mönchischen Ordens: die Templer. Handelte es sich dabei zunächst nur um eine kleine Gruppe, so stiegen sie im Laufe der Jahre zur geheimen Großmacht Europas auf. Und ihr Ende war dramatisch. Sind die Templer, die uns heute noch so viele Rätsel aufgeben, identisch mit den »Templeisen«, die uns einige Gralsbuchschreiber des Mittelalters als die Bewacher des Heiligen Grals nennen? Sie passen ins Bild. Der Autor Michael Hesemann schreibt dazu in seinem Buch *Die Entdeckung des Heiligen Grals*: »Die ersten Gralsritter waren die Proto-Templer, die Johannesritter von San Juan de la Peña. Im 12. Jahrhundert übernahm der spanische Templerorden seine Funktion.«

MYSTERIEN RUND UM DIE TEMPLER

In den Schulbüchern ist die Rede von einem gierigen König und einem schwachen Papst als Verantwortliche für den Untergang des reichen und mächtigen Templerordens im 13. Jahrhundert. In alten Akten können wir lesen, dass die Tempelritter auf das Kreuz gespuckt und einen Götzenkopf namens Baphomet angebetet hätten. Das sollte damals schon Anlass genug geboten haben, um die Scheiterhaufen aufzuschichten. Haben sich die Templer vor bewaffneten Einsätzen und auch bei ihren geheimen Zeremonien an unbekannten Drogen berauscht, wie ihnen nachgesagt wurde? Gab es ein besonderes Wissen, das ihnen Macht verlieh? Heute, mehr als sieben Jahrhunderte nach ihrem abrupten offiziellen Untergang, sind die Templer immer noch faszinierend und die Geschichten um sie regen unsere Phantasie an.

Eigentlich haben wir es hier mit mehreren krassen Gegensätzen zu tun: Mönchs- und Rittertum, diese Verbindung ist offensichtlich eigenartig. Die Templer hatten Armutsgelübde abgelegt und waren dennoch die ersten Bänker Europas. Sie sollten in kargen Zellen leben und bauten die prächtigsten Kathedralen. Sie verteidigten den katholischen Glauben mit dem Schwert, leugneten aber den Jesustod am Kreuz. Haben ihre Geheimlehren später die Freimaurer und Rosenkreuzer, die ebenfalls den meisten Menschen als mysteriös erscheinen, beeinflusst?

EUROPAS ELITE

Um das Jahr 1120 traten die Templer ans Licht der Öffentlichkeit. 194 Jahre später starb ihr letzter Großmeister den Flammentod. In den Jahren ihres Bestehens hatten sie sich zur militärischen und wirtschaftlichen Elite Europas aufgeschwungen. Sie wirkten über Landesgrenzen hinweg, hatten eigene Werften und Häfen, von denen es heißt, sie seien von dort mit ihren Flotten aufgebrochen, lange vor den Expeditionen des Kolumbus, um ein fernes Land jenseits des Atlantiks anzusteuern, wo man ergiebige Gold- und Silberminen ausbeutete. Sie hatten 30 000 Männer unter Waffen. Kranke und Verwundete wurden in eigenen Krankenhäusern gepflegt, deren Standard alles zu jener Zeit Bekannte übertraf. Noch heute stehen kaum zu zählende Burgen, deren Gründungen auf die Tempelritter zurückgehen. Nach damaligen Verhältnissen zu urteilen, hätte es ihnen unschwer möglich sein können, sich militärisch gegen den Papst und den französischen König durchzusetzen und die Herrschaftsverhältnisse nachhaltig zu ihren Gunsten zu verändern. Sie taten es aber nicht. Stattdessen ließen sie es zu, dass sie Opfer einer Vernichtungsaktion wurden, die dem typischen Muster einer Ketzerverfolgung entsprach. Man warf ihnen Sodomie vor, die Abkehr von den kirchlichen Dogmen und die schon erwähnte Götzenanbetung. Das reichte, um ihre Führer zu töten, ihre Besitzungen zu annektieren, ihre internationalen Strukturen zu zerschlagen. Kirche und König siegten bei ihrer Vernichtungsaktion auf ganzer Linie. Ohne nennenswerte Gegenwehr. Höchst sonderbar.

DER SAGENUMWOBENE SCHATZ DER TEMPLER

Was den mächtigen Gegnern der Mönchsritter allerdings nicht in die Hände fiel, ist der legendäre, unermessliche Templerschatz. Wo ist er geblieben? Die Zahl der Suchexpeditionen ist nicht zu zählen. Man durchsuchte Höhlen, wie die berühmten Drachenhöhlen in der Nähe von Manacor auf Mallorca, weil man glaubte, dass der Schatz dort die Jahrhunderte verborgen überdauert habe. Jahrzehntelang wurde auf Oak Island südlich von Halifax in Kanada gegraben, was das Zeug hielt, um den vermeintlichen Templerschatz aus dem berühmten Schacht namens Money Pit zu bergen – bislang erfolglos. Im Jahr 1307 war die gesamte Flotte der Templer, mehr als ein Dutzend hochseefähige Schiffe, in La Rochelle ausgelaufen. Bis heute wird gesagt, die Segler hätten den Schatz – Gold, Silber, Geld, Bücher und Reliquien – an Bord gehabt. Die Schiffe samt Besatzung und Ladung verschwanden spurlos. Segelte man zunächst die Küste hoch bis nach Schottland? In die Gegend, wo heute die Rosslyn Chapel steht? Die Sinclairs, die Herren der Region, von denen manche glauben, sie seien direkte Nachfahren der Merowinger und über sie auch von Jesus und Maria aus Magdala, boten tatsächlich zu jener Zeit verfolgten Templern Unterschlupf. In den Folgejahrhunderten spielte das Templertum zumindest in Schottland noch eine regionalpolitische und -kulturelle Rolle.

Der Templerschatz in Amerika?

Den seefahrenden Templern muss die Route nach Amerika bekannt gewesen sein. Heute noch existiert das sogenannte Zeno-Dokument aus dem Jahr 1398, das von einer Atlantiküberquerung eines gewissen Henry Sinclair von Schottland aus nach Kanada berichtet. Zeno war ein Venezianer, der für die Sinclairs in See stach und, wie es aussieht, vor Kolumbus die Neue Welt in Neuengland betrat. Jeder Besucher kann sich Mais- oder Aloepflanzen anschauen, die in die Mauern der Kapelle von Rosslyn gemeißelt wurden, lange bevor Kolumbus geboren wurde. Apropos Kolumbus. In manchen Veröffentlichungen finden sich Hinweise darauf, dass er Informationen, Karten und Logbücher besessen haben soll, die ihm Angaben über Schiffsrouten nach Südamerika lieferten. Und diese Seefahrerberichte sollen von den Templern stammen. Die Karten und Logbücher habe Kolumbus von seinem Schwiegervater aus Madeira erhalten, der einem den Templern nachfolgenden Orden angehört habe. Dieter H. Wolf schreibt in seinem *Internationalen Templerlexikon* über die Mönchsritter und die Neue Welt: »Diese soll den Templern bereits im 13. Jahrhundert, also lange vor ihrer Verhaftung, bekannt gewesen sein. Laut Jacques de Mahieu sollen Templerschiffe bereits um 1270 in Amerika gewesen sein. Als Beweis dafür werden überraschend viele dem Französischen ähnliche Worte und auch Wortkombinationen der Inkasprache angegeben.« Und er fragt: »Waren sie die von den Inkas erwarteten bärtigen Götter, die lange vor Kolumbus über das Meer kamen?« Segelte der Templerschatz, und damit auch der Heilige Gral und die Bundeslade der Israeliten, also nach Amerika?

Mögliche Schatzverstecke in Europa

Oder liegt der Schatz noch verborgen auf europäischem Boden? In einem späteren Kapitel werden wir von Roger Lhomoy erzählen, der in den 1940er-Jahren als Kastellan der Burg Gisors beschäftigt war, eine halbe Autostunde von Paris entfernt. Er grub dort jahrelang nachts auf eigene Faust, wenn auch mit behördlicher Duldung, tiefe

Stollen in den Burghügel, bis man ihn stoppte, weil man fürchtete, die Ruine könne einstürzen. Zuvor hatte Lhomoy beim Bürgermeister kundgetan, er habe in einer unterirdischen Kapelle mindestens 30 schwere Schatztruhen entdeckt, ebenso 19 Sarkophage mit bestatteten Templern.

Ja, und dann ist da noch das große Mysterium von Rennes-le-Château südlich von Carcassonne. Liegt dort der Templerschatz verborgen? Marie Dénarnaud, die Vertraute des durch seinen vermeintlichen Dokumentenfund zu Ruhm gekommenen Priesters Bérenger Saunière, sagte bis zu ihrem Lebensende mehrfach, dass die Einwohner des Ortes auf reinem Gold wandelten. Auf so viel, dass es für alle Bewohner für mehr als 100 Jahre reichen würde.

DIE KREUZZÜGE

DER PÄPSTLICHE WAFFENRUF

Schauen wir uns also zunächst einmal die Geschichte des Templerordens an. Hugo de Payens und Gottfried de Saint-Omer waren zwei Teilnehmer des Kreuzzuges von 1096, in dessen Verlauf Jerusalem im Jahr 1099 geplündert und die Bevölkerung massakriert wurde. Der Adel unter den Kreuzfahrern erhielt die Besitzungen der vormaligen Bewohner. Die eingangs erwähnten beiden Kreuzritter schlugen später vor, einen Ritterorden zu gründen, der den Weg der Pilger zum Grab ihres Heilandes schützen solle. Das war um 1120.

Wie die Stimmung in Europa im 12. Jahrhundert manipuliert wurde, zeigt uns heute der Aufruf von Papst Urban II. auf dem Konzil von Clermont im Jahr 1095, wie er uns von Wilhelm von Thyrus in seiner *Historia in partibus transmarinis gestarum* (Geschichte der Taten jenseits des Meeres) überliefert worden ist:

Die Wiege unseres Heils nun, das Vaterland des Herrn, das Mutterland der Religion, hat ein gottloses Volk in seiner Gewalt. Das gottlose Volk der Sarazenen drückt die heiligen Orte, die von den Füßen des Herrn betreten worden sind, schon seit langer Zeit mit seiner Tyrannei und hält die Gläubigen in Knechtschaft und Unterwerfung. Die Hunde sind ins Heiligtum gekommen, und das Allerheiligste ist entweiht. Das Volk, das den wahren Gott verehrt, ist erniedrigt; das auserwählte Volk muss unwürdige Bedrückung leiden. Das königliche Priestertum muss als Sklave Ziegel brennen; die Fürsten der Länder, die Stadt Gottes, müssen Tribut zahlen. Will einem nicht die Seele darüber zergehen, will einem nicht darüber das Herz zerfließen? Liebe Brüder, wer kann das mit trockenen Augen anhören? Der Tempel des Herrn, aus dem er in seinem Eifer die Käufer und Verkäufer hinausgetrieben hat, damit das Haus seines Vaters nicht eine Mördergrube werde, ist nun Sitz des Teufels geworden. Die Stadt des Königs aller Könige, die den anderen die Gesetze des unverfälschten Glaubens gegeben hat, muss heidnischem Aberglauben dienstbar sein. Bewaffnet Euch mit dem Eifer Gottes, liebe Brüder, gürtet Eure Schwerter an Eure Seiten, rüstet Euch und seid Söhne des Gewaltigen. Besser ist es, im Kampf zu sterben, als unser Volk und die Heiligen leiden zu sehen. Wer einen Eifer hat für das Gesetz Gottes, der schließe sich uns an. Wir wollen unseren Brüdern helfen. Ziehet aus, und der Herr wird mit Euch sein. Wendet die Waffen, mit denen Ihr in sträflicher Weise Bruderblut vergießt, gegen die Feinde des christlichen Namens und Glaubens. Die Diebe, Räuber, Brandstifter und Mörder werden das Reich Gottes nicht besitzen. Erkauft Euch mit wohlgefälligem Gehorsam die Gnade Gottes, dass er euch Eure Sünden, mit denen Ihr seinen Zorn erweckt habt, um solch frommer Werke und der vereinigten Fürbitten der Heiligen willen schnell vergebe. Wir aber erlassen durch die Barmherzigkeit Gottes und gestützt auf die heiligen Apostel Petrus und Paulus allen gläubigen Christen, die gegen die Heiden die Waffen nehmen und sich der Last dieses Pilgerzuges unterziehen, alle die Strafen, welche die Kirche für ihre Sünden über sie verhängt hat. Und wenn einer dort in wahrer Buße fällt, so darf er fest glauben, dass ihm Vergebung seiner Sünden und die Frucht ewigen Lebens zuteilwerden wird.

Dies waren Worte, die ihr Ziel nicht verfehlten. Wenn sie denn tatsächlich so gesprochen wurden, denn der Autor der Chronik war kein Zeitzeuge, er wurde erst 35 Jahre nach der Rede geboren.

Ein echter Zeitzeuge ist dagegen der Mönch Robert de Reims. Er war Abt des Klosters Saint-Rémi bei Reims und laut eigenen Angaben Augen- und Ohrenzeuge des Aufrufs von Papst Urban II. Zwölf Jahre später schrieb er die Rede nieder und auch bei ihm wird das Leid der Christen in den schillerndsten Farben ausgemalt.

> … ein ganz gottfernes Volk, eine Brut von ziellosem Gemüt und ohne Vertrauen auf Gott, hat die Länder der dortigen Christen besetzt, durch Mord, Raub und Brand entvölkert … Sie beflecken die Altäre mit ihren Abscheulichkeiten und stürzen sie um; sie beschneiden die Christen und gießen das Blut der Beschneidung auf die Altäre oder in die Taufbecken. Denen, die sie schändlich misshandeln und töten wollen, schlitzen sie den Bauch auf, ziehen den Anfang der Gedärme heraus.

Trotz aller Übertreibungen mag es so oder ähnlich geklungen haben, was Urban auf einem Feld vor den Toren der französischen Stadt Clermont vor einer gewaltigen Menschenmenge kundtat.

Die wahren Motive für die Kreuzzüge

Doch was waren nun die eigentlichen Beweggründe des Aufrufes zu einem Kreuzzug ins Heilige Land? Fassen wir die wesentlichen Fakten einmal zusammen:

Frankreich befand sich im Jahr 1095 in einer unruhigen Zeit. Die Bevölkerung hatte rasant an Wachstum zugenommen, Jahre der Missernten aufgrund schlechter Wetterbedingungen hatten zu Armut innerhalb der ländlichen Bevölkerung geführt, das Land konnte die hungrigen Menschen kaum ernähren. Der von den Karolingern einst übernommenen gleichmäßigen Aufteilung der Besitztümer des Adels auf seine Erben folgte gerade in Frankreich die Primogenitur, das Vorrecht des erstgeborenen männlichen Nachkommens auf Erbe und Herrschaft. Die Nachgeborenen gingen leer aus. Dies führte zu einer fortschreitenden Verarmung vor allem bei Teilen des niederen Adels. Zunehmende Raufereien und Fehden zwischen beschäftigungslosen und unzufriedenen jungen Adelsmännern waren an der Tagesordnung. Sie brauchten ihrer Herkunft entsprechende neue Aufgaben.

Bereits einige Jahre vor der gewaltigen Rede Papst Urbans II. in Clermont hatten muslimische Seldschuken Jerusalem erobert. 1084 brachten sie auch die antike christliche Stadt Antiochia in ihre Gewalt und drangen weiter Richtung Konstantinopel vor. Daraufhin machte sich eine Delegation des Kaisers von Byzanz, Alexios I. Komnenos, auf, um den Papst in Westeuropa um Hilfe zu bitten. Dem Papst kam dieses Hilfeersuchen nicht ungelegen, konnte man damit doch möglicherweise gleich mehrere Probleme auf einmal lösen, nämlich die oströmische Kirche vor Angriffen schützen, eventuell größeren Einfluss gewinnen, dem niederen Adel im Waffengang eine Aufgabe geben und natürlich vordergründig zur Befreiung der Heiligen Stätten ausrufen.

Und was sollte für die nach Osten ziehenden Ritter dabei herausspringen? Ruhm und Ehre, Macht und Besitztümer, was ein Ritter zu jener Zeit eben so begehrte. Hinzu kamen einige nicht unbedeutende kirchliche Versprechen: Vergebung der Sünden, ein Platz im Paradies und natürlich auch die Überlassung der erbeuteten Länder, selbstredend als Lehen der Kirche. Also wollte Urban II. nichts dem Zufall überlassen und hatte seinen Auftritt genauestens geplant.

Der Schlachtruf

Das Konzil von Clermont sollte eigentlich die Auseinandersetzungen innerhalb der Kirche zum Thema haben. Das Schisma von 1054, das zu deren Aufspaltung in Ost- und Westkirche geführt hatte, und der Investiturstreit, der Machtkampf zwischen weltlicher und christlicher Führung um die Bestimmung von Kirchenämtern, und auch der damit verbundene Handel beschäftigten die rund 650 Teilnehmer des Konzils. Nachdem der Papst in seiner Ansprache bei den

Klerikern für eine entsprechende Akzeptanz gesorgt hatte, ließ er sich auf ein Feld tragen und sprach vor einer eigens für diesen Zweck zusammengerufenen Menschenmenge. Bereits im Vorfeld hatte der Papst mit seinem Beraterstab alles bis ins kleinste Detail vorbereitet. Jedermann solle nach Clermont kommen, hatte es geheißen, seine Heiligkeit habe etwas Wichtiges zu verkünden. Und so strömten die Gläubigen herbei und lauschten gebannt den Worten des Heiligen Vaters. Die Wirkung, die die Rede des Papstes entfachte, hatte niemand in diesem Ausmaß erwarten können. Das Publikum raste. Die gewaltigen Sätze hatten die Massen bewegt und so ertönte plötzlich ein Ausruf, der zum Schlachtruf der kommenden Kreuzfahrergenerationen werden sollte: *Deus lo vult* (Gott will es)! Der Bischof von Le Puy-en-Velay, Adhémar de Monteil, kniete nach der Rede vor dem Papst nieder und bat um die Erlaubnis, umgehend ins Heilige Land ziehen zu dürfen. So wurde Adhémar de Monteil zum päpstlichen Legaten, zum geistlichen Führer des ein Jahr später ausziehenden Kreuzfahrerheeres. Als Vertreter der weltlichen Macht sollte der Graf von Toulouse, Raymond IV., an seiner Seite das Kreuz nehmen und Jerusalem den Heiden entreißen.

Im Zeichen des Kreuzes

Dies waren zwei Aktionen, die wohl durchdacht sein wollten und mit größter Wahrscheinlichkeit nicht so spontan waren, wie sie schienen, aber das änderte nichts an der Tatsache, dass eine wahre Massenhysterie ausbrach und viele Menschen sich als Zeichen des Kreuzzüglereides ein Stoffkreuz an die Kleidung nähen ließen.

Heute schätzt man, dass es wohl um die 40 000 Gläubige gewesen sein müssen, die Richtung Jerusalem zogen. Bauern waren auch dabei, sogar Frauen und Kinder, aber keine ausgebildeten Kämpfer. Und ihr Kreuzzug, der als Volkskreuzzug unter der Führung eines Bettelmönches mit Namen Pierre d'Amiens in die Geschichte eingegangen ist, begann schon im eigenen Land. Die wenigsten besaßen Geld, aber solch eine große Menschenmenge musste ernährt werden. So zog diese durch halb Europa in Richtung Konstantinopel und hinterließ eine Spur von geplünderten Dörfern. Die meisten Kreuzzügler sollten Jerusalem nie erreichen. Durch Krankheiten, Hunger und Erschöpfung reichlich dezimiert, wurde der erbärmliche Zug in Kleinasien von den Seldschuken gestoppt und bis auf wenige komplett aufgerieben. Der aus mehreren Heeresgruppen bestehende nächste offizielle Erste Kreuzzug wurde angeführt von Gottfried von Bouillon.

Eid auf Byzanz

Die Kreuzzügler erreichten schließlich Konstantinopel. Der byzantinische Kaiser Alexios I. Komnenos empfing den bunten Zug mit gemischten Gefühlen. Er hatte wohl nur Ritter erwartet, aber auch diesem Zug hatte sich ein buntes Volk von Händlern und Handwerkern, echten und falschen Predigern, Huren und Halunken angeschlossen. In Konstantinopel trafen sie auch auf den armseligen Haufen der verbliebenen Kreuzfahrer des Zuges von Pierre d'Amiens. Alexios I. Komnenos hatte sich von seinem Bittgesuch an den Papst natürlich erhofft, durch die westliche Unterstützung seine Vormachtstellung im asiatischen Raum, die von den Türken bedroht wurde, wieder herzustellen. So nutzte er nun die Gelegenheit und forderte von den Kreuzrittern den Treueeid. Denn für die Überquerung des Bosporus zwischen Europa und Kleinasien und die Verpflegung für die weitere Reise war das Kreuzfahrerheer von seiner Unterstützung abhängig. Nach hartem Ringen legte Gottfried von Bouillon als erster den Eid ab und auch die anderen Heerführer folgten seinem Beispiel. Wie ernst man es mit diesem Schwur nahm, ist nicht nachprüfbar.

Das rettende Wunder

Weiter ging es nach Nicäa, wo es nach Übernahme der Stadt zum ersten Aufeinandertreffen zwischen den europäischen Kreuzrittern und den Seldschuken kam. In der Schlacht bei Dorylaeum überrannten die Kreuzritter die Gegner. Weiter ging es nach Antiochia. Die Stadt wurde ebenfalls nach langer und kräftezehrender Belagerung eingenommen, doch wurden aus den Belagerern nach kurzer Besetzung selbst Belagerte, denn ein Ersatzheer der Emire von Mosul, Aleppo und Damaskus traf ein und weil die Nahrungsmittelsituation äußerst prekär war, wurde die Lage schnell dramatisch und fast aussichtslos.

Nur noch ein göttliches Wunder konnte helfen. Und dieses kam daher in der Gestalt eines armen Pferdeknechtes mit Namen Pierre Barthélemy. Die Nachwelt sollte einen Mönch aus ihm machen. Durch ihn geschah das Wunder: In der ausweglosen Situation berichtete er dem Grafen Raymond IV. von Toulouse von einer Vision, in der der heilige Apostel Andreas ihm im Traum erschienen sei und ihm die Heilige Lanze gezeigt habe – den Speer des Schicksals, der den Körper des Gekreuzigten verletzt hatte.

Graf Raymond ließ daraufhin den Boden der Peterskirche von Antiochia aufstemmen. Man fand nichts. Schließlich stieg Pierre selbst in die Grube, riet den anderen, mit geschlossenen Augen zu beten, und fand schließlich die Lanze. Die belagerten Kreuzfahrer, die dies als ein Zeichen ihres Gottes betrachteten, wagten einen Ausfall, beflügelt von der göttlichen Kraft der Heiligen Lanze, und besiegten tatsächlich das Heer der Seldschuken. Von nun an war der Weg frei Richtung Jerusalem.

Der Befreier Jerusalems und Beschützer des Heiligen Grabes

Nach der Übernahme der heiligen Stätten rief man Gottfried von Bouillon zum Regenten des neu errichteten Königreichs Jerusalem, zum *advocatus sancti sepulchri*, dem Beschützer des Heiligen Grabes, aus. Es geht die Legende, dass er ein Nachkomme des Merowingerkönigs Dagobert gewesen sein soll. Gottfried lehnte es ab, König von Jerusalem zu sein; er zog es vor, Beschützer des Heiligen Grabes genannt zu werden. Die Fantasie der Dichter und Sänger schuf in den Folgejahren immer neue Epen, in denen die Taten des Ritters verherrlicht wurden. Bald schon verwob man seine Geschichte mit der des Grals- und Schwanenritters Lohengrin, dessen Enkel er gewesen sein soll. Tatsächlich aber stammte Gottfried nicht von Lohengrin ab, und ob er ein Nachfahre Dagoberts war, ist nicht geklärt. Er war mit Karl dem Großen verwandt. Dessen Großvater Pippin von Heristal war somit einer seiner Urahnen. Dieser hatte allerdings in der Tat merowingische Vorfahren.

Reliquien als Mitbringsel

Als Gottfried ein Jahr später starb, wurde sein Bruder Balduin König von Jerusalem. Damit endete der Erste Kreuzzug und ein Teil der Kreuzfahrer kehrte heim, nicht ohne entsprechende Reichtümer mitzubringen. Viele hatten besondere Dinge im Gepäck, nämlich Reliquien, von denen man glaubte, dass sie in direktem Zusammenhang mit dem biblischen Geschehen stünden. So gelangten auch mehrere Trinkgefäße, Schalen und Tiegel nach Europa, von denen später behauptet wurde, sie seien der Heilige Gral.

Es war die Zeit vieler Kirchengründungen. Die Souvenirs der Kreuzfahrer wurden für viel Geld zum Kauf angeboten, damit man sie in den neuen Kirchen einer staunenden Gläubigenschar präsentieren konnte. Der enorme Bedarf konnte kaum befriedigt werden. So entstand ein neuer Wirtschaftszweig: der Reliquienhandel – für viele ein lohnendes Geschäft.

DIE MÄCHTIGE ORGANISATION
DES TEMPLERORDENS

Hugo von Payens und Gottfried von Saint-Omer sowie sieben weitere Ritter waren nun mit der Aufgabe betraut, die Straßen des Heiligen Landes zu schützen und den christlichen Pilgern eine sichere Anreise zu den heiligen Stätten zu ermöglichen. Diese neun Ritter waren es auch, die vor Ort den Templerorden gründeten, indem sie vor dem Patriarchen von Jerusalem ein Ordensgelübde ablegten, in welchem sie sich nicht nur zu Armut, Keuschheit und Gehorsam, sondern auch zum Schutz der Pilger verpflichteten.

Die Regeln für die »Arme Ritterschaft Christi und des salomonischen Tempels zu Jerusalem«, wie der volle Name des Ordens lautete,

Historia Anglorum, *Templer*, *13. Jahrhundert*

entwarf Bernhard von Clairvaux. Damals hatte niemand voraussehen können, dass sich im Laufe der Zeit eine so mächtige Organisation aus der kleinen Gruppe entwickeln sollte, die über unvergleichliche wirtschaftliche Macht und politischen Einfluss verfügen würde. Die Templer waren ausgestattet mit erheblichen Sonderprivilegien durch den Papst und Besitztümern sowohl im Heiligen Land als auch in ganz Europa und zudem einzig und allein dem Heiligen Stuhl in Rom unterstellt. Als die Kreuzzüge zu Ende waren, das Königreich Jerusalem untergegangen und aus Sicht der Christen das Heilige Land verloren war, gab es auch die ursprüngliche Aufgabe des Ordens, mit seinen wirtschaftlichen Einkünften die Aktionen in Kleinasien zu finanzieren und die Pilger sicher an die Heiligen Stätten zu geleiten, nicht mehr.

DIE RACHE DES KÖNIGS

Zu jener Zeit, im Jahr 1291, besaß der Orden mehr als 9000 Burgen und Ländereien in ganz Europa. Jacques de Molay, der letzte Templer-Großmeister, hätte nun die Möglichkeit wahrnehmen können, dem Orden eine neue Zukunftsaufgabe zu geben. Er plädierte stattdessen für einen neuen Kreuzzug, der jedoch nicht stattfand. Dunkle Wolken zogen auf, weil die französische Staatskasse durch die Kriege mit England massiv dezimiert worden war. König Philipp IV., genannt »der Schöne«, brauchte dringend Geld, und wer welches besaß, waren die Templer. Sie hatten ihre Zentrale auf Zypern – offiziell, um nahe beim Heiligen Land zu sein; inoffiziell, um ihre Finanzen außerhalb der europäischen Machtbereiche regeln zu können. Auch der französische König hatte ein Ordensmitglied werden wollen, war aber abgelehnt worden. Das war natürlich ein Affront. Der Papst, Clemens V., eigentlich das Oberhaupt der Templer, war schwach und korrupt. Schon auf dessen Vorgänger hatte Philipp einen Mordanschlag verüben lassen. So hatte der König freie Bahn und konnte den Orden, dem er Geld schuldete, zerschlagen lassen. Die schon erwähnten Ketzervorwürfe, denen Rom offiziell nicht widersprechen konnte, waren schnell gefunden. Im Jahr 2007 tauchte aus den Tiefen der vatikanischen Geheimarchive eine Akte auf, aus der hervorging, dass Papst Clemens V. im Jahr 1308 den Templerorden von allen Vorwürfen der Ketzerei freisprach, sich aber gegen den König nicht mehr durchsetzen konnte.

HÜTER DER ZUKUNFT

Vermutlich war es so, dass sich der ursprünglich romtreue Glaube der Templer im Laufe der Zeit verändert hatte. Nicht hin zu einer Götzenanbetung, sondern zu einer Annäherung an den Islam und an das Judentum. Die Templer kamen in Kontakt mit diesen beiden anderen Weltreligionen und stellten fest, dass es dort Inhalte gab, die ihr Christentum bereicherten. Vermutlich betrachtete die Amtskirche den Dialog, in den die Templer mit Muslimen und Juden getreten waren, schon als Ketzerei. Die Vision von einer Versöhnung der drei

Unbekannter Künstler, Die Verbrennung von Jacques de Molay, *14. Jahrhundert*

monotheistischen Religionen mag für manche Templer als der einzige Weg erschienen sein, allen drei Parteien Zugang zu ihren heiligen Stätten zu verschaffen. Ohne Gewalt, ohne Vertreibung, ohne Mord und Totschlag. Die Templer erlebten, wie sich Rom mehr und mehr von den katholischen Prinzipien entfernte, und dürften den offensichtlichen Sittenverfall nicht gutgeheißen haben. Vermutlich sahen sich manche führende Ordensritter selbst als die Hüter der Zukunft des Christentums. Damit standen die letzten offiziellen Templer ganz im Gegensatz zu ihren Ordensgründern. Bernhard von Clairvaux, der ihnen die Steigbügel gehalten hatte, war ein für seine Zeit durchaus offener Mann gewesen, der sogar Frauen, wie Hilde-

gard von Bingen, erlaubte, Klöster zu gründen, in denen man Mädchen eine höhere Bildung vermittelte, der aber vermutlich auch bil-
ligte, dass der Jerusalemeroberer Gottfried von Bouillon im Jahr 1099
alle Juden der Stadt, die unter den Arabern friedlich gelebt hatten, in
eine Synagoge einsperren und diese dann in Brand stecken ließ.
Auch wenn der König sich vieles, was die Templer besessen hatten,
aneignen konnte, ihren legendären Schatz bekam er nicht. Die führenden Templer wurden hingerichtet, den letzten Großmeister Jacques de Molay führte man im März 1314 auf der Pariser Seine-Insel
auf den Scheiterhaufen. Er verfluchte König und Papst, die auch tatsächlich binnen Jahresfrist das Zeitliche segneten.

GRALSFUND AM TEMPELBERG?

Doch betrachten wir nun die besondere Beziehung der Tempelritter zum Gral genauer. Offiziell hatten sie im Heiligen
Land die Pilger zu schützen. Sie gaben sich aber auch noch
einer anderen Beschäftigung hin. Die Templer ließen in Jerusalem
auffällig viel graben, insbesondere in dem zerstörten Tempel Salo-
mons und um ihn herum. Suchten sie nach dem Gral? Nach der Bundeslade, jener goldüberzogenen Truhe, in der die Tafeln mit den zehn
Geboten aufbewahrt wurden? Sie werden jedenfalls nicht einfach nur
zum Zeitvertreib jahrelang gegraben haben. Vom Jerusalemer König
hatten sie die Erlaubnis, sich ungehindert auf dem Terrain des einstigen Tempels zu bewegen. Nach außen hin behaupteten sie, den Tempel wieder aufbauen zu wollen, das taten sie allerdings nicht. Aus dem
Hause Anjou erhielten sie hohe Geldspenden zur Unterstützung ihrer
Grabungen. Es war bekannt, dass schon Salomon den Tempelberg
mit Gängen hatte durchziehen lassen, um dort ein Versteck für die
Bundeslade anzulegen. Die Vorstellung, der Templerorden sei gegründet worden, um unter der Leitung von Bernhard von Clairvaux
im Heiligen Land nach besonderen Dokumenten zu suchen, nach der
Bundeslade, dem Gral oder den Gebeinen Jesu, ist weit verbreitet
– was allerdings nicht heißt, dass sie auch der Wahrheit entspricht.

Rudolf von Ems, Weltenchronik, *Bundeslade, um* 1350

Eine Burg für den Gral

Es heißt, unter den Reliquien, die die Templer mitbrachten, habe sich die Dornenkrone befunden, die Schüssel, die Jesus benutzte, um die Füße der Apostel zu waschen, sowie der Heilige Gral in Form des Abendmahlskelches. Der deutsche Kaiser Friedrich II. sei sehr am Besitz des Grals interessiert gewesen und habe extra eine prächtige Burg, das Castel del Monte in Apulien, als Aufenthaltsort für das heilige Gefäß bauen lassen. Es wird behauptet, Friedrich habe sich Kraft aus dem übernatürlichen Licht, das vom Gral ausgehen soll, erhofft. Templer sollten den Gral auf der Gralsburg bewachen. Symbole, die mit den Ordensrittern immer wieder in Verbindung gebracht werden, finden sich heute tatsächlich noch in der Burg, so der Kopf eines bärtigen Mannes – vermutlich ein Bildnis des Baphomets – als Schlussstein in einer der Hallen.

Bari war ein wichtiger Verbindungshafen zwischen Europa und dem Heiligen Land. Und dass tatsächlich dort ein Gral von den Templern an Land gebracht worden sei, erzählen heute noch lokale Legenden. Das Gefäß habe allerdings zunächst seinen Platz in der Basilica di San Nicola gefunden. Die Epoche der Kreuzzüge war die Zeit, in der die Gralsromane literarische Bestseller darstellten. Es verwundert nicht, dass auch echte Ritter sich auf die Suche nach ihm machten. Während des Vierten Kreuzzuges wurde ein Gral in Konstantinopel gefunden und mitgenommen: Die Kreuzfahrer brachten ihn dem Bischof von Troyes. Er ging während der Französischen Revolution verloren. Der Gral, der in Genua aufbewahrt wird, der Sacro Catino, stamme aus einer Moschee in Caesarea, so heißt es.

DIE TEMPLER ALS GRALSHÜTER?

Wolfram von Eschenbach bezeichnet in seinem *Parzival* die Wächter der Gralsburg als »Templeise« und bringt sie damit in einen offensichtlichen Zusammenhang mit den Templern. Und auch sonst erkennt man starke Parallelen zu den Ordensrittern, die zur Zeit der Entstehung des Romans gerade immer populärer wurden. Sie waren extrem gute Kämpfer, lebten nach einem Gebot der mönchischen Keuschheit in einer Bruderschaft mit festen Regeln, mit ritterlichem Kodex, ausgerichtet auf Gott und ein hehres Ziel, nämlich fromme Pilger zu beschützen. Die Ähnlichkeiten mit Wolframs Gralsschützern sind ziemlich eindeutig. Und auch die Mönchsritter werden mit einem Schatz in Verbindung gebracht.

Die Templer umgibt heute eine Aura des Geheimnisvollen. Wir denken an kaum vorstellbaren Reichtum, an geheime Lehren und dunkle Intrigen. Die Ordensmitglieder, deren Symbol das rote Tatzenkreuz war, treten in der Rückschau mehr als Suchende auf. Sie gruben an vielen Plätzen, wo sie Schätze vermuteten, so an den heiligen Stätten in Jerusalem, und beschäftigten sich mit dem, was man heute als »Geheimwissen« bezeichnen würde. Im Laufe der Jahre gelangten diverse kostbare Reliquien in ihre Hände.

DAS GEHEIMWISSEN DER TEMPLER

Manche Forscher und Autoren vertreten heute die Auffassung, dass es Philipp dem Schönen nicht um die Reichtümer der Templer gegangen sei, als er sie verfolgen und verhaften ließ, sondern darum, den Orden generell zum Schweigen zu bringen. Die Templer hätten demnach, aufgrund gewisser im Heiligen Land gewonnener Erkenntnisse, aufgehört, an die Göttlichkeit Jesu zu glauben. Er war für sie ein sterblicher Mensch, der nicht von einer Jungfrau zur Welt gebracht worden war. Das große Geheimnis, dass die Templer hüteten, sei das Wissen darum gewesen, dass Jesus Kinder und spätere Nachfahren hatte.

Die historische Chance

Schauen wir uns einmal einen der Vorwürfe, die man den Templern gemacht hatte, genauer an: das Bespucken des Kruzifixes, das von Novizen nach der Initiation gefordert worden sein soll. Dazu gibt Alexandre Adler, Autor von *Das Geheimnis der Templer*, folgende Antwort: »Es ging nicht darum, Jesus zu beleidigen, die Templer waren vielmehr der Ansicht, Jesus sei nicht am Kreuz gestorben. Entweder habe er überlebt – eine weit verbreitete These im ausklingenden Altertum –, oder er sei gemäß seiner göttlichen Natur nicht gekreuzigt worden, sondern direkt in den Himmel aufgestiegen.«

Rückblickend kann man sagen, dass damals, im Hochmittelalter, die Menschheit vor einer historischen Chance stand. Die Weltgeschichte hätte sich anders entwickelt, wenn die Templer, mit ihrem Wissen, ihren Erfahrungen, ihren internationalen Verbindungen und vor allem ihrem Verständnis für die beiden anderen Großreligionen eine echte Versöhnung und einen dauernden, friedlichen Dialog untereinander herbeigeführt hätten. In Zeiten, in denen der Nahe Osten ein politisches Pulverfass mit kaum lösbaren Problemen ist, mag uns diese verpasste Möglichkeit noch schmerzlicher bewusst werden. Letztendlich scheiterte die Mission der Templer an der Gier des französischen Königs und der Unfähigkeit des Papstes und zeigt uns erneut, dass einige wenige Menschen, wenn sie mit viel zu viel Macht ausgestattet sind, ausreichen, um den Lauf der Geschichte negativ zu beeinflussen.

Während König und Papst gut bewacht zwischen Prunk und Pracht in ihren Gemächern saßen, hatten die Templer mit eigenen Augen das Elend des Krieges gesehen. Sie hatten erlebt, wie Unschuldige sterben mussten, wie verrohte Fanatiker kleine Kinder umbrachten. Wie die Häuser friedlich nebeneinander lebender Nachbarn verschiedener Religionen dem Erdboden gleichgemacht wurden. Zwar waren die Templer nicht die aktiven Angreifer, aber Augenzeugen des Geschehens gewesen. Und das brachte einige von ihnen dazu umzudenken. Es musste doch möglich sein, die Interessen aller Betroffenen zu vereinen. Die Templer waren auf Gralsreise und Gralssuche gegangen. Sie hatten erkannt, welch spiritueller Schatz hinter dem dogmatischen Putz jeder Religion zu finden und dass es töricht ist, die Andersdenkenden zu bekämpfen, anstatt von ihnen zu lernen. Der Heilige Gral der Templer war kein Gefäß, keine Schale, kein Stein. Es war die Erkenntnis, dass der Heilsweg der Religionen kein blinder Gehorsam, kein unhinterfragtes Glauben oder mechanisches Ausführen von unverständlichen Riten ist. Das Erkennen, dass alle Religionen in ihrem Kern den Menschen Wege zur Transformation weisen können, war für die lernenden Templer wichtiger als die materiellen Zuwächse, die ihnen ihr Gewerbe einbrachte, so unsere Überzeugung.

Angesichts der beispiellosen Verfolgungsaktion ist es verständlich, dass ihre Nachfolger sich unauffällig verhielten. Die Kirche war zu mächtig. Es entstanden esoterische Gruppen, die im Verborgenen blieben, zunächst in Schottland, später auch wieder auf dem Kontinent. Manche Templer fanden Zuflucht in Klostergemeinschaften, wo ihr Wissen und ihre Erfahrungen – hinter dicken, verschwiegenen Mauern – andere inspirieren konnten.

Pierre Méjanel, Templerritual, 1886

VERWANDTE IM GEISTE:
DIE KATHARER

Es ist heute offensichtlich, dass im Süden Frankreichs Querverbindungen beziehungsweise Berührungspunkte zwischen Templern und Katharern bestanden. Und Letztere hüteten eine spezielle Esoterik. Das griechische Ursprungswort *kadaroi* bedeutet »die Reinen«. Ihre Lehren gehen auf den Manichäismus zurück, weshalb sie in der lateinischen Kirchenliteratur als *Novi Manichaei* bezeichnet werden. Im 12. Jahrhundert verbreitete sich das Katharertum von Oberitalien nach Südfrankreich, auch nach Spanien, Süditalien und Deutschland. Die Katharer waren der Ansicht, dass Askese und Entsagung vom Weltlichen zur Spiritualität gehörten. Es finden sich in ihren Lehren urchristliche Elemente mit druidisch-keltischen Traditionen vermischt, Armut und Keuschheit nahmen einen hohen Stellenwert ein. Die Katharer glaubten, das wahre Leben sei nicht das irdische und die Seele werde durch den Tod befreit. Ähnlich wie im Buddhismus war für die Katharer das Leben eine Suche nach Erleuchtung. Es galt, die Gier zu überwinden. Im *Internationalen Templerlexikon* von Dieter H. Wolf heißt es: »Für die Katharer ist Jesus nicht Retter, sondern Verkünder, weder Sohn Gottes noch Sohn eines Menschen, er wäre ein Engel, der zum Unterschied zu den gefallenen Engeln keinen Bezug zum Bösen fand.« Vor dem Beginn der Zeit sei der Mensch, so glaubten die Katharer, von Gott abgefallen und müsse deshalb auf Erden wandeln und Buße tun. Nach Vollendung seiner Buße dürfe er zurück in den Himmel aufsteigen zu Gott. Man unterschied zwischen *parfaits* – Erleuchteten – und *croyants* – Gläubigen –, die mit der Materie verbunden waren, Partnerschaften eingingen, weltlich lebten und auch Waffen besitzen durften.

DAS ENDE DER KATHARER AM MONTSÉGUR

Die Katharer hatten sich mit Rom überworfen. Eine ihrer Glaubensüberzeugungen war die, dass Jesus und Maria Magdalena ein Paar gewesen waren und Kinder gezeugt hatten.

Unbekannter Künstler, Katharer auf dem Scheiterhaufen, *14. Jahrhundert*

Es ging das Gerücht, dass die Katharer auf ihrer als uneinnehmbar geltenden Burg Montségur wertvolle Schätze und Reliquien hüteten, unter anderem auch den Heiligen Gral.

Papst Innozenz III. rief im 13. Jahrhundert zum blutigen Kreuzzug gegen die Katharer auf. Vielerorts loderten die Scheiterhaufen, allein in Toulouse sollen 6000 Katharer hingerichtet worden sein. Zehn Monate lang wurde ihre Hauptfestung auf dem Burgberg Montségur belagert, dann mussten sich die ausgehungerten Katharer ergeben. Die Sieger boten einen Waffenstillstand an und Amnestie denjenigen, die ihrem Glauben abschworen. Die Katharer erbaten sich zwei Wochen Bedenkzeit und man vermutet, dass sie während dieser Zeit den legendären Schatz aus der Burg herausschmuggeln konnten. 205 Katharer lehnten die Amnestie ab und gingen freiwillig in den Tod.

Was aber hatte es mit den versteckten Schätzen auf sich? Befand sich darunter auch der Gral? Man weiß, dass es sich dabei nicht um Gold und Silber handelte, das hatte man bereits zuvor anderweitig versteckt. Aber was war es denn? Bücher oder andere geheime Schriften? Reliquien? Manche vermuten, dass die Katharer Kinder aus der Festung abseilten und versteckten: Kinder, die das königliche Blut in sich trugen, Nachfahren von Jesus und Maria Magdalena. Nicht nur Baigent, Lincoln und Leigh und all die anderen Autoren mit ähnlicher Ausrichtung fragten sich, ob dieses schützenswerte Gut nach Rennes-le-Château gebracht wurde und ob nicht überhaupt dieses Geheimnis der eigentliche Grund für die Verfolgung der Katharer gewesen ist.

Kapitel 5

Der Gral aus Fleisch und Blut – Jesus und Maria aus Magdala

An dieser Stelle scheint es uns an der Zeit, einen Zeitsprung zurück zu machen und uns intensiv mit Jesus zu beschäftigen – er ist eine der zentralen Figuren dieses Buches – und mit den Menschen, die ihn umgaben.

Jesus trank beim letzten Abendmahl mit seinen Jüngern der Überlieferung zufolge aus einem Gefäß, das für viele Menschen heute als der Heilige Gral gilt. Wer war dieser Mann, der für die Christen zum Erlöser, zum Sohn Gottes, wurde? Heute vermutet man mehrheitlich, dass er zwischen den Jahren 7 und 4 vor Beginn der Zeitrechnung geboren wurde und die Kreuzigung um das Jahr 30 oder 31 stattfand.

JESU HERKUNFT

Etwa ab dem Jahr 28 trat Jesus in Galiläa und Judäa als Wanderprediger auf. Sein Wirken war kurz, aber nachhaltig. Es gibt nur wenige antike Autoren des außerchristlichen Bereichs, die ihn erwähnen. Bei ihnen ist er meist ein zur Kreuzigung verurteilter Weisheitslehrer mit einer treuen Anhängerschaft, die über seinen Tod hinaus bestehen blieb.

Die Geschichten von der Geburt Jesu enthalten viele mythische Züge und gelten im wahrsten Sinne des Wortes als fromme Legenden. Heute gehen viele Historiker davon aus, dass Jesus nicht, wie in der Bibel dargestellt, in Bethlehem, sondern in Nazareth, dem Wohnort seiner Familie, geboren wurde. Einige Experten vertreten allerdings auch die Ansicht, der Ort Nazareth habe zu jener Zeit noch gar nicht existiert.

Abstammung aus dem Hause Davids

Verschiedene Autoren vermuten, dass Jesus als un- oder voreheliches Kind in seiner Heimat abgelehnt worden sei, was sein Eintreten für Ausgegrenzte noch verständlicher macht. In den alten Schriften werden vier jüngere Brüder erwähnt – Jakobus, Joses, Judas und Simon – sowie zwei Schwestern. Jakobus gilt heute als der Leiter der ersten urchristlichen Gemeinde nach der Hinrichtung seines Bruders. Er wurde ungefähr 30 Jahre nach der Kreuzigung ebenfalls zum Tode verurteilt und gesteinigt. Dass die Familie ihre Abstammung auf den jüdischen König David zurückführte, bestätigten um das Jahr 90 noch lebende Großneffen von Jesus, die vom römischen Kaiser Domitian im Zuge seiner Christenverfolgung verhaftet, verhört und wieder freigelassen wurden.

Die demütige Mutter

Das Neue Testament berichtet uns von Maria und Josef als Jesu Eltern. Maria ist die griechische Form des hebräischen Namens Miriam oder Mirjam. Im Islam ist Maria als die Mutter Jesu unter dem Namen Maryam bekannt. In der Bibel wird uns Maria als eine demütige Frau vorgestellt, die sich in den großen Plan einfügt. Auch als sich ihr Sohn mehr und mehr von der ursprünglichen Familie löst und ein unstetes Wanderleben mit seiner Jüngerschar beginnt, beschwert sie sich nicht, zeigt sich aber besorgt. Liest man im Neuen Testament die wenigen Passagen, in denen Jesus mit seiner Mutter spricht, kann man den Eindruck gewinnen, dass er ihr gegenüber distanziert war (»Frau, was habe ich mit dir zu schaffen?«, Joh. 2,4). Die Namen der Großeltern von Jesus sind in der Bibel nicht erwähnt, in einigen apokryphen Schriften werden sie Anna und Joachim genannt.

Bildtafel 12. Joan de Joanes, Christus mit dem Gral, *16. Jahrhundert*

Bildtafel 13. Codex Egberti,
Die Hochzeit von Kana,
10. Jahrhundert

Bildtafel 14. Hortus Deliciarum,
Die Kreuzigung Jesu Christi,
12. Jahrhundert

Bildtafel 15. Jaume Huguet,
Das letzte Abendmahl, 1470

Bildtafel 16. Fra Angelico,
Die Frauen am leeren Grab,
1441

Bildtafel 17. Andrea Solario, Die Kreuzigung, 1503

Bildtafel 18. Emmanuil Lampardos, Die Kreuzigung, *17. Jahrhundert*

Bildtafel 19. Lucas Cranach der Ältere, Jesus und Maria, um 1510

Rechts: Bildtafel 20.
Stephan Adam,
Darstellung der
schwangeren
Maria Magdalena und
Jesu auf einem
Fenster in der
Kilmore Church,
1906

Rechte Seite: Bildtafel 21.
Unbekannter Künstler,
Maria Magdalena mit
einem Salbgefäß

Η ΑΓΙΑ ΜΑΡΙΑ Η ΜΑΓΔΑΛΗΝΗ

Oben: Bildtafel 22. Jules Joseph Levebvre, Maria Magdalena in der Höhle, *1876*

Links: Bildtafel 23. Juan Bautista Maino, Maria Magdalena, *1615*

Bildtafel 24. Francesco Furini,
Die reuige Maria Magdalena, *1641*

JESU WANDERLEBEN:
KEINE ASKESE, KEINE NORM

D ie Umgangssprache im Galiläa jener Zeit war eine Form des Aramäischen. Vermutlich hatte Jesus vor seinen Wanderungen als Bauhandwerker gearbeitet. Sein öffentliches Wirken begann, nachdem Johannes der Täufer ihn getauft hatte. Im Neuen Testament finden sich Hinweise darauf, dass Jesus viele der Botschaften seines Täufers übernahm, im Gegensatz zu diesem aber exzessive Askese und Rückzug in die Wüste nicht bejahte.

Zu jener Zeit litten die Juden sehr unter der römischen Besatzung. In Israel war vieles durcheinander geraten, Menschen begannen daran zu zweifeln, das erwählte Volk zu sein. Was konnte man tun? Man musste sich seinem Gott erneut zuwenden, dann würde dieser das Land vielleicht von der Herrschaft der Römer befreien und einen. Und so wurden enorme Erwartungen auf den Messias, den Gesalbten, der von Gott zur Errettung seines ausersehenen Volks geschickt werden sollte, gesetzt. Es gab unzählige Prediger und Wundertäter, die für sich beanspruchten, der Messias zu sein.

Auch Jesus war ein Wanderprediger. Was ihn jedoch von den meisten anderen unterschied, war vermutlich seine friedliche Botschaft, die frei war von Hass und Ablehnung, frei auch von Aggression. Bald scharten sich Anhänger um ihn. Seine Lehre war nicht ortsgebunden, man wanderte umher. Jesus und seine Jünger waren auf Schutz und Unterstützung der dörflichen Bevölkerung angewiesen.

Sie heilten kostenlos, luden Arme zum Essen ein, waren nicht sesshaft und stellten durch ihre Lebensweise die geltenden gesellschaftlichen Strukturen infrage. Durch ihr Abweichen von religiösen wie auch gesellschaftlichen Normen machten sie sich verdächtig. In der Bibel wird viel über Jesu Tätigkeit als Heiler berichtet, die er oft durch Handauflegen oder gesprochene Worte ausübte. Wahrscheinlich war er auf diesem Sektor sehr erfolgreich, was sich schnell herumgesprochen haben muss. Seine Gegner forderten von ihm entsprechende Demonstrationen, die er jedoch ablehnte. Einige Bibelstellen weisen darauf hin, dass Jesus gelungene Heilungen auch dem Glauben der Geheilten selbst zusprach.

Obwohl er selbst Jude war, brach Jesus mit einigen jüdischen Traditionen, die das Leben damals bestimmten. Zu jener Zeit regierten Gier und eine dem Kapitalismus vergleichbare Grundhaltung das Land. Jesus erscheint uns radikal, kompromisslos und selbstsicher. Wahrscheinlich ging von ihm eine große Faszination aus, eine Aura. Er bezog jedermann mit ein, auch die Nichtjuden. Ihm galten alle gleich, ohne Hierarchie. Wenn Jesus die auf ihn gesetzten Erwartungen als Messias der Juden auch nicht erfüllt hat – denn die römische Besatzung blieb–, so war sein Wirken doch charismatisch und sein Einfluss auf die Nachwelt beispiellos.

DEN FRAUEN NAHE

Jesus heilte dem Neuen Testament zufolge sozial ausgegrenzte Menschen ebenso wie Ausländer. Im Judentum herrschte Patriarchat und so war auch Jesu Verhalten Frauen gegenüber für die damalige Zeit sehr ungewöhnlich. Zum Kreis der Jünger gehörten von Anfang an Frauen. Sie waren Jesus bei der Kreuzigung und Grablegung nahe und bezeugten als erste, ihn später wiedergesehen zu haben. In den apokryphen Schriften wird berichtet, dass Jesus Maria Magdalena, die er mehr als alle anderen liebte, auf den Mund küsste.

Die Kunde vom Nahen des Reiches Gottes

Die heutige Bibelforschung geht davon aus, dass Jesus vermutlich nicht mit den Pharisäern auf Kriegsfuß stand, sich vielmehr mit ihnen austauschte und von ihnen auch vor Nachstellungen von römischer Seite gewarnt wurde. Erst später habe man sie zu seinen Gegnern stilisiert. Weniger freundlich gesinnt waren ihm dagegen die Sadduzäer, die den Tempel in Jerusalem leiteten und von den römischen Machthabern eingesetzt wurden. In seinen Botschaften kündigte Jesus das Nahen des Reiches Gottes an. Und damit auch das Ende aller unterdrückenden, gewalttätigen Imperien.

FEINDESLIEBE

Möglicherweise stammten einige der Jünger Jesu aus dem Kreis der Zeloten. Das waren Freiheitskämpfer, die sich gegen die römischen Besatzer erhoben. Vermutlich war es für sie zunächst eine Herausforderung, wenn Jesus seine Hörer zur Feindesliebe aufrief. Dass seine Reden und Taten politische Reaktionen hervorrufen mussten, wird ihm bewusst gewesen sein. Das Verhalten der Menschen ihm gegenüber, als er beispielsweise, wie im Neuen Testament beschrieben, auf einem Esel in Jerusalem einritt und die Menge ihn laut als den erwarteten Messias pries, zeigte, dass er Hoffnungen geweckt hatte.

JESU VERHAFTUNG UND TOD

DIE ANGST DER RÖMER

Jesus selbst beschwor durch sein massenwirksames Verhalten eine Konfrontation mit den Römern und Sadduzäern herauf. Eventuell war sein Empfang als potenzieller Messias ein Anlass dafür, dass die Römer ihn verhörten und bald darauf kreuzigten. Sie befürchteten Aufruhr. Vielleicht hat der Eselsritt aber auch gar nicht stattgefunden, zumindest nicht so, wie man es sich nach der Lektüre der Bibelstelle vorstellen könnte. Die Römer hätten dann nämlich höchstwahrscheinlich eingegriffen. Ebenso bei der Aktion im Tempel, als Jesus am Tag nach seinem Einzug die Stände der Händler umstieß. Die Festnahme erfolgte, weil man mögliche Unruhen vermeiden wollte. Es ist nicht klar erkennbar, ob Jesus durch die jüdische Tempelwache oder römische Soldaten verhaftet wurde. Nicht wenige Historiker sind der Ansicht, dass es eher die römischen Besatzer waren, die durch ein schnelles Eingreifen mögliche revolutionäre Aktionen frühzeitig unterdrücken wollten. Allerdings nahm man nur Jesus fest, die fliehenden Jünger verfolgte man nicht.

Der Hauptgrund für das durch Pontius Pilatus verhängte Todesurteil war wohl der Messiasanspruch, den die Römer als Anlass für staatsfeindlichen Aufruhr empfunden haben müssen. Vermutlich

Julius Schnorr von Carolsfeld, Jesus vertreibt die Händler, *1860*

wollte Pilatus ein Exempel statuieren. Darauf weist auch die grausame Hinrichtungsart hin. Die Todesursachen am Kreuz waren meistens Ersticken, Kreislaufversagen oder Verdursten.

DAS LEERE GRAB

Josef von Arimathäa habe Pilatus gebeten, Jesus bestatten zu dürfen, so erzählt es das Markusevangelium. Josef habe ihn in ein Tuch ge-

Julius Schnorr von Carolsfeld, Jesus, 1860

wickelt, in ein Höhlengrab gelegt und dieses mit einem schweren Felsen verschließen lassen. Zwei Tage später, heißt es im Neuen Testament, habe Maria Magdalena gemeinsam mit anderen Frauen das Grab leer vorgefunden. Man kann annehmen, dass die Stelle der Jesusbestattung zum Ort der Verehrung wurde; ein entsprechender Kult unter der heutigen Grabeskirche ist für die Zeit ab dem 1. Jahrhundert archäologisch gesichert.

JESU LEHRE
UND NACHFOLGE

DIE URCHRISTEN

Schon die ersten Anhänger Jesu in den Jahren direkt nach der Hinrichtung bildeten urchristliche Gemeinden, in denen die Worte Christi gesammelt und aufgezeichnet wurden. Sie bildeten dann die Grundlage für das Christentum, das sich etwa ab dem Jahr 100 vom Judentum abgrenzte. Diese Urchristen, die das Neue Testament der Bibel selbstredend noch nicht kennen konnten, projizierten die im Alten Testament beschriebenen Heilsverheißungen auf das Erscheinen Jesu als historische Person.

Die meisten Forscher, die sich mit der Thematik beschäftigen, vertreten heute die Ansicht, dass keiner der Autoren des Neuen Testaments Jesus persönlich begegnet ist. Paulus, der seine Briefe in den Jahren 50 bis 64 geschrieben haben soll, prägte das spätere Christentum maßgeblich.

DIE EVANGELIEN

Die vier Evangelien der Bibel entstanden alle zwischen den Jahren 70 und 100; sie basieren in ihren ältesten Bestandteilen auf von den Autoren redaktionell bearbeiteten, zuerst mündlich, später ab dem Jahr 40 auch schriftlich weitergegebenen Informationen über das, was Jesus sagte und tat, und darüber, wie sein Schicksal verlief. Informanten waren seine Nachfolger aus Galiläa und die Urgemeinde in Jerusalem, die sich nach der Kreuzigung dort gebildet hatte. Texte, die keinen Eingang in das spätere Neue Testament fanden, nennt man »Apokryphen«. Die offiziell aufgenommenen werden zusammen als »Kanon« bezeichnet.

Das Wort »Evangelium« bedeutet »frohe Botschaft«. Die Schriften im Neuen Testament berichten zwar auf verschiedene Art vom Leben und Wirken Jesu, stimmen aber im Kern überein. Was sie vor allem verbindet, ist der Glaube der Autoren an die Auferstehung.

Ihrer Auffassung nach war Jesus kein Wanderprediger, Heiler oder Exorzist – wie es sie zu jener Zeit häufig gab –, der mit seiner Mission zwar scheiterte, bei den Menschen seines Umfeldes jedoch einen starken Eindruck hinterließ, sodass sie sich an ihm orientierten. Sie sahen in ihm vielmehr den echten Sohn Gottes, der auf die Erde gekommen war, um die Menschen zu retten, den von Propheten angekündigten Messias, der den gewaltsamen irdischen Tod auf sich nahm und dann von Gott wieder auferweckt wurde. Das lässt den Schluss zu, dass diese inhaltliche Übereinstimmung das wesentliche Kriterium bei der Auswahl des offiziellen biblischen Kanons gewesen ist.

DIE APOKRYPHEN

Das griechische Wort *apokryphos* bedeutet »verborgen«. Heute versteht man darunter eine Information, die nicht aus anerkannten Quellen stammt. Es gibt eine ganze Reihe frühchristlicher Texte, die als »apokryph« bezeichnet werden und bei der Zusammenstellung der offiziellen Bibel keine Aufnahme fanden oder erst in späterer Zeit entdeckt wurden. So wusste man beispielsweise von einigen Evangelien ziemlich sicher, dass sie nicht von denjenigen verfasst worden waren, denen man sie namentlich zuordnete, etwa das Petrusevangelium, das Jahrzehnte nach dem Tod des Jüngers geschrieben wurde. Andere Texte hielt man einfach für überflüssig. Und dann gab es noch solche, die man als ketzerisch ansah. Dazu gehören viele Schriften, die wir heute als »gnostisch« bezeichnen.

Der Kirchenvater Eusebius gehörte zu Zeiten des römischen Kaisers Konstantin zu den Männern, die eine Liste entwarfen, die alle Bücher enthalten sollte, die man für würdig hielt.

Interessanterweise haben manche Dinge, die wir gar nicht in der Bibel finden, dennoch Eingang in das allgemeine Bewusstsein gefunden und werden als biblisch betrachtet. Ein gutes Beispiel dafür ist die Geschichte von der heiligen Veronika, die mit ihrem Schleier Jesu Gesicht auf dem Weg nach Golgatha abwischte. Die katholische Kirche nahm die Begebenheit in den Kreuzweg mit auf; in der Bibel steht jedoch nichts davon.

DER HISTORISCHE JESUS

Die vier Evangelien sind im 1. Jahrhundert geschrieben worden. Im 2. Jahrhundert kamen mehrere außerkanonische christliche Schriften hinzu und auch diese sind, was den historischen Jesus betrifft, von Bedeutung. Etwa zur gleichen Zeit erwähnen ihn zudem jüdische und römische Quellen. Die aussagekräftigsten unter ihnen stammen von seinen direkten Anhängern. In der Antike wurde hauptsächlich über mächtige Menschen geschrieben, über das normale Volk dagegen nur dann, wenn es mit den Mächtigen in Konflikt geriet, so wie im Falle von Jesus.

Die ältesten sicheren nicht christlichen Quellen über ihn verdanken wir dem jüdischen Historiker Flavius Josephus, den römischen Historikern Tacitus und Sueton sowie dem römischen Beamten Plinius dem Jüngeren.

»Ein weiser Mensch«

Flavius Josephus, ein Soldat mit priesterlicher Ausbildung und in der zweiten Hälfte des 1. Jahrhunderts Kommandant von Galiläa, erwähnt Jesus im Jahr 93 in seinem Werk *Antiquitates Iudicae* (Jüdische Altertümer) zweimal. Er schreibt: »Um diese Zeit lebte Jesus, ein weiser Mensch ... Er war nämlich der Vollbringer ganz unglaublicher Taten und der Lehrer aller Menschen, die mit Freuden die Wahrheit aufnahmen. So zog er viele Juden und auch viele Heiden an sich. Und obgleich ihn Pilatus auf Betreiben der Vornehmsten unseres Volkes zum Kreuzestod verurteilte, wurden doch seine früheren Anhänger ihm nicht untreu ... Und noch bis auf den heutigen Tag besteht das Volk der Christen, die sich nach ihm nennen, fort.« Flavius urteilte also freundlich über Jesus.

Tacitus wiederum berichtet um 116 über den Brand Roms im Jahr 64 und die anschließende Christenverfolgung. Er erwähnt Jesus als Urheber des »unheilvollen Aberglaubens«.

Plinius der Jüngere war Statthalter von Bithynien. In einem Brief an Kaiser Trajan im Jahr 111 über die frühen Christen fragt er, wie er auf Anzeigen gegen sie reagieren solle.

»ZAUBERER UND VERFÜHRER«

Der griechische Philosoph Celsus nennt Jesus unfreundlich einen »unehelichen Bastard«, »Zauberer« oder »Verführer«. Celsus war Autor der Abhandlung *Die wahre Lehre* und wandte sich gegen das Christentum. Er schrieb, die Mutter Jesu sei eine Arbeiterin gewesen, die, nachdem sie von einem Soldaten schwanger geworden sei, von ihrem Mann verstoßen wurde. Der Autor James Tabor hat sich intensiv mit dem erwähnten Soldaten, der namentlich als Panthera erwähnt wurde, befasst und hält es nicht für ausgeschlossen, dass dieser tatsächlich der leibliche Vater Jesu war. Er stammte aus dem phönizischen Sidon und starb 62-jährig in Germanien, wohin ihn sein römischer Arbeitgeber als Bogenschützen versetzt hatte. Im Museum Römerhalle in Bad Kreuznach steht der Grabstein des Soldaten Tiberius Julius Abdes Pantera, den einige für Jesu leiblichen Vater halten.

KEIN MYTHOS

Die historische Jesusforschung kann nur die Zusammenhänge der damaligen Zeit rekonstruieren. In den 1970er-Jahren interessierte man sich mehr für die soziologischen und kulturellen Umständen als für theologische Deutungen. Es ging darum, Jesus als historische Person vor dem Hintergrund damaliger gesellschaftlicher Ordnungen greifbar zu machen. Echte, glaubwürdige, materielle Beweise für seine Existenz fand man nicht, wissenschaftlich hat man sich deshalb mehrheitlich auf die Annahme geeinigt, dass Jesus mit sehr großer Wahrscheinlichkeit tatsächlich gelebt hat, also eine historische Person war und kein Mythos ist. Die meisten Quellen, urchristliche wie christliche, haben seine Figur allerdings ihren Vorstellungen entsprechend umgeformt und rückblickend gedeutet, mit Mythen verbunden und sein Bild somit verklärt und überhöht.

1945 hatte man zudem die Handschriften von Nag Hammadi entdeckt, die Hinweise auf eine Liebesbeziehung zwischen Jesus und Maria Magdalena enthielten. 61 Jahre später wurde das Judasevangelium der Öffentlichkeit vorgestellt, mit einem deutlich positiveren Bild vom »Verräter«.

Gnosis und Gnostiker

Die Gnosis war eine religiöse Strömung im 2. und 3. Jahrhundert, deren Kernthema die Trennung der reinen geistigen von der minderwertigen Welt der Materie war. Die Gnostiker glaubten, dass man zwischen dem Menschen Jesus, der am Kreuz litt, und dem himmlischen Erlöser der Christen unterscheiden müsse. Sie zogen ihre Erkenntnisse – das griechische Wort *gnosis* bedeutet »Erkenntnis« – aus besonderen Offenbarungen, die für sie den vorhanden Schriften übergeordnet waren.

DIE FRAGE NACH JESU GÖTTLICHKEIT

DER GESALBTE

Jesus ist die griechische Form des aramäischen/hebräischen Vornamens Jehoschua, Kurzform Jeschua oder Jeschu. Der Zusatz »Christus« bedeutet »der Gesalbte« und bezieht sich auf den Heilsbringer, den König aus dem Hause Davids, den man damals sehnlichst erwartete. In dem sie ihn als Christus bezeichneten, identifizierten seine Anhänger den historischen Jesus mit dem ersehnten jüdischen Messias. Tod und Auferstehung waren für die Urchristen die Symbole für die Rettung durch Gott, die den Menschen nun widerfahren sollte. Und dem Namen Jesus Christus sprachen sie die größtmögliche heilende Wirkung zu, die bei den Heilungen, die sie vornahmen, von zentraler Bedeutung waren.

Christen glauben, dass Jesus für sie gekreuzigt und auferweckt worden ist. Paulus, der möglicherweise viele Augenzeugen kannte und befragte, beschrieb auch, wie er den Auferweckten selbst gesehen habe. Dies sei den Jüngern bereits drei Tage nach dessen Kreuzigung widerfahren, berichtet die Bibel. Sie hätten dann von Jesus persönlich den Auftrag zur Völkermission erhalten.

Die andere Dimension

Glauben und Wissen sind zwei Paar Schuhe. Mit dem Ereignis der Kreuzigung tritt das Leben des historischen Jesus in eine andere Dimension ein. Für die Christen wurde er zum Ebenbild des Gottes, an den sie glaub(t)en. In der Bibel finden sich allerdings keine Hinweise darauf, dass Jesus sich selbst als solches bezeichnete. Auch gibt es keinerlei wörtliche Überlieferung von ihm, die besagte, dass er eine neue Religion habe stiften wollen; ihm ging es vermutlich mehr um die Reformierung des Judentums.

Paulus als Gottesmacher

In den Anfangsjahren war das Urchristentum eine innerjüdische Gruppe. Erst durch die Aktivitäten von Paulus entwickelte sich etwa ab dem Jahr 70 eine eigene Religion. Es ist nicht schwer zu erkennen, dass Jesus in den ersten christlichen Texten als Mensch dargestellt wurde, als Mann, der zwar besonders, aber trotzdem menschlich und männlich war. Wir sollten immer bedenken, wer zu jener Zeit, als die Bibel redaktionell zusammengestellt wurde, das Sagen hatte: die Römer. Sie gaben die Kriterien vor. Und derjenige Autor, der am besten zu einer romfreundlichen runderneuerten Religion passte, war der Apostel Paulus. Er war es, der aus dem verehrten Menschen Jesus einen Gott machte. Erst dadurch wurde jener in Rom neben den vielen anderen Göttern der Antike attraktiv. Jungfrauengeburt, Auferstehung, Himmelfahrt – all das kannte man ja bereits von anderen Göttern und erwartete es nun selbstverständlich auch von dem neuen.

Die Forschung unterscheidet zwischen den Gnostikern, von denen nicht wenige in Ägypten lebten, und den Urchristen, die mit dem traditionellen Judentum eng verbunden waren. Für sie war Jesus zu Beginn der größte aller Propheten, aber ebenso wie diese alle ein Mensch. Erst der Apostel Paulus entwickelte die Theorie, dass Jesus, der Sohn, mit Gott, dem Vater, identisch sei. Im 4. Jahrhundert fügte man noch den Heiligen Geist hinzu und entwickelte so die Lehre von der Dreifaltigkeit oder Trinität. Für die Gnostiker hingegen war

Jesus schon früh von göttlicher Natur, zwar nicht Gott selbst, aber »aus dem göttlichen Bereich«.

Man kann jedoch noch so intensiv danach suchen, aber historische Belege, denen zufolge Jesus selbst einen göttlichen Status für sich beansprucht hätte, lassen sich kaum oder gar nicht finden. Und selbst wenn er etwas Derartiges wirklich gesagt haben, wenn er wirklich davon überzeugt gewesen sein sollte, der Messias der Juden zu sein oder der Sohn Gottes, der durch seine Kreuzigung alle Sünden der Menschen auf sich nahm, dann stellt sich die Frage: »Hat er sich womöglich geirrt?« Diese Frage ist schwer zu beantworten. Es lässt sich aus so vielen Einzelheiten, die wir über Jesus wissen, schließen, dass er ein weit entwickelter Mensch war, der über ein erwachtes Bewusstsein und ganz besondere heilerische, seherische und andere Fähigkeiten verfügte, die den meisten Menschen damals wie heute nicht zu eigen waren und sind. Dennoch war auch er, so ist unsere persönliche Ansicht, nur ein Mensch und damit zu Irrtümern fähig. Die Evangelien wurden lange nach Jesu Tod verfasst, die Texte immer wieder abgeschrieben von Menschen, die nicht fehlerfrei arbeiteten und oft auch ihre eigenen Überzeugungen in die Texte einbrachten. Und so entstand schließlich der Mythos von Jesu Göttlichkeit.

Wahrheit und Fiktion

Inzwischen dürfte den meisten Menschen bekannt sein, dass Jesus nicht in Bethlehem in einem Stall neben Ochs und Esel geboren wurde und dies erst recht nicht am 24. Dezember. Dennoch feiert die Mehrheit der Christen, Atheisten und auch der religiös Uninteressierten nicht nur der westlichen Welt alljährlich Weihnachten. Und dass Jesu Mutter Maria keine Jungfrau im biologischen Sinne gewesen sein kann, dürfte ebenfalls offensichtlich sein. Der Oxford-Professor Richard Dawkins zieht in seinem Buch *Der Gotteswahn* eine Parallele: »Der Roman *The Da Vinci Code (Sakrileg)* von Dan Brown und der danach gedrehte Film gaben in Kirchenkreisen den Anlass zu gewaltigen Kontroversen. Christen wurden aufgefordert, den Film zu boykottieren und vor den Kinos, die ihn zeigten, Mahnwachen aufzustellen. Tatsächlich ist die Geschichte von Anfang bis Ende erfunden und reine Fiktion. Der einzige Unterschied besteht darin, dass *Sakrileg* eine moderne literarische Erfindung ist, während die Evangelien schon vor sehr langer Zeit erfunden wurden.« Er zitiert in seinem Buch auch Albert Einstein, der sagte: »Ich versuche nicht, mir einen persönlichen Gott vorzustellen; es reicht aus, wenn man voller Staunen vor dem Aufbau der Welt steht, soweit sie unseren unzureichenden Sinnen gestattet, sie einzuschätzen.« Warum geben wir uns nicht wie Einstein damit zufrieden, die Welt und das Lebendige zu bewundern, zu lieben, zu verehren und zu schützen, voller Dankbarkeit für unser Dasein in den Himmel zu schauen, ohne uns gleich einen übermächtigen, allwissenden, äußerst kleinlichen und von uns getrennten Strippenzieher vorstellen zu müssen?

HAT JESUS DIE KREUZIGUNG ÜBERLEBT?

Das Christentum sähe heute anders aus, wenn es die Kreuzigung nicht gegeben hätte. Wäre Jesus als alter, weiser Mann friedlich im Kreise seiner Familie gestorben, dann wäre er vielleicht jetzt als Philosoph bekannt oder als Heiler und Mystiker. Aber die Dramatik von Golgatha hat dem Geschehen den Schub gegeben, der den Kult und die Verehrung nach der Urteilsvollstreckung auslöste. In den antiken Mythen galt der Tod längst nicht als das Ende des Lebens. Wenn ein Held oder ein Halbgott auf meist dramatische Weise sein irdisches Leben verlor, kam er oft in veränderter Form wieder zurück. Die Symbolik dahinter bedeutete, dass der Mensch sein altes Leben erst ablegen musste, um mit verändertem Bewusstsein zu »erwachen«. Man kannte spezielle Initiationsriten, in denen Sterben und Wiederauferstehen nachempfunden wurden. Dies würde auch die in der Bibel beschriebenen Totenerweckungen, zum Beispiel die des Lazarus, erklären. Aber was mit Jesus geschah, war kein religiöses Ritual, sondern brutale Machtausübung. Dennoch hatte es eine entsprechende Wirkung auf die Menschen.

Dass ein Mensch von den Toten aufersteht und in den Himmel auf-
fährt, ist etwas, das man nur dann glauben kann, wenn man religiös
ist. Wer dies nicht ist, für den stellt es sich eher als wahrscheinlich
dar, dass die Geschichte erfunden wurde, die Beobachter einer kollektiven Halluzination erlagen, das Geschehen falsch interpretierten,
oder aber, was auch sehr plausibel ist, dass ihr Erlebtes, Gesehenes
und Gehörtes später von anderen verfälscht aufgeschrieben wurde.

Gehen wir nun aber davon aus, dass Zeitzeugen Jesus tatsächlich
nach der Urteilsvollstreckung wieder begegnet sind, so gibt es dafür
auch eine andere, ganz einfache mögliche Erklärung: Jesus ist vielleicht gar nicht am Kreuz gestorben, er kann überlebt haben.

EIN AUSGEKLÜGELTER PLAN?

Wenn dem so wäre, hätte sein Verschwinden von der Hinrichtungs-
stätte einer klug eingefädelten Strategie bedurft, in die nicht nur römische Soldaten, sondern vermutlich auch Pontius Pilatus hätten
eingeweiht sein müssen. Es wird überliefert, dass Pilatus den Wanderprediger nicht unbedingt habe töten lassen wollen, er wusch seine Hände in Unschuld. Er habe sogar, so kann man es in der Bibel
nachlesen, dem Volk die Entscheidung überlassen. Vielleicht war die
ganze Geschichte aber auch ein abgekartetes (Schau-)Spiel. Kann
man aber eine Kreuzigung überhaupt überleben? Die Römer ließen
Hingerichtete zur Abschreckung oft tagelang am Kreuz hängen.
Manche starben langsam und qualvoll. Von Jesus wird dagegen berichtet, dass er sehr schnell gestorben sei, noch am selben Tag.

Die perfekte Inszenierung?

In den Evangelien heißt es, dass Jesus einen Schwamm mit Essig vor-
gehalten bekommen habe. Was aber, wenn die Soldaten ihm gar keinen Essig, sondern eine Opiumflüssigkeit gegeben hätten und er
dadurch das Bewusstsein verlor, fragen Befürworter der Überlebenstheorie. »Der ist schon tot«, hätte man sagen und ihn vom Kreuz
nehmen können. Es erscheint uns plausibel, dass Jesus nach einer

überlebten Hinrichtung in seiner Heimat nicht mehr sicher gewesen wäre und sich hätte absetzen müssen. Echte Beweise dafür gibt es natürlich nicht, nur Überlegungen, Vermutungen. Die Gegner der Überlebenstheorie erklären Jesu schnellen Tod damit, dass er vermutlich an einer Lungenembolie gestorben sei.

Blut und Wasser

Im Johannesevangelium steht geschrieben, dass römische Soldaten den beiden anderen zusammen mit Jesus Gekreuzigten die Beine gebrochen hätten, um den Todeskampf abzukürzen. Bei Jesus sei dies nicht geschehen. Auch wird gesagt, dass beim Lanzenstich in seine Seite Blut und Wasser geflossen seien, was als Zeichen für einen intakten Blutkreislauf angesehen werden kann. Ein enger Freund von Jesus, Nikodemus, brachte 100 Pfund Myrrhe und Aloe Vera, so wird es in einigen apokryphen Schriften berichtet. Mit einem speziellen Salbengemisch hätten er und Josef von Arimathäa Leintücher getränkt und den Körper darin eingewickelt. Auf dem Grabtuch von Turin fanden sich bei Untersuchungen in der Tat Spuren von Heilkräutern. Auch sind dunkle Flecken zu sehen, die von Jesu Blut stammen könnten, das floss, als man die Dornenkrone von seinem Kopf nahm. Auch dies könnte ein Hinweis auf sein Überleben sein. Tote hören nämlich nach einer gewissen Zeit in den oberen Körperregionen auf zu bluten, da kein Kreislauf mehr stattfindet und das Blut in die unteren Körperregionen sinkt. Allerdings ist die Authentizität des Turiner Grabtuches nach wie vor umstritten, also weder be- noch widerlegt worden.

Geplante Rettung?

Holger Kersten vertritt in seinem Buch *Jesus lebte in Indien* die Ansicht, der römische Hauptmann Longinus könne, wie Josef von Arimathäa, ein heimlicher Sympathisant Jesu gewesen sein und mit dem Lanzenstich – der den Tod bezeugen sollte – verhindert haben wollen, dass man Jesus die Beine breche, was unweigerlich zum Tod geführt hätte.

Nach einer von Gregor von Nyssa bezeugten Überlieferung soll Longinus später Bischof in seiner kappadokischen Heimat geworden sein. Kersten schreibt:

> Joseph von Arimathäa, Nikodemus und Hauptmann Longinus gehörten zur geheimen Anhängerschaft Jesu. Da sie einflussreiche Posten bekleideten, wussten sie früh genug Bescheid, worauf das revolutionäre Auftreten Jesu hinauslaufen würde. Josef genoss als Mitglied des Synedriums (des Sanhedrin) großes Ansehen, und auch Nikodemus, der in nächtlicher Heimlichkeit von Jesus eingeweiht worden war (Joh. 3:1–22), war ein jüdischer Ratsherr. Durch diese Positionen wussten Josef und Nikodemus über Ort und Zeitpunkt der Hinrichtung sicherlich Bescheid und konnten so die Rettung ihres Meisters planen. Joseph und Nikodemus wussten, dass die Kreuzigung selbst nicht zu vermeiden sein würde. Wenn es aber gelang, Jesus früh genug vom Kreuz herunterzuholen, und alles gut geplant war, konnte man vielleicht sein Leben retten. Von entscheidender Bedeutung war, dass in all diesen Angelegenheiten die Jünger keine Rolle spielten. Sie hielten sich aus Angst vor Verfolgung verborgen. Gegen die angesehenen Ratsmitglieder Josef und Nikodemus und den römischen Hauptmann konnte man nicht vorgehen.

ZWEI BRIEFE

Der neuseeländische Autor Michael Baigent erwähnt in seinem Buch *Die Gottesmacher* zwei geheimnisvolle Briefe, die er bei einem Privatsammler gesehen und die dieser Jesus zugeschrieben habe. Nach dieser Lektüre war Baigent zu der Ansicht gekommen, dass Jesus im Jahr 45 noch am Leben gewesen sei und den Adressaten mitgeteilt habe, er sei nur im übertragenen Sinne Gottes Sohn. Die renommierten israelischen Archäologen Jigael Jadin und Nahman Avigad hätten die Briefe für echt erklärt. Allerdings gelang es Baigent nicht, die Briefe an die Öffentlichkeit zu bringen. Er bezeichnete ein deutsches Bankschließfach als ihren Aufenthaltsort.

Pietro Perugino, Josef von Arimathäa, Detail aus der
Beweinung Christi, *1495*

MÖGLICHE AUFENTHALTSORTE JESU
NACH DER ÜBERLEBTEN KREUZIGUNG

Wo aber hielt Jesus sich den Rest seines Lebens auf, wenn er die Kreuzigung tatsächlich überlebt haben sollte? Drei Theorien sind die beliebtesten. Theorie Nummer eins erzählt uns von seiner Auswanderung ins heutige Indien und von einem Grab in Kashmir. Bei Theorie Nummer zwei steht ein Familiengrab in Jerusalem im Mittelpunkt. Und in Theorie Nummer drei geht es um das Fortleben des Gekreuzigten in Südfrankreich. Betrachten wir nun eine Theorie nach der anderen.

Das Grab in Kaschmir

Srinagar ist die Hauptstadt Kaschmirs. Dort wird heute noch ein uraltes Grab verehrt, das schon seit Längerem auch in der westlichen Welt für Spekulationen sorgt. Eine Bodenplatte vor dem Grab war viele Jahre lang mit Wachs bedeckt; als man es entfernte, fand man zwei Fußabdrücke mit Wundmalen, die an die Kreuzigungsverletzungen denken ließen. Liegt hier Jesus begraben, wie die dortigen Pilger glauben?

Der Alte von Srinagar

1981 veröffentlichte der junge Religionspädagoge Holger Kersten ein Buch mit dem Titel *Jesus lebte in Indien*, dessen Inhalt von der historischen Jesusforschung für unhaltbar angesehen wird. Kersten glaubt, dass Jesus in Kaschmir ein im wahrsten Sinne des Wortes biblisches Alter von über 100 Jahren erreichte. Dass er nach Indien und nicht woanders hingegangen sei, habe seinen Grund gehabt, so der Autor, denn dort habe Jesus eine jüdische Minderheit vorgefunden, Nachfahren verschollener israelischer Stämme. Auch in Indien sei er als Wanderprediger und Heiler populär geworden. Das erwähnte Grabhaus des Yuz Asaf in Srinagar gilt als seine letzte Ruhestätte und wird selbst in unseren Tagen noch als solches verehrt. Auch die islamische Minderheit der Ahmadiyya glaubt dies.

Josefs Sohn in Jerusalem

1980 fand man im Jerusalemer Stadtteil Talpiot bei Tiefbauarbeiten eine Grabkammer mit Steinsärgen. Sechs davon enthielten Inschriften: »Joseh« (Joseph), »Marjah« (Maria), »Matjah« (Matthäus), »Jeschua Bar Jehosef« (Jesus, Sohn von Joseph), »Jehuda Bar Jeschua« (Judas, Sohn Jesu) und »Mariamenou Mara«. Der Dokumentarfilmer Simcha Jacobovici und der *Titanic*-Regisseur James Cameron entfachten viel Wirbel, als sie die Vermutung in die Welt setzten, dies sei die Familiengruft von Jesus, Maria Magdalena und dem gemeinsamen Sohn Jehuda. Die Mehrheit der Historiker sieht diese Vermutung allerdings als ungesichert und sogar abwegig an.

Gott in Frankreich

Manche Autoren, wie Richard Andrews und Paul Schellenberger (*Das letzte Grab Christi – Die Geometrie des Heiligen Gral*), sind der Ansicht, dass sich das Grab von Jesus in Frankreich befindet. Dabei stehen wiederum drei Hypothesen im Vordergrund. Die erste geht davon aus, dass Jesus die Kreuzigung überlebte und den Rest seines Lebens im Languedoc verbrachte. Der zweiten zufolge ist er zwar am Kreuz gestorben, sein einbalsamierter Leichnam wurde jedoch von Jerusalem fortgeschafft und in Südfrankreich bestattet. Und die dritte Theorie besagt, die Tempelritter hätten sein Grab in Jerusalem entdeckt und die sterblichen Überreste nach Frankreich gebracht.

JESUS, DER »ANDERE«

Immer schon hat es Menschen gegeben, die Dinge taten, die andere nicht verstanden. Sie hatten Glück, wenn sie, wie bei den Kelten, in einer Kultur lebten, die das »Anderssein« nicht als Makel betrachtete, sondern als Hinweis darauf verstand, dass sich dahinter eine spirituelle Besonderheit verbarg. Dann wurden diese Menschen zunächst beobachtet und, wenn man sie für würdig hielt, zu Druiden, Schamanen etc. ausgebildet. Bei den meisten Naturvölkern war und ist dies auch heute noch so. Nur wer von Geburt an geeignet ist, wer die entsprechende Veranlagung von Natur aus mitbringt, kann Schamane werden. Der Wunsch allein reicht nicht aus.

Der britische Autor Colin Wilson stellt in seinem Buch *Das Okkulte* die These auf, dass exakt fünf Prozent der Menschheit die Befähigung besitzt, Dinge zu sehen, zu fühlen, zu hören und letztendlich zu tun, zu denen die restlichen 95 Prozent keinen Zugang haben. Diese fünf Prozent zeichnen sich durch besondere Merkmale aus. In Kulturen, in denen der 95-prozentigen Mehrheit klar ist, dass nur diese Minderheit zur Erledigung von Aufgaben in der Lage ist, die in erster Linie den heilerischen, seherischen und priesterlichen Bereich betreffen, sind die Felder klar abgesteckt. Nur wer die Anlage dazu in sich trägt und dessen Eignung überprüft und eindeutig unter Beweis gestellt worden ist, der darf entsprechend agieren: als Druide, Schamane, Medizinmann, Priester, Heiler, Seher, Barde oder spiritueller Berater – je nach kultureller Struktur, in der er lebt.

Dass diese Regelung Sinn macht, zeigt allein schon die Tatsache, dass sie seit Jahrtausenden funktioniert und die sogenannten Naturvölker sie niemals abschaffen, wenn sie nicht von staatlichen oder andersreligiösen Mächten dazu gezwungen werden. Man schaue nur auf manche Minderheiten im ehemaligen Sowjetimperium, beispielsweise die Tuva im Altai, die nach Beendigung der Unterdrückung ihrer Kultur den Schamanismus sogleich wiedereinführten. Am europäischen Nordrand, bei den Sami in Norwegen, Schweden oder Finnland, also in Ländern mit ausgeprägter westlicher Zivilisation, ist Ähnliches geschehen.

JESUS – EIN SCHAMANE?

Merlin, der Magier und Druide der Artussage, trägt viele schamanische Züge. Er arbeitet mit der jenseitigen Welt zusammen, mit Feen, Elfen und anderen Geistwesen, und ist noch stark geprägt vom Erbe seiner keltischen Vorfahren. Die Kelten hatten eine stark schamanistische Kultur. Ihre Druiden waren nicht nur Mediziner, sondern auch

Seher und Priester sowie gefragte Berater der Stammesführer. Junge Menschen, die durch eine ausgeprägte Intuitionsfähigkeit und Sensibilität bei gleichzeitiger psychischer Stärke und sozialer Kompetenz auffielen, wurden ausgewählt und von Druiden in einer langen Lehrzeit auf ihr künftiges Amt vorbereitet.

War auch Jesus ein Schamane? Konfrontierte man Schamanen der heutigen Zeit mit dem Wirken von Jesus, fielen ihnen sicherlich deutliche Parallelen auf und sie würden sagen: »Das ist einer von uns!« In der Tat kann man festhalten, dass Jesus in gewisser Weise wie ein Schamane arbeitete: Er trieb Geister aus, legte Hände auf, meditierte und konnte die Gedanken und Gefühle seiner Mitmenschen erspüren. Kurzum: Er scheint prädestiniert für diese Aufgabe gewesen zu sein.

Schamanen lassen sich bei ihrer Arbeit aus einer anderen Welt helfen. Diese ist für sie genauso real wie die sichtbare, materielle. Der Schamanismus ist die älteste immer noch funktionierende Heilungsweise der Menschheit. Bei ihrer Arbeit wenden die Schamanen diverse Techniken an, um einen Bewusstseinszustand zu erreichen, der den Kontakt mit der Geisterwelt ermöglicht. Manche benutzen bewusstseinsverändernde Drogen, andere rituelle Körperübungen oder Meditationen. Über Jesus finden sich Stellen in den Evangelien, die von rituellem Fasten, von meditativem und kontemplativem Rückzug berichten.

JESUS – EIN EXORZIST?

Die Austreibung von Dämonen ist ebenfalls eine schamanische Disziplin, die er zu beherrschen schien. Schaut man sich die Arbeit der Schamanen etwas genauer an, fällt auf, dass sie Dämonen nicht mit Gewalt austreiben, sondern sie mehr oder weniger bitten, einen besetzten Menschen zu verlassen, und ihnen behilflich sind, einen alternativen Aufenthaltsort zu finden.

In der Vergangenheit haben die katholischen Päpste sich verstärkt für eine Ausweitung des kirchlichen Exorzismus eingesetzt. Allerdings ist die katholische Version mehr eine rabiate Teufelsaustreibung. Dabei berufen sich die kirchlichen Exorzisten natürlich direkt auf Jesus und die in Markus 5 beschriebene Szene, in der jener einen Mann exorziert:

> Denn er sprach zu ihm: Fahre aus, du unsauberer Geist, von dem Menschen. Und er fragte ihn, wie heißt du? Und er antwortete: Legion heiße ich, denn wir sind viele. Und er bat Jesus sehr, dass er sie nicht aus der Gegend triebe. Es war aber daselbst am Berge eine große Herde Säue auf der Weide. Und die unsauberen Geister baten ihn und sprachen: Lass uns in die Säue fahren. Und er erlaubte es ihnen. Da fuhren die unsauberen Geister aus und fuhren in die Säue, und die Herde stürzte sich den Abhang hinunter ins Meer, ihrer waren aber zweitausend und ersoffen im Meer.

Der kirchliche Exorzismus baut auf Macht und Machtausübung auf. Dabei wird allerdings gern die berühmte Passage in Lukas 6,27 übersehen: »Liebet eure Feinde, tut wohl denen, die euch hassen; segnet, die euch fluchen; bittet für die, so euch beleidigen.«

Es klingt ziemlich eindeutig bei Matthäus 10,1: »Und er rief seine zwölf Jünger zu sich und gab ihnen Vollmacht über die unsauberen Geister, dass sie die austrieben und heilten alle Krankheit und alle Gebrechen.«

Oder in Matthäus 10,8: »Macht Kranke gesund, weckt Tote auf, reinigt Aussätzige, treibt böse Geister aus.«

Jesus und seine Jünger heilten aber auch psychische und physische Krankheiten. Geheilt wurden beispielsweise der Zöllner Zachhäus von seiner Habsucht (Lukas 19,1–10), die Schwiegermutter des Petrus von Fieber (Matthäus 8,14), Leprakranke und Gelähmte (Lukas 5) oder Blinde (Matthäus 20).

Selbst das Wetter wurde beeinflusst, ganz in schamanischer Tradition, wie zum Beispiel in Matthäus 8,26 beschrieben: »Und [er] stand auf und bedrohte den Wind und das Meer. Da war es ganz stille. Die Menschen aber verwunderten sich und sprachen: Was ist das für ein Mann, dass ihm Wind und Meer gehorsam sind?« In Lukas 5 beeinflusst Jesus den Fischfang.

JESUS – EIN SPIRITUELLER HEILER?

Lebte Jesus heute, wäre er vermutlich ein spiritueller Heiler. Ein Unterschied zwischen schamanischem und spirituellem Heilen liegt darin, dass Schamanen aktiv in eine für andere unsichtbare Welt reisen, während die meisten spirituellen Heiler Kranken die Hände auflegen. Dass Jesus und seine Jünger dies getan haben, wird in der Bibel an vielen Stellen beschrieben. Neben dem Schamanismus, in dem Bewegung und Aktion eine Rolle spielen, scheint das ruhige Handauflegen sicherlich die älteste Art und Weise zu sein, bei anderen Menschen Leiden zu lindern. Geistige Heilung, mentale Heilung, energetische Heilung – heute existieren viele verschiedene Begriffe, mit denen man diese Methode bezeichnet. Sie mögen sich unterscheiden, was die Position der Hände oder auch die Glaubensausrichtung der Behandelnden betrifft, im Kern geht es jedoch um das Gleiche: dem Gegenüber Energie zu übertragen. Jesus und seine Jünger werden diese Energie wohl ihrem jüdischen Gott zugeschrieben haben. Letztendlich ist es aber unerheblich, woher sie kommt. Was damals wie heute zählt(e), ist, dass es funktioniert.

Energiekanal

Wenn Jesus sagte: »Ich und der Vater sind eins«, betonte er damit vermutlich, dass er in der Lage war, die universelle Energie, die er als »Vater« bezeichnete, durch sich wirken zu lassen. Er war der Kanal für die Energie, die Heilung bewirken konnte. Dies gelang am besten, wenn die Patienten sich auf den Heilungsvorgang komplett einließen. Jesu Handeln war ganzheitlich im besten Sinne – Körper, Seele und Geist gleichermaßen betreffend. Und dass nicht nur er selbst diese besondere Gabe hatte, sondern auch andere Menschen Ähnliches vollbringen können, steht ausdrücklich bei Johannes 14,12: »Wer an mich glaubt, der wird die Werke auch tun, die ich tue, und wird größere als diese tun ...«

Die Heilwirkung des Vaterunsers

Ein Element aus Jesu Lehren, das sich bis heute erhalten hat, ist das »Abwun bashmaya«, das Vaterunser-Gebet. Jesus sprach es wahrscheinlich beim letzten Abendmahl, als der Gral auf dem Tisch stand. Und diejenigen, die zuhörten, haben es sich gemerkt, aufgeschrieben und weitergegeben. Dieses spezielle Gebet wurde von Jesus auf Aramäisch gesprochen. Es ging durch unzählige Übersetzungen und wurde manches Mal abgeändert. Die verbreitete Übersetzung, so wie sie die Mehrheit der deutschsprachigen Christen spricht, geht auf Martin Luther zurück. Es kursieren zahlreiche weitere Interpretationen der aramäischen Originalversion. Nicht wenige Handaufleger verwenden das Gebet als eine Art Code, der heilende Energien zum Fließen bringen soll. In erster Linie wird dabei die überlieferte Originalversion nachgesprochen.

In verschiedenen Abwandlungen wurde bisher versucht, den Begriff vom Vater-Gott anders zu definieren und das Gebet in eine Form zu bringen, mit der auch diejenigen etwas anfangen können, die nicht an eine göttliche Einzelperson »im Himmel« glauben. Auch wir möchten an dieser Stelle einen Vorschlag machen. Eine freie Interpretation, die unserer eher ganzheitlich geprägten Vorstellung näherkommt als die gängige deutschsprachige Version, ohne dabei die Absicht des Gebetes infrage stellen zu wollen:

> Lebendige Kraft allen Seins,
> wir schätzen und ehren deine Präsenz.
> Wir lassen dein Wirken zu,
> dein freies Fließen,
> oben und unten, innen und außen.
> Auf dass deine heilende Energie uns heute und immer durchströme
> und uns von allem Ballast befreie,
> damit wir gemeinsam sinnvoll handeln.
> Du hältst uns in Einklang,
> damit uns nichts dabei stört.
> Denn von dir kommt alles, was uns stärkt und beglückt,
> hier und jetzt, gestern, heute, morgen und immer.
> So soll es sein.

MARIA MAGDALENA –
DIE GRALSHÜTERIN

Als die Jünger zweifeln, ist Maria es, die sie nach Jesu Tod wieder aufrichtet, die ihnen Zuversicht vermittelt. So steht es in einem der Evangelien, das von den »Redakteuren« des Neuen Testaments nicht akzeptiert wurde. Der Apostel Petrus, der oft auf Maria Magdalena eifersüchtig gewesen soll, bittet sie, den Jüngern zu sagen, was Jesus nur ihr allein anvertraut hatte: »Wir wissen ja, dass er dich mehr geliebt hat als alle anderen Frauen. Sag uns, an was du dich erinnerst, was er dir gesagt hat und nicht uns.« Was sie erzählt, klingt selbst den Jüngern, die einiges gewohnt sind, sehr sonderbar, denn sie spricht von einer Traumerscheinung: Jesus habe ihr von der Reise der Seele erzählt. Das Evangelium nach Maria wurde 1896 für die ägyptische Abteilung des Berliner Museums gekauft. Der koptische Papyrustext ist leider nur zur Hälfte erhalten geblieben. Fachleute datieren die Entstehung dieses Evangeliums auf die Zeit bis spätestens Mitte des 2. Jahrhunderts.

MARIA – DIE GEFÄHRTIN JESU

Über Maria Magdalena erfahren wir demnach mehr aus den Papyrusschriften, die man in der Wüste bei Nag Hammadi in Ägypten fand, als aus der Bibel. In der Region lebten zur Zeit des römischen Reiches gnostische Gemeinschaften. Zu den gefundenen Schriften gehört auch das sogenannte Philippusevangelium. Dieses gnostische Evangelium enthält Sprüche, die der Einschätzung von Historikern zufolge Jesus zuzuschreiben sind. Einige dieser Sätze stehen im direkten Widerspruch zu so manchem, was man aus der Bibel kennt. So sagt Jesus bei Philippus, dass sein »Königreich von dieser Welt« sei. Mittlerweile ist die Stelle berühmt, die zwar unleserlich, aber doch rekonstruierbar war und in der die Jünger Jesus aufgeregt fragen: »Weshalb liebst du sie mehr als uns alle? Weshalb küsst du sie auf den Mund?« Gemeint ist Maria Magdalena. Und Jesus antwortet: »Ich küsse sie auf den Mund, weil ich sie liebe.«

Jesus – das geht wohl eindeutig aus dem hervor, was wir über ihn lesen können – trennte nicht zwischen Mann und Frau, wie es damals in seiner Heimat üblich war und wie es die offizielle Kirche später fortgeführt hat. Wir wissen heute, dass es Paulus war, der in seinen Briefen die Frau, ihren Körper und die Sexualität im Allgemeinen entwertete. Von Jesus ist Derartiges nicht bekannt.

In den nichtbiblischen Evangelien finden sich Textstellen wie jene, in denen sich Petrus bei Jesus darüber beklagt, dass Maria predige und Jesus ihr nicht den Mund verbiete. Maria gesteht Jesus, dass sie sich vor Petrus fürchte, »denn er hasst das weibliche Geschlecht«. Und Jesus antwortet: »Wer durch den Geist inspiriert ist, durch den spricht Gott, ob Mann oder Frau.«

Maria Magdalena blieb unter Jesu Kreuz stehen, als die männlichen Jünger längst gegangen waren, sie war die erste, der er begegnete, als er das Grab verlassen hatte. Nirgendwo steht zu lesen, dass Jesus zu seinen Jüngern oder anderen Menschen gesagt hätte: »Ich darf sie nicht als Mann und Partner lieben, denn ich bin ein göttliches Wesen, kein Mensch wie ihr. Und ich bin von einer Jungfrau geboren worden und bleibe deshalb in meinem Leben ebenfalls jungfräulich.« Was wurde nicht alles unternommen, um die ewige Jungfräulichkeit seiner Mutter zu untermauern, es gab sogar Versuche, Jesu Brüder offiziell zu seinen Vettern zu deklarieren.

Papst Gregor I. war es, der im Jahr 591 die wichtigste Frau an Jesu Seite zur Hure erklärte. Unverfänglicher ist da noch ihr Titel als Schutzheilige der Friseure und Kosmetikerinnen. Der Erzbischof von Mainz, Hrabanus Maurus, berichtete in seinem Werk *Das Leben der Maria Magdalena* im 9. Jahrhundert über die vielen Marientraditionen, die es damals schon seit langer Zeit gab.

JESUS – EIN VERHEIRATETER MANN?

Über eine Ehe zwischen Jesus und Maria Magdalena lassen sich nur Spekulationen anstellen, Fakten gibt es nicht. Die Bibel verrät uns nichts darüber. Allerdings wird Maria Magdalena in den apokryphen Evangelien als Jesu Gefährtin bezeichnet, von nicht wenigen Experten wird der Begriff auch mit »Gattin« übersetzt. Philippus nennt sie in seinem Evangelium »Maria Magdalena, die Gefährtin des Erlösers«, die dieser mehr liebte als alle anderen Jünger und oft auf den Mund küsste.

Für jüdische Rabbis spielte es eine große Rolle, dass sie nur dann lehren konnten, wenn sie sich genau an die Gebote hielten. Wer nicht verheiratet war, durfte nicht als Rabbi angesprochen werden; er war nicht berechtigt, diesen Titel zu führen. In den Evangelien führt Jesus aber genau diesen Titel. Wir können daraus durchaus schließen, dass er verheiratet gewesen sein kann. Allerdings waren die genauen Gebote, wie sie später im Talmud festgehalten wurden, zu seinen Lebzeiten noch nicht so gefestigt. Es könnte also Ausnahmen gegeben haben. Jesu Cousin Johannes der Täufer gehörte möglicherweise der Gemeinschaft der Essener an, und diese scheinen tatsächlich im Zölibat und ohne sexuelle Aktivitäten gelebt zu haben. Es gibt nicht wenige Autoren, die von einer Verbindung zwischen Jesus und den Essenern schreiben und damit auch von einem asketischeren Leben, als es ein jüdischer verheirateter Rabbi führte.

Die Hochzeit von Kana

Und wie verhält es sich mit der Hochzeit von Kana? Wir erinnern uns, dass Jesus dort Wunder tat. Es wird oft darüber spekuliert, ob er womöglich selbst der Bräutigam gewesen ist und Maria Magdalena die Braut. Und Josef von Arimathäa, der erste Hüter des Grals, könnte der Schwiegervater gewesen sein.

Autoren, die sich mit dieser Frage beschäftigt haben, sind beispielsweise Baigent, Lincoln und Leigh. Sie stellen in ihrem Erfolgsbuch *Der Heilige Gral und seine Erben* Fragen, die bislang noch gar nicht thematisiert worden waren: Warum taten die Diener, wie in der Bibel beschrieben, was Jesu Mutter ihnen auftrug? Wieso kümmerte sie sich um die Versorgung mit Wein, wenn sie nur Gast war? Dies klingt mehr nach einer Hochzeitsfeier im eigenen Haus.

Maria Magdalenas systematische Verunglimpfung durch Rom und die offizielle Kirche

Die Frau mit der roten Robe

Der Autor Laurence Gardner erklärt den Kult um die schwarzen Madonnen mit dem Hinweis darauf, dass Maria Magdalena als Leiterin eines Ordens berechtigt gewesen wäre, eine schwarze Robe zu tragen. Die Maler des Spätmittelalters stellten sie in biblischen Szenen jedoch oft mit einem roten Mantel dar, der ihren hohen spirituellen Status anzeigen sollte. Dies gefiel bestimmten Leuten im Vatikan überhaupt nicht, Rot war für Kardinalsroben bestimmt, nicht für Frauen. Im Jahr 1659 wurde deshalb angeordnet, dass weibliche Heilige auf Gemälden nicht in Rot gekleidet sein durften, sondern nur in Weiß oder Blau. Zu jener Zeit war der Kleideranteil auf Maria-Magdalena-Darstellungen allerdings bereits öffentlicher Blöße gewichen. Die Verehrung, die sie in der Spätantike und im frühen Mittelalter erfahren hatte, wurde ihr nun nicht mehr entgegengebracht, die Negativ-PR aus Rom, die sie zur Sünderin und Prostituierten stilisiert hatte, war wirkungsvoll gewesen.

Es war aber nie gelungen, die Verehrung der »Großen Göttin« ganz zu unterbinden. In der Antike hieß sie je nach Kultur- und Sprachkreis Cybele, Diana, Demeter, Juno oder Rhiannon. Alle waren sie regionale Versionen von Isis, dem Ausdruck von allem Göttlich-Weiblichen. Letztendlich gehen sämtliche Maria-Magdalena- wie auch Mutter-Gottes-Kulte auf das archetypische Isisbild zurück.

Zensur in Rom

Es hat den Anschein, als hätten die Bischöfe in Rom alles Schriftliche zensiert, was dazu hätte dienen können, dass Maria Magdalena sich zum Symbol der göttlichen Weisheit entwickelte. Hätte man sie als Ehefrau von Jesus anerkannt, wäre die männliche Dominanz in Rom im bekannten Ausmaß nicht möglich gewesen. Wir haben es dem frauenfeindlichen Apostel Paulus zu verdanken, dass das Christentum, als es sich als amtliche römische Institution etablierte, zu einer rein männlichen Angelegenheit wurde. Er verpasste den Frauen den »Maulkorb«: »Wie in allen Gemeinden der Heiligen lasset die Weiber schweigen unter der Gemeinde« (1 Kor 14,34). Damit widersprach er ganz klar dem Denken, Fühlen und Handeln Jesu. Paulus war derjenige, der den Grundstock legte für die folgenden Verfälschungen der Lehre. Davon, dass Maria Magdalena eine Prostituierte gewesen sein soll, findet sich nichts in den Evangelien. Offiziell ist diese später hinzugefügte Behauptung ja auch inzwischen von der katholischen Kirche zurückgenommen worden.

Ein Männerbund

Als Jesus in Gefahr war, versagten die Jünger. Sie schliefen, Petrus verriet ihn. Wer mutig unter dem Kreuz stand, das waren die Frauen, allen voran Maria Magdalena. Sie sah ihn als erste, als er »auferstanden« war. Margret E. Arminger erklärt es in ihrem empfehlenswerten Buch *Die verratene Päpstin* sehr treffend, wenn sie schreibt: »Denn so wie wir jetzt entdecken, dass es Maria Magdalena war, die Jesus nicht verriet, müssen wir auch sehen, dass die männlichen Nachfolger Jesus nicht nur schon vor der Kreuzigung verrieten, sondern auch noch die nächsten beiden Jahrtausende. Nur selten war die Kirche in jener Zeit jene Kirche der Tat und der Nächstenliebe, die Jesus forderte, zumeist war es in der Nachfolge männlicher Apostel ein Männerbund, dem es um Macht ging – vor allem um die Macht gegenüber Frauen. Ob bei den Hexenprozessen oder heute in Sachen Empfängnisverhütung, immer ging es um weiblichen Pragmatismus gegen männlichen Dogmatismus. Immer ging es den Frauen um die Verwirklichung der Botschaft im praktischen Leben und den Männern auf den Kanzeln um zumeist frauenfeindliche Ideen.«

Die geistige Mutter

Margret E. Arminger schreibt weiter: »Sie hätte die geistige Mutter einer Art Gegenkirche sein können, die Überlieferin der geheimen Lehren des Meisters; ebenso hätte sie als Mutter der Kinder Jesu die Stammmutter eines Geschlechtes sein können, das in der Geschichte zur schärfsten Konkurrenz des Papsttums wurde.« Es scheint immer ein Hauptanliegen derjenigen gewesen zu sein, die innerhalb des Christentums das Sagen hatten, die Überbleibsel der alten matriarchalischen Religionen auszuradieren. Das fing schon mit Eva an. Jedem Kind wird früh eingeredet, dass sie die Hauptschuldige an der Vertreibung aus dem Paradies sei. Eva war die erste Sünderin. Und alle Frauen nach ihr sollten dies zu spüren bekommen, in kleinerem oder größerem Ausmaß.

DIE SPRACHE DER BILDER: MARIA MAGDALENA ALS MOTIV IN DER MALEREI

Maria, die Mutter Jesu, verklärte man zu einer ewig jungfräulichen Übermutter. Und Maria Magdalena stand irgendwo zwischen den Polen »Sünde« und »Buße«. Die zahlreichen Bilder, die von ihr gemalt wurden, drücken dies aus. Dass uns vor allem die Maler mit ihren Bildern oft mehr sagen wollten, als es der erste flüchtige Blick erkennen lässt, lernen die meisten von uns schon in der Schule. Es gibt eine offizielle symbolische Sprache in der Malerei und eine mehr oder weniger geheime, die in früheren Jahrhunderten den Zweck hatte, mit Pinsel, Farbe und Leinwand Botschaften zu transportieren, die nur von Eingeweihten entschlüsselt werden konnten. Viele Bilder zeigen uns sogenannte Vanitasmotive. Dabei geht es darum, die Vergänglichkeit bildlich darzustellen. Das lateinische Wort *vanitas* bedeutet ins Deutsche übersetzt so viel wie »Eitelkeit«, »Nichtigkeit« oder »leerer Schein«. Durch die gesamte Kunstgeschichte des letzten Jahrtausends hindurch war Maria Magdalena ein beliebtes Motiv, das für die Symbolisierung der Vanitasthematik wie auch als Medium für die Übermittlung von Geheimbotschaften gleichermaßen herangezogen wurde.

Auf den Gemälden alter Meister ist Maria Magdalena schnell zu identifizieren. Ihre Haare sind lang und meist rötlich, nicht selten sitzt sie in einer Höhle am Meer, liest in einem Buch bei Kerzenschein. Fast immer hat sie einen Totenschädel, ein Salbengefäß, ein Kruzifix, oft auch eine Geißel dabei. Auffällig ist auch ihre meist spärliche Bekleidung. Oft ist sie völlig nackt oder zumindest barbusig, eventuell von ihren bis zum Boden reichenden Haaren bedeckt. Die Bilder sind voller Symbolgehalt, den wir nun näher betrachten wollen.

Die Frau in der Höhle

Die Höhle gilt seit Urzeiten als besonderer, geheiligter Ort. Ihre Symbolik weist auf etwas Verborgenes hin. Ein Schatz, ein zu hütendes Geheimnis? Welches besondere Wissen wird dort versteckt? Auf manchen Gemälden hält sich Maria Magdalena am Eingang der Höhle auf, es fällt Licht auf ihren Körper. Ist das Geheimnis, das mit ihrem Leib zu tun hat, zu entschlüsseln, wenn Licht auf das Thema geworfen wird und man es aus der Dunkelheit herausholt?

Der Totenschädel ist das Symbol für alles Vergängliche, das Kruzifix für die persönliche Verbindung zum Geschehen auf Golgatha, das Salbengefäß steht offensichtlich für das wertvolle Öl, mit dem Maria Magdalena Jesus einst die Füße eingerieben haben soll. Das Kreuz symbolisiert aber auch die Macht Roms. Und kleine Gefäße wie Dosen oder Tiegel geben in der »alternativen« Bildersprache deutliche Hinweise auf den weiblichen Aspekt, der mit dem Werk hervorgehoben werden soll.

Auf diversen Gemälden der alten Meister sind Kruzifix und Gefäß nicht weit voneinander entfernt. Ist dies, ähnlich wie in den verbreiteten Auslegungen der Gralslegende, ein Hinweis darauf, dass Maria Magdalena selbst das »Gefäß« ist, als Mutter der Nachkommenschaft des Gekreuzigten? Die unbekleideten Brüste deuten Fruchtbarkeit an, Weiblichkeit, aber auch Verletzbarkeit.

Was bedeutet das Buch? Ist es das mysteriöse *Liber Mundi*, in dem alles Wissen der Welt geschrieben stehen soll? Ist es ein Hinweis auf Marias eigenes, aus weiblicher Sicht verfasstes Evangelium? Noch bis vor Kurzem galt Maria Magdalena offiziell als das Gegenbild zur Himmelskönigin, der Mutter Jesu. Hatte nicht Jesus sieben Geister aus ihrem Leib getrieben? Auf den Golgathabildern steht sie so gut wie immer zur Linken des Kreuzes, auf der Seite des Fleisches, während sich die Gottesmutter auf der rechten Seite befindet, auf der des Geistes.

Die verlassene Braut

Lange Zeit hindurch war die Legende populär, dass Maria Magdalena mit dem späteren Jünger Johannes verlobt gewesen sei. Genau am Tag ihrer Hochzeit sei Jesus zu dem Paar gekommen, woraufhin sich Johannes ihm angeschlossen und seine Braut verlassen habe. Aus Enttäuschung darüber habe diese sich, nur mit ihren langen, rötlichen Haaren bekleidet, anderen Männern hingegeben. Von dieser Sünde habe Jesus sie geheilt, indem er ihr die Besessenheit austrieb. Diese Geschichte, die weder biblisch noch apokryph ist, ist ein moralisches Märchen. Zwei Pole stehen sich darin gegenüber: hier die Heilige, dort die Hure. Sexualität stand (oder steht noch heute) in der christlichen Bewertung für die Fesseln an das irdische Dasein, an das vergängliche Fleisch. Maria Magdalena wurde als Büßerin begriffen, die nur durch das Zutun des Mannes Jesus gerettet wurde und sich danach der enthaltsamen, vergeistigten Frömmigkeit widmete. Auf den Bildern ist ihr Körper immer noch schön und begehrenswert, aber direkt daneben grinst der kahle Totenschädel: Alles Irdische ist vergänglich, auch die Schönheit. Die christliche Polarisierung hatte fatale Folgen. Weder die idealisierte, keusche Himmelsjungfrau noch die vom Geschlechtstrieb dominierte Rothaarige spiegeln das normale Frausein. Hier steht die offizielle Jungfrau, dort die offizielle Nicht-Jungfrau. Doch die Mehrheit der Frauen identifiziert sich weder mit dem stilisierten Ideal noch mit dessen Gegenteil.

Ergebenheit und Reue

Auf manchen Bildern ist Maria Magdalena, wie gesagt, mit langem, offenem Haar zu sehen, das ihren bloßen Körper verhüllt. Die Haare sollen Reinheit und Jugend symbolisieren und den Kontrast zum bedeutungsträchtigen Totenkopf noch verstärken. Kelche, Tiegel und Kessel stehen mit dem Symbolismus des weiblichen Schoßes und der Gebärmutter in Verbindung, ebenso wie Höhlen in einer Landschaft. In vielen Maria-Darstellungen ist die Symbolik ganz offensichtlich. Äpfel gelten als Symbole der Fruchtbarkeit, auch für Heirat und körperliche Liebe. Ähnliches trifft auf den Fisch zu, der auf Bildern sexuelles Glück darstellen soll. Als Tizian um das Jahr 1533 Maria Magdalena vor einem drohenden Gewitterhimmel malte, zeigte er sie mit langem, rotem, vom Wind zerzaustem Haar, das kaum ihre bloßen Brüste bedeckt. Das Salbengefäß steht neben ihr. Was den Blick des Betrachters jedoch anzieht, ist im Gegensatz zu vielen Bildern aus späteren Epochen nicht der Körper, sondern der Gesichtsausdruck, der Ergebenheit und Reue widerspiegelt.

Rothaarige Verführerin

Weiße, schmale Füße mit hohem Spann, wie sie auf vielen Maria-Magdalena-Darstellungen zu sehen sind, waren in früheren Zeiten erotische Symbole.

Michelangelo hatte Eva im Paradies, bevor sie der Versuchung durch die Schlange erlegen war, mit braunem, nach der Vertreibung dagegen mit rotem Haar gemalt. Im 19. Jahrhundert stellte man Maria Magdalena immer dann rothaarig dar, wenn man ihre Rolle als Sünderin und Verführerin illustrieren wollte. Nachdem sie im Mittelalter als eine starke und selbstbewusste Frau gegolten hatte, die man gerne als schöne Büßerin zeigte, wurde sie von der Kunst des 19. Jahrhunderts abgewertet, meist als unglückliche, attraktive Frau, der ihre Schönheit und Sinnlichkeit zum Fluch geworden war und die, im gesellschaftlichen Abseits, allein mit ihrer Schönheit in einer Höhle lebte. Die wohl bekannteste Darstellung jener Zeit stammt von Jules Joseph Lefebvre. Er malte im Jahr 1876 die heilige Maria Magdalena – als Akt im Pin-up-Stil – vor ihrer Höhle in der Sonne liegend: eine reine Darstellung eines unbekleideten weiblichen Körpers, ohne die Symbole, die sie auf den Bildern aus den Jahrhunderten davor umgaben – dies in einer Zeit, als gesellschaftliche Normen alles Erotische in der Öffentlichkeit verboten.

Unter dem Deckmantel der Kunst wurden von Maria Magdalena immer wieder freizügige »Pin-ups« für zahlungskräftige Kunden erschaffen. Zwischen dem 16. und dem Ende des 19. Jahrhunderts, als die meisten dieser Werke entstanden, waren die Zeiten prüde. Die männliche Sicht auf die Sexualität dominierte, mit all ihren Schattenseiten. Noch im Mittelalter waren die Menschen, was das Ge-

161

schlechtliche betraf, unverkrampfter gewesen. Dann kam die Syphilis als Massenseuche auf. Die Badehäuser als bisherige Stätten der zwanglosen Begegnung schlossen eines nach dem anderen. Die Inquisition befand sich vor allem im Zeitalter der Renaissance auf einem brutalen Kreuzzug insbesondere gegen das Weibliche, das ihren Vorantreibern so große Angst machte. Die Menschen, oder besser gesagt, die Männer, hatten vergessen, dass die Sexualität zur Zeit von Maria Magdalena einen komplett anderen Stellenwert gehabt hatte. Auch wenn der jüdische Gott Jahwe streng war, existierte dennoch parallel zu dem Glauben an ihn ein Göttinnenkult, basierend auf den uralten Fruchtbarkeitsreligionen, in denen die Sexualität heilig und eine Tempelpriesterin hoch angesehen war. Natürlich konnte das Bedürfnis nach Heiligung des Sexuellen niemals ganz unterdrückt werden. Manche Kulte existierten im Verborgenen weiter. Zitieren wir noch einmal Margret E. Arminger: »Das archetypische Bewusstsein des Menschen hat die Vergewaltigung der Sexualität jedoch nie ganz verwunden. Immer wieder gab es gewisse Kreise, die das Geheimnis von der ursprünglichen Heiligkeit der Sexualität weitergaben. Einige Gnostiker gehörten ebenso dazu wie später die Katharer, die Troubadoure, die Templer und andere Geheimbünde.« Wie es scheint, war die Sexualität in der Antike nicht einfach nur ein Akt der Fortpflanzung oder ein Ausdruck partnerschaftlicher Liebe, sondern auch ein Mittel zur Bewusstseinserhöhung. Dass diese Sichtweise verdrängt, die Sexualität verteufelt und die Weiblichkeit als solche herabgewürdigt wurde, hatte negative Folgen: Eine Gesellschaft, die die Hälfte ihrer Mitglieder als minderwertig betrachtet, krankt. Wir können am Beispiel Maria Magdalenas erkennen, wie das Weibliche Schritt für Schritt herabgesetzt wurde. »Die Kirche verzichtete nicht nur auf einen großen Teil des Gesamterbes der Menschheit, sie beraubte sich auch der dynamischen und zugleich ausgleichenden Kraft des Weiblichen«, schreibt Margret E. Arminger treffend.

Die schöne Büßerin

Auch im Zeitalter des Barock stellte Maria Magdalena in ihrer südfranzösischen Höhle ein beliebtes Motiv in der Malerei dar. Die Vergänglichkeit alles Irdischen war ein Thema, dem man sich damals gern zuwandte. Dabei wurde gemeinhin ein schöner, gesunder und meist weiblicher Körper mit den Attributen des Vergehens umgeben. Die Nacktheit Maria Magdalenas auf diesen Darstellungen will uns aber auch anderes sagen: Sie hat sich von allem Weltlichen abgewandt, für wen sollte sie schöne Kleider tragen? Es ist niemand da, der sie bewundern könnte. Der Totenschädel ist immer präsent, ebenso das Kruzifix, das Buch, manchmal auch ein schlichtes Essgeschirr. Die Umgebung erinnert meist an eine Ruine. Auch sie ist dem Verfall preisgegeben. Das Buch ist ebenfalls alt. Diese Darstellungen lassen an Buße denken, alles wirkt abgekehrt von der Welt. Unter dem Eindruck solcher Bilder mag so manche junge Frau, vor allem wenn sie aus einer gesellschaftlich höheren Schicht stammte, sich in ein Kloster begeben haben, um sich in dortiger Abgeschiedenheit ganz der himmelwärts gerichteten Frömmigkeit zu widmen. Es gab nicht wenige Frauen, die nach einem aus damaliger Sicht sündhaften Leben den Weg in die Abkehr suchten. Neben Maria Magdalena war auch Margarete von Cortona, die unter den Namen »die Büßerin« und »die zweite Magdalena« in die Heiligengeschichte eingegangen ist, ein Vorbild für diejenigen, die fortan bereuend und entsagend Abschied von der Welt nahmen.

Repräsentantin der irdischen Welt

Die Entstehung der Gemälde mit Maria-Magdalena-Motiv hatte allerdings meist einen durch und durch irdischen, oft auch sinnlichen Hintergrund. Es war in der Barock- und auch Rokokozeit an den europäischen Adelshöfen Mode, dass sich die Damen des Hauses in der Pose der Maria Magdalena malen ließen. Die Darstellung der büßenden Heiligen erlaubte ganz offiziell Freizügigkeit und Nacktheit, ohne dass man als Frau Gefahr laufen musste, für exhibitionistisch oder gar anrüchig gehalten zu werden; es war gesellschaftlich akzeptiert, sich dergestalt porträtieren zu lassen. Niemand rümpfte die Nase darüber, schließlich hatte ein Bild der Hausherrin in der Gestalt der Maria Magdalena, auf dem sie mit bloßen Brüsten zu sehen war, nicht nur einen künstlerischen, sondern offiziell auch einen erzieherischen Wert. Natürlich war dies auch ein Spiel mit der eigenen

Eitelkeit. Es ging um das bildliche, momentane Festhalten von Schön-heit. Die meisten Maler vermieden es, dem Modell einen entrückt-büßenden Gesichtsausdruck zu verleihen. Eher erkennt man eine sinnende, sitzende oder liegende Frau, in Meditation versunken, die den Betrachter durch ihr Vorbild auffordert, auch sein eigenes Leben als vergänglich zu begreifen. Darstellungen, die ihren Weg in klös-terliche Fest- und Speisesäle fanden, machten die Sünderin Maria Magdalena zu einer Repräsentantin der sündigen irdischen Welt. So manchen weltabgewandten Klosterbewohner mögen solche Bilder allerdings durchaus auch beunruhigt haben.

DER FLEISCH GEWORDENE GRAL –
MARIA MAGDALENA IN GALLIEN

Bereits mehrfach war die Rede davon, dass Maria Magdalena nach Jesu Tod vermutlich in Gallien gelebt hat. Betrachten wir dieses Ka-pitel der Geschichte also einmal genauer.

Es gab auch christliche Autoren, die von der Mittelmeerüberque-rung Maria Magdalenas überzeugt waren. So schrieb der schon zi-tierte Erzbischof von Mainz, Hrabanus Maurus, in seinem Epos *Das Leben der Maria Magdalena*: »Sie reisten weiter über das Meer zwischen Europa und Afrika und ließen die Stadt Rom und das ganze Land Ita-lien zu ihrer Rechten. Dann änderten sie den Kurs glücklich nach rechts und kamen in die Stadt Marseille in der gallischen Provinz Vienne, wo der Fluss Rhone an die Küste trifft.«

Die Frau im führerlosen Boot

Schon im 2. Jahrhundert nach Christus verbreitete sich die Legende, dass Maria Magdalena mit anderen Flüchtlingen auf einem »Boot ohne Steuermann« auf dem Mittelmeer getrieben und im heutigen Saintes-Maries-de-la-Mer an Land gegangen sei. Alljährlich feiern dort Sinti und Roma ein großes Fest zu Ehren von Sara-la-Kali, der Schutzheili-gen, die sie verehren: einer schwarzen Madonna. Und für eine große Zahl dortiger Christen ist sie die Missionarin Galliens. Die Überlieferung erzählt, dass sie zuletzt in La Sainte-Baume in einer Höhle gelebt habe, in der sie auch gestorben und begraben worden sei. 200 Jahre später wurde dort mit dem Bau eines Klosters begonnen.

Die schwarzen Madonnen

Doch nicht nur die Sinti und Roma verehren schwarze Madonnen. Die Maria vom Meer ist vielen Gläubigen ein Begriff. Man erzählt sich mancherorts Legenden von schwarzen Madonnen-statuen, die in besatzungslosen Booten

Das Wappen von
Saintes-Maries-de-la-Mer

an die Küste getrieben worden seien. Mit den schwarzen Marien und ihren Kindern auf den Armen hat sich die katholische Kirche immer schwer getan. Aber sie stehen nun mal in Hunderten von Kirchen und Klöstern. Manche sind ganz schwarz, einige haben dunkle Gesichter. Das hat nichts mit Materialverfärbung zu tun, wie so oft behauptet wird. Warum ist die Madonna schwarz? Sie ist keine Afrikanerin. Laurence Gardner gibt in seinem Buch *Das Vermächtnis des Heiligen Gral* folgende Erklärung: »Sie ist schwarz, weil Weisheit (Sophia) schwarz ist, da sie bereits in der Dunkelheit des Chaos vor der Schöpfung existierte.« Die schwarze Madonna steht jedoch vermutlich nicht nur für Maria Magdalena, sondern auch für deren Tochter Sarah. Bereits im ganz frühen Mittelalter machten sich Wallfahrer nach Südfrankreich auf, um der »schwarzen Königin« zu huldigen. Zu Zeiten der Karolinger war die Maria vom Meer ein verwendetes Pilgerabzeichen, noch bevor Wappen sich als Siegel durchsetzten. Es verbreitete sich bis hinauf nach Schottland, wo beispielsweise in Leith, dem Seehafen von Edinburgh, ab dem 12. Jahrhundert ein Siegel verwendet wurde, das Maria Magdalena auf Seereise zum Motiv hatte.

Marienstatuen

Es ist eine historische Tatsache, dass sich im Süden Galliens schon früh jüdische Gemeinden gebildet hatten. Es gab nicht wenige einst einflussreiche Verbannte, deren sich die Römer dorthin entledigt hatten – Beispiele dafür sind die Brüder Herodes Archealos und Herodes Antipas. Archäologen legten Spuren einer antiken jüdischen Gemeinde im Bereich des alten Hafens von Marseille frei. Es gab einen regen Schiffsverkehr zwischen dem Heiligen Land und Gallien, ein großer Überseehafen mit regelmäßiger Direktverbindung war Narbonne. Verschiedene Marienstatuen mit einem Kind auf dem Arm verehrte man dort schon recht früh und auch heute noch sagen viele Menschen, dass es sich dabei nicht um die Jesusmutter, sondern um Maria Magdalena handelt.

Die Goldene Legende

Ein wichtiges, viel gelesenes Buch ist die *Legenda Aurea* (Die Goldene Legende), die im 13. Jahrhundert vom Erzbischof von Genua, Jacobus de Voragine, geschrieben worden war. Sie wurde im Jahr 1438 als kirchliche Chronik gedruckt und enthielt detaillierte Darstellungen des Lebens besonderer Heiliger. Das Buch war eine weit verbreitete Literatur in Kirchen und Klöstern. In der *Legenda Aurea* ist Maria Magdalena die Schwester Marta von Betaniens und wie diese Mitglied einer königlichen Familie. Als ihre Eltern werden Syro, der Vater, und Eucharia, die Mutter, genannt. Ihnen sind große Besitztümer oder Führertitel in Magdala, Betanien und Jerusalem zu eigen. Der Autor schreibt: »Nach der Himmelfahrt unseres Heilands, als die Apostel weggegangen waren, bestieg sie mit ihrem Bruder Lazarus und ihrer Schwester Martha sowie Sankt Maxim ein Schiff, welches sie dank der schützenden Hand Gottes sicher nach Marseille brachte. Danach reisten sie in die Gegend von Aix weiter, wo sie die Einwohner zum rechten Glauben bekehrten.«

Kultstätten in Frankreich

Nach dem Tod Maria Magdalenas entstanden überall in Frankreich Kultstätten für die Heilige. In Saint Maximus bewachten ab Anfang des 5. Jahrhunderts cassianitische Mönche ein Grab mit einer Alabastergruft, von dem sie sagten, dass Maria dort bestattet sei. Johannes Cassianus hatte im Jahr 410 ein frühes Kloster in Marseille gegründet. Er war ursprünglich ein Einsiedler in der Nähe von Betlehem gewesen. In Marseille entstanden Rituale wie Maria Lichtmess und der Madonnenfeiertag. Die Zisterzienser verehrten Maria sehr, ebenso die Tempelritter. Zu jener Zeit entstanden die großen Notre-Dame-Kathedralen unter dem Einfluss der Zisterzienser und der Templer. Man kann vermuten, dass Maria Magdalena, nicht die Jesusmutter, im Zentrum der Anbetung stand.

DIE NACHFAHREN

Wenn Maria Magdalena also tatsächlich ein Kind Jesu – oder gar mehrere – geboren hat und in Gallien an Land gegangen ist, dann stellt sich natürlich die Frage: Was geschah mit dieser Nachkommenschaft?

»Wie bereits erwähnt, war Maria Magdalena zur Zeit der Kreuzigung im dritten Monat schwanger. Sie und Jesus hatten ihre Zweite Hochzeit anlässlich der Salbung im März 33 vollzogen. Diese Information lässt sich nicht nur aus den Evangelien entnehmen, sie lässt sich auch errechnen, denn die diesbezüglichen Regeln lassen keinen Zweifel zu.« Laurence Gardner macht in seinem Buch *Das Vermächtnis des Heiligen Gral* aus seiner Überzeugung keinen Hehl: Ihm zufolge gebar Maria Magdalena nach der Geburt ihrer Tochter Sarah Tamar noch zwei Söhne, Jesus und Josef. Gardner bezeichnet den zweiten Sohn als das wichtige »Gralskind«, das schon in Südfrankreich zur Welt gekommen sei. Jesus selbst sei nach der überlebten Kreuzigung in seinem Land geblieben und später nach Indien aufgebrochen. Gardner lässt den jungen Josef eine Druidenschule in Gallien besuchen. Der Autor erwähnt den christlichen Historiker Sextus Julius Africanus, der die königlichen Erben, die in dynastischer Folge zu den Oberhäuptern ihrer Sekten wurden, als »Desposyni« bezeichnet. Diese seien von den Römern wie Gesetzlose gejagt worden. Laurence Gardner schreibt darüber: »Die volle Wahrheit über diese selektive Inquisition ist immer noch verborgen, doch ihre Mythologie und Tradition haben überlebt. Wir finden sie in der Gralslegende, dem Tarot, der Artussage, den Liedern der Troubadoure, in esoterischer Kunst und der fortgesetzten Marienverehrung.« Die Wirkung dieser Tradition sei, so der Autor, so mächtig, »dass der Gral immer noch als Sinnbild menschlichen Suchens gilt.« Trotzdem werde sie vom orthodoxen geistlichen Establishment als Häresie betrachtet. »Weil der letztendliche Gegenstand der Suche immer noch eine Bedrohung für die Kirche darstellt, die die messianische Erbfolge durch eine selbsterfundene Alternative ersetzt hat.« In Gallien sei Jesus II., der den Beinamen Justus getragen habe, zu Gais, Gésu, Galains oder Alain in der Gralslegende geworden. Er sei kinderlos geblieben und die Position des Familienoberhauptes sei an seinen Neffen Josue gefallen, den Sohn Josefs und Enkel Maria Magdalenas, von dem die Fischerkönige in der Gralslegende abstammen sollen. Durch die Verbindung, die über Josef von Arimathäa nach Britannien geschaffen worden war, hätte auch ein Austausch zwischen den beiden keltischen Regionen im Süden Frankreichs und den Britischen Inseln stattgefunden. Wie gesagt, dies sind keine historischen Fakten, es sind Legenden, wie so vieles in diesem Buch Vorgestellte.

NACHFAHREN JESU IN ENGLAND?

In England erzählt heute noch eine Legende von König Lucius, der im 2. Jahrhundert gelebt haben soll und in der keltischen Sprache als *Lleiffer Mawr* (das große Licht) bezeichnet wurde. Seine Tochter Eurgen sei mit Aminadab, dem Urenkel von Jesus und Maria, verheiratet gewesen. Im Jahr 156 legte Lucius, so will es die Legende, im heutigen Winchester sein öffentliches Bekenntnis zum Christentum ab. Als einige Jahre später die Römer ihre Christenverfolgungen und -tötungen auf Gallien ausweiteten, seien viele keltische Christen nach Britannien geflohen, vor allem in den Raum des heutigen Glastonbury, wo es eine große Gemeinde gab. Lucius habe als erster christlicher König mit den Einwanderern das Fundament für eine keltisch-christliche Kirche gelegt, lange bevor es die offizielle römische gab. In der Kirche von St. Peter in Cornhill, einem Londoner Stadtteil, erinnert eine Gedenktafel an die Gründung des ersten christlichen Bistums. Lucius gilt als ein Herrscher, der nicht über seinem Volk thronte und sich feudal und imperialistisch verhielt, sondern ihm diente. Er war der Prototyp des Gralskönigs, von dem gesagt wurde, dass bei ihm immer das Volk den Vorrang hatte, nicht der Adel oder die Politiker.

DIE ERSTEN MEROWINGER – NACHKOMMEN JESU?

Später, ab dem 5. Jahrhundert, kamen Theorien auf, die Nachkommen Jesu seien in der Familie der Merowinger zu suchen. In den Gralslegenden, etwa in der *Queste del Saint Graal*, finden sich ebenfalls Andeutungen einer Verwandtschaft. So gilt dort der Gralsritter Galahad als ein Spross aus dem Hause Davids, ähnlich wie Jesus. Thomas Malory ist in seinem Artus-Roman noch expliziter, indem er den Ritter Galahad zu einem Nachfahren Jesu im neunten Grad macht. Und auch Wolfram von Eschenbach lässt die Gralsgeschichte im alten Merowingerland spielen, konkret in Nantes.

Die Magierkönige

Was für die britischen Freunde der Vermischung von Historie und Legende der König Lucius war, ist für die Franzosen der Fischerkönig Faramund. Als Nachkomme von Aminadab und Lucius' Tochter Eurgen gilt auch er als direkter Nachfahre von Jesus und Maria Magdalena. Mit seinem Enkel Merowech tritt dann eine historisch einigermaßen greifbare Figur in die Legende ein. Nach ihm wurde das geheimnisumwitterte Geschlecht der Merowinger benannt. »Langhaarige Magierkönige« war eine der vielen Bezeichnungen für die

Mitglieder der Dynastie. Vermutlich entsprang ihre Spiritualität einer Vermischung von Druidentum und dem Geheimwissen der bei Gardner erwähnten Desposyni, also Mitgliedern und Nachfahren der Familie Jesu. Laurence Gardner schreibt über die Merowinger: »Ihre spirituelle Praxis ähnelte der der Druiden, und sie wurden als esoterische Lehrer, Richter, Heiler und Hellseher geachtet und verehrt. Obwohl sie dem Haus von Burgund sehr nahestanden, waren die Merowinger nicht durch den Arianismus beeinflusst. Ihre Kultur war weder gallisch-römisch noch teutonisch zu nennen.«

Die Gunst der Stunde

Der bekannteste Merowingerkönig ist heute sicherlich Chlodwig. In seine Regierungszeit fällt die Beseitigung dessen, was von der römischen Herrschaft in Gallien noch übrig geblieben war, und die Unterwerfung der Westgoten, die auf gallischem Boden siedelten. Die Antike endete, das Mittelalter begann. Chlodwig ist insofern eine für das heutige Christentum wichtige Figur, als er der römischen Kirche half, ihre Überzeugungen gegen die arianischen Ansichten durchzusetzen. Arius, ein Presbyter in Alexandria, hatte im 4. Jahrhundert kundgetan, dass Jesus ein sterblicher Mensch gewesen sei und kein Gott. Im Laufe der nächsten Jahrzehnte gewann der Arianismus im europäischen Westen immer mehr Anhänger und drohte den römisch-katholischen Glauben auch in anderen Regionen zu gefährden. Chlodwig bekannte sich weder zum einen, noch zum anderen, er hatte sein eigenfamiliäres Christentum. Wie so oft in der Geschichte war es eine Frau, die aus dem Hintergrund heraus die Dinge in Bewegung setzte. Jene hieß Chrodechild, war Chlodwigs Gattin, katholisch und obendrein der Meinung, dass ihr Mann dies auch sein solle. Der äußere Anlass für Chlodwigs Beitritt zum Katholizismus war allerdings eine Schlacht, die auf der Kippe stand. Im Kampf gegen alemannische Truppen in der Nähe von Köln soll Chlodwig dann Jesus um Beistand angerufen und die Schlacht gewonnen haben. »Erkennst du, wer dich gerettet hat?«, habe daraufhin Chrodechild gefragt, die die Gunst der Stunde nutzte und schnellstmöglich den Bischof von Reims kommen ließ, um Chlodwig taufen zu lassen. Und da es üblich war, in solchen Dingen

ihrem Obersten zu folgen, traten daraufhin die anderen merowingischen Anführer ebenfalls an die Taufbecken und bald danach auch ein großer Teil der restlichen Untertanen. Möglich, dass sich die Religions- und damit auch die Weltgeschichte ganz anders entwickelt hätte, wäre dieser Vorfall nicht eingetreten. Vielleicht wäre der Arianismus prägend für Europa geworden. Chrodechild durfte sich der Dankbarkeit ihrer Kirche auch als Frau gewiss sein. Als heilige Klothilde steht sie heute in den Heiligenlexika.

Knapp 200 Jahre lang halfen das Geschlecht der Merowinger und die Kirche sich gegenseitig, die jeweilige Macht im Westen Europas durchzusetzen. Julius Africanus war ein Geschichtsschreiber des 3. Jahrhunderts. Er berichtete, dass sich die Nachkommen der Familie Jesu darüber beschwerten, dass die Mitglieder der herodianischen Familien sämtliche genealogischen Aufzeichnungen des jüdischen Adels vernichtet hätten, von denen sie ihren Anspruch auf den Thron hätten herleiten können. Manche glauben, dass die Templer in Jerusalem auf eben jene Aufzeichnungen gestoßen seien. Gottfried von Bouillon, so heißt es immer wieder, sei ein Nachfahre der Merowinger gewesen. Die Legenden wissen von magischen Fähigkeiten und hellseherischen Begabungen, die die Merowingerkönige besessen haben sollen. Einer von ihnen, Dagobert II., der im Jahr 679 ermordet wurde, habe eine große Vorliebe für den Arianismus gehabt. Rom betrachtete diese Glaubensrichtung bekanntermaßen als gefährlich, sah diese doch in Jesus keinen Gott, sondern einen Propheten. Es liegt auf der Hand, dass man damals in kirchlichen Kreisen nicht sehr traurig über den Tod Dagoberts gewesen sein wird; immerhin wurde dieser aber später heiliggesprochen, als kleine Wiedergutmachung sozusagen. Nachdem Dagobert in den Ardennen, in der Nähe von Stenay, einem Mordanschlag zum Opfer gefallen war, ging die Macht an die kirchentreuen Hausmeier; einer von ihnen, Pippin der Kurze, wurde im Jahr 751 mit dem Segen von Papst Zacharias zum König der Franken gekrönt. Die alte Blutlinie der Merowinger war damit im politischen Sinne ausgeschaltet.

Gut möglich, dass die Nachfahren der Merowingerkönige in andere Adelsfamilien eingeheiratet haben und ihr Geschlecht in diese aufgegangen ist. Viele Blaublüter haben auch heute noch Familienmythen einschließlich überlieferter Stammbäume, die teilweise bis in die Spätantike zurückreichen. Allerdings sind historische Rekonstruktionen in solchen Fällen extrem schwierig, wenn nicht gar unmöglich.

Kapitel 6

Auf den Spuren des Grals –
Hypothesen in Weltbestsellern

Zwei Bücher haben das Gralsthema in den vergangenen Jahrzehnten in eine andere Dimension geführt. Beide sind hier bereits thematisiert worden: Dan Browns Roman *Sakrileg (The Da Vinci Code)* sowie *Der Heilige Gral und seine Erben*, das Sachbuch der drei Autoren Henry Lincoln, Richard Leigh und Michael Baigent aus dem Jahr 1982. Deshalb wird ihnen hier ein eigenes Kapitel gewidmet.

SAKRILEG – EIN PACKENDER THRILLER

In *Sakrileg* kämpfen zwei Organisationen gegeneinander, die unterschiedlicher kaum sein können: auf der einen Seite der dem Vatikan nahestehende Opus Dei, auf der anderen die mysteriöse Geheimgesellschaft Prieuré de Sion. Während Erstere mit allen Mitteln versucht, ein Geheimnis, das die katholische Kirche in ihren Grundfesten erschüttern könnte, aus der Welt zu schaffen, geht es Letzterer darum, es zu hüten und zu schützen. Im Laufe der Handlung wird deutlich, dass es der Kirche bislang mit Erfolg gelungen ist, der großen Mehrheit der Menschen die wahre Beziehung zwischen Jesus und Maria Magdalena zu verheimlichen. Jesus und seine Frau hatten demnach Kinder, aus deren Nachfahren das königliche Geschlecht der Merowinger hervorging. Ein reizvolles Romanthema, nicht neu, aber diesmal in einen packenden Thriller verpackt und mitreißend geschrieben. Die halbe Welt konnte den Roman nicht mehr aus den Händen legen und zitterte sich mit dem Harvard-Professor Langdon und der Polizei-»Kryptologin« Sophie Neuveu von Paris bis Schottland.

200 Millionen verkaufte Bücher

Ein Roman ist ein Roman und ein Sachbuch ist ein Sachbuch. Ein Roman muss historisch nicht korrekt sein; jeder weiß, dass der Autor das, was wir von ihm zu lesen bekommen, erfunden hat. Die Sache wird zwiespältig, wenn in einem Roman versucht wird, glaubhaft zu machen, dass es sich bei den beschriebenen fiktiven Elementen um Fakten und Tatsachen handelt. Dies wird Dan Brown vorgeworfen. Als *The Da Vinci Code* im Jahr 2003 erschien, ahnte niemand, dass dieser Thriller in kurzer Zeit die internationalen Verkaufshitlisten erklimmen und lange Zeit anführen sollte. 2004 kam die deutsche Übersetzung auf den Markt und wurde aus dem Stand zum Bestseller. Inzwischen wurde das Buch in 52 Sprachen übersetzt und nach Browns eigenen Angaben auf seiner Website 200 millionenmal verkauft. Das *Time Magazine* nahm den Autor in die Liste der 100 einflussreichsten Menschen auf. Am 18. Mai 2006 kam der Film in die Kinos, bei uns unter dem Titel *The Da Vinci Code – Sakrileg*.

Die Romanhandlung – auf den Spuren des Grals

Hauptperson in Roman und Film ist Robert Langdon, Harvard-Professor und Fachmann für Symbolik. Er hat beruflich in Paris zu tun, als ihn mitten in der Nacht ein merkwürdiger Anruf weckt. Jacques Saunière, der Chefkurator des Louvre, ist tot; ermordet liegt er in einer Galerie des Museums. Die Polizei holt Langdon ab und bringt ihn zum Tatort. Was er sieht, ist bizarr: Der Tote liegt nackt auf dem Boden und hat Arme und Beine von sich gestreckt. Mit seinem eigenen Blut hat er sich ein Pentagramm auf den Bauch gemalt und eine rätselhafte schriftliche Botschaft auf dem Boden hinterlassen, die man nur durch UV-Licht lesen kann. Dort stehen die Zahlen 1332211185 und der Satz »Oh drakonischer Teufel! Oh lahmer Heiliger!« Bezu Fache, der Pariser Polizeichef, vergrößert den Strahl des UV-Lichts und man erkennt einen Kreis um den Toten; für Langdon ist sofort klar, dass dies eine Anspielung auf die Proportionsstudie nach Vitruv ist, eines der bekanntesten Werke Leonardo da Vincis. Am Tatort taucht auch eine Mitarbeiterin der Dechiffrierabteilung der französischen Polizei auf, Sophie Neveu, eine sogenannte Kryptologin. Von ihr erfährt Langdon, dass es eine Nachricht der amerikanischen Botschaft für ihn gebe. In Wirklichkeit handelt es sich dabei aber um einen Hinweis auf seinem Anrufbeantworter von Sophie Neveu selbst: Er, Langdon, gelte als Hauptverdächtiger in dem Mordfall. Die Dame ist eine Enkelin Saunières und hält Langdon für unschuldig.

Die Botschaft

Inzwischen ist es gelungen, die Botschaft des Ermordeten zu entschlüsseln: Es handelt sich bei den Zahlen um die Fibonacci-Folge. Saunière wollte damit die Kryptologieabteilung und somit seine Enkelin anlocken. Die Botschaft lautet nun »1123581321 Leonardo da Vinci The Mona Lisa«. Sophie Neveu erkennt auf dem Sicherheitsglas des *Mona-Lisa*-Gemäldes eine mit einem Spezialstift geschriebene Nachricht. Das Anagramm »So dark the con of man« wird zu »Madonna of the rocks«, dem englischen Namen für das Bild von der Felsgrottenmadonna, das ebenfalls im Louvre hängt. Der Schlüssel, den sie auf der Rückseite dieses Gemäldes finden, erkennt Sophie sofort wieder. Ihr Großvater hat ihr als Kind erzählt, dass mit diesem Schlüssel ein großes Geheimnis verbunden sei. Auf ihm sind die Buchstaben PS eingraviert sowie ein Liliensymbol. Für Langdon ist klar: Saunière gehörte der Prieuré de Sion an. Später soll sich zeigen, dass der Museumskurator sogar Großmeister dieser Bruderschaft war, die sich dem Schutz des Heiligen Grals verschrieben hat und sich selbst in der Nachfolge der Tempelritter sieht.

Der Killer-Mönch

Neben dem an Saunière gab es weitere Morde innerhalb der Gemeinschaft, und das Geheimnis, das der Großmeister seiner Enkelin anvertrauen wollte, läuft Gefahr verloren zu gehen. Hinter den Morden steckt der Opus Dei. Ihr Killer ist ein Albino-Mönch namens Silas. Manuel Aringarosa, ein spanischer Bischof, spielt ebenfalls eine Rolle. Langsam wird klar, dass die Kirche das Geheimnis, das die Prieuré schützt, ebenfalls unter Verschluss halten möchte. Sie sieht ihre Grundfesten in Gefahr, wenn die Fakten an die Öffentlichkeit geraten.

Die Flucht

Robert Langdon und Sophie Neveu flüchten vor der Polizei. Auf dem Schlüssel befindet sich eine Adresse von der Züricher Depositenbank. In einem Schließfach finden die Flüchtenden ein Kästchen aus Rosenholz, das ein sogenanntes Kryptex enthält. Im Roman wird dieses Gefäß Leonardo da Vinci zugeschrieben. In Wahrheit hat es Autor Dan Brown erfunden. Es handelt sich um einen hohlen Zylinder, der aus fünf Messingringen besteht. Die Ringe funktionieren wie ein Zahlenschloss; ist das richtige Passwort eingestellt, öffnet sich der Behälter. Es befindet sich eine Papyrusrolle darin, die um eine mit Essig gefüllte Phiole gewickelt ist: Beim gewaltsamen Öffnen zerbricht die Phiole, der Essig zersetzt den Papyrus. Auch Silas, der Mönch, ist auf der Jagd nach dem Gefäß. Er hat es bereits vergeblich in der Kirche Saint Sulpice gesucht. Langdon und Sophie flüchten in einem Geldtransporter, der vom Bankchef André Vernet gefahren wird, der ein Geschäftsfreund Saunières war. Es kommt zum Kampf mit ihm, denn auch er will an das Kryptex. Langdon und seine Begleiterin überwältigen ihn und fahren zu Sir Leigh Teabing. Er lebt auf Chateau Villette bei Versailles und ist ein anerkannter Fachmann in Sachen Heiliger Gral. Spät in der Nacht klärt er die beiden auf, worum es sich dabei wirklich handelt. »... der Gral war niemals ein Gefäß. Der Gral ist buchstäblich das antike Symbol für Weiblichkeit. In diesem Fall das Symbol für eine Frau, die ein so mächtiges Geheimnis trug, das, einmal enthüllt, die Fundamente des Christentums erschüttern würde«, sagt er in der Hollywoodverfilmung zu Sophie. Er erklärt ihr, wie und wo Maria Magdalena auf da Vincis *Letztem Abendmahl* zu erkennen ist – siehe dazu die Ausführungen auf S. 36 – und dass diese selbst der Gral ist, nicht etwa ein Gefäß, zumal auf dem Bild gar keines vorhanden ist.

Der geheimnisvolle Lehrer

Silas taucht auf, attackiert die beiden, es gelingt ihnen aber, ihn zu fesseln und danach gemeinsam mit Teabing und seinem Butler Rémy Legaloudec in Teabings Privatjet nach London zu fliegen. Im Flugzeug finden sie unter einem Rosenemblem im Deckel des Kryptex eine Botschaft in Spiegelschrift. Das Rätsel lässt sich lösen: Es geht um den Baphomet. Übersetzt man seinen Namen mit dem sogenannten Atbash-Code, erhält man das griechische Wort für Weisheit: *sophia*. Es ist das Lösungswort zum Öffnen des Kryptex. In dessen Innerem findet sich ein weiteres Rätsel. Diesmal geht es um einen Ritter, der von einem Papst *(Pope)* begraben wurde. Teabing denkt zuerst an die Temple Church, ein einstiges Zentrum der Tempelritter. Viel Zeit hat man nicht, denn Silas und Rémy entführen Teabing samt Kryptex. Beide arbeiten für den anonymen »Lehrer« und erhalten von ihm ihre Anweisungen. Die Entführung ist jedoch eine Finte, denn Teabing erweist sich im weiteren Verlauf der Handlung selbst als der »Lehrer«.

Geheimes im Kryptex

Teabing bringt seinen Butler Rémy um, Silas flüchtet zum Opus Dei und schießt versehentlich den Bischof Aringarosa an. Derweil finden Langdon und Sophie heraus, dass in der Botschaft kein Papst gemeint ist, sondern der englische Schriftsteller Alexander Pope, der Verfasser der Grabrede für Isaac Newton. An dessen Grab in der Westminster Abbey finden sie eine Nachricht, die besagt, sie sollen in den öffentlichen Garten der Abtei kommen. Dort erfahren sie von Teabing, dass er selbst der Drahtzieher des Komplotts ist und Saunière für ihn ein Verräter war, da er die Gralsdokumente nicht zur Jahrtausendwende veröffentlicht habe. Langdon schafft es, das Kryptex zu öffnen. Teabing erfährt zwar das Lösungswort, allerdings nichts über den Inhalt des Gefäßes, denn Fache und weitere Polizeibeamte treffen ein und führen ihn ab.

Des Rätsels Lösung

Die letzte Botschaft, die Langdon und Sophie nun vor sich haben, weist sie auf die Rosslyn-Chapel in Schottland hin. Dort trifft Sophie auf ihren Bruder und ihre Großmutter. Man eröffnet ihr, dass sie eine Nachfahrin der Merowinger ist und von Jesus und Maria Magdalena abstammt. Die Frage, wo sich der Heilige Gral befindet, wird allerdings in Schottland nicht beantwortet. Zurück in Paris folgt Langdon der sogenannten Rosenlinie quer durch die Stadt. Sie führt ihn wieder zum Louvre. Im Eingangsbereich erinnert ihn die nach unten zeigende Glaspyramide Inversée an einen Kelch als Symbol für das Göttlich-Weibliche. Sie stößt mit der Spitze an eine kleinere Pyramide, unter der das Geheimnis ruht: die Gebeine Maria Magdalenas – sie ist der Gral. Dies ist jedoch reine Fiktion: In Wirklichkeit befindet sich nichts unter dem Fußboden des unmittelbar an das Museum angrenzenden Caroussel du Louvre, des Einkaufszentrums unter der Erde. So viel zur Handlung im Kurzdurchlauf.

DAS *SAKRILEG*-PHÄNOMEN

Wie der französische Historiker und Publizist Alexandre Adler, Mitherausgeber des *Figaro*, in seinem Buch *Das Geheimnis der Templer – von den Rosenkreuzern bis Rennes-le-Château* schreibt, ist das Buch »... mehr noch als zu einem literarischen Ereignis zu einem gesellschaftlichen geworden, ja zu einem historischen Phänomen.« Dem ist so, weil die Kriminalgeschichte mit historischen Enthüllungen aufwartet, denen zahlreiche Leser Glauben schenken. Und genau das ist der springende Punkt.

Fakten und Tatsachen?

Zitieren wir, was auf Seite 9 der gebundenen Ausgabe von *Sakrileg* unter der Überschrift »Fakten und Tatsachen« geschrieben steht: »Die Prieuré de Sion, der Orden der Bruderschaft von Sion, wurde im Jahr 1099 gegründet und ist eine Geheimgesellschaft, die bis heute existiert. Im Jahr 1975 wurden in der Pariser Nationalbibliothek Dokumente entdeckt, die unter der Bezeichnung »Dossiers Secrets« bekannt geworden sind und aus denen hervorgeht, dass eine Reihe berühmter Männer der Prieuré angehörten, darunter Sir Isaac Newton, Sandro Boticelli, Victor Hugo und Leonardo da Vinci.« Im letzten Satz auf der Seite, bevor er in die Handlung einsteigt, versichert der Autor, dass »sämtliche in diesem Roman erwähnten Werke der Kunst und Architektur und alle Dokumente wirklichkeits- beziehungsweise wahrheitsgetreu wiedergegeben« seien. Und hier muss sich der Erfolgsschriftsteller Unseriösität vorwerfen lassen. Denn als er sein Buch veröffentlichte, war längst schon bekannt, dass die sogenannten Dossiers Secrets Fälschungen waren.

Unterschlagene Informationen

Der Franzose Pierre Plantard, bekannt als einer der Haupturheber der Fälschungen, hatte unter Eid gestanden, dass er die ganze Geschichte erfunden hatte; er lebt seit dem Jahr 2000 nicht mehr. Es war sehr einfach, das zu recherchieren. Wir gehen davon aus, dass Dan Brown sich ebenfalls umfassend informiert hat und ihm dies daher auch bekannt gewesen sein müsste. Nun wäre ein Satz wie »die Dossiers Secrets sind als Fälschungen bekannt« in der Einleitung des Buches allerdings nicht unbedingt verkaufsfördernd gewesen. Der Erfolg von *Sakrileg* basiert zu einem großen Teil auf der Suggestion der »wirklichkeits- beziehungsweise wahrheitsgetreuen« Darstellung. Skurril wird die Sache auch dadurch, dass zwei der drei Autoren des Sachbuches *Der Heilige Gral und seine Erben* gegen Dan Brown einen Plagiatsprozess führten und verloren. Sie beanspruchten quasi das Urheberrecht für die Story rund um die geheimnisvolle Bruderschaft und den Rennes-le-Château-Mythos für sich. Und tatsächlich: Hätte es ihr Buch nicht gegeben, dann wäre Dan Brown vermutlich immer noch Englischlehrer oder ein mittelmäßig erfolgreicher amerikanischer Schriftsteller. Dass er dies nicht mehr ist, hat er dem Umstand zu verdanken, mit *Sakrileg* einen der meistverkauften Romane der Welt geschrieben zu haben. Dieser ist aber wiederum eng verknüpft mit dem 1982 erschienenen Werk des genannten Autorenteams. Schauen wir uns dieses also einmal genauer an.

DER HEILIGE GRAL UND SEINE ERBEN

WIE ALLES BEGANN

Der britische Schauspieler und Autor Henry Lincoln machte in den 1960er-Jahren Urlaub in Frankreich und entdeckte in einem Laden das Buch *L'or de Rennes, ou La vie insolite de Bérenger Saunière, curé de Rennes-le-Château* (Das Gold von Rennes oder das ungewöhnliche Leben des Bérenger Saunière, Pastor von Rennes-le-Château) von Gérard de Sède. Lincoln war Dokumentarfilmer und arbeitete für die BBC. De Sèdes Veröffentlichung ließ ihn nicht los, wurde da doch von einem geheimnisvollen Schatz und einer noch geheimnisvolleren Geheimgesellschaft berichtet, die ein sehr geheimnisvolles Geheimnis geheim hielt. Aus seiner beruflichen Erfahrung heraus wusste Lincoln: Britische Fernsehzuschauer lieben so etwas. Konkret ging es in de Sèdes Buch um einen Pastor in einem kleinen pyrenäischen Dorf im ausgehenden 19. Jahrhundert. Der Geistliche hatte bei Arbeiten in seiner alten Kirche rätselhafte Dokumente gefunden, war bald darauf unverschämt reich geworden und hatte mit prominenten Zeitgenossen verkehrt. Allerdings erfuhr niemand, was der Pastor gefunden hat – bis hierher ist uns die Geschichte ja schon bekannt. Einige Jahrzehnte nach dem Tod des Pastors schrieben einige französische Zeitschriften über sein Geheimnis und erweckten dadurch erste Aufmerksamkeit. Und in Großbritannien taten dies zu Beginn der 1970er-Jahre zwei von Lincoln produzierte Dokumentarfilme zu diesem Thema, die von der BBC ausgestrahlt wurden.

Der Stoff, aus dem die Verkaufszahlen sind

Henry Lincoln traf bei seinen Recherchen zwei Männer, den neuseeländischen Journalisten Michael Baigent und den amerikanischen Schriftsteller Richard Leigh, die sich schnell für diese Theorien erwärmten und mit ihm gemeinsam das eingangs erwähnte Buch schrieben. Bald nach dessen Erscheinen im Jahr 1982 stürmte *Der Heilige Gral und seine Erben* die internationalen Bestsellerlisten. Leser waren begeistert, Wissenschaftler lehnten die Thesen dagegen ab. Denn was die drei Autoren geschrieben hatten, klang doch gar zu abenteuerlich: Da soll ein französischer Maler namens Nicolas Poussin in seinem Bild *Les Bergers d'Arcadie* (Die Hirten von Arkadien) das tatsächlich vorhandene Grabmal von Jesus und Maria Magdalena abgebildet haben, ganz in der Nähe des geheimnisvollen Dorfes Rennes-le-Château. Und der Priester habe verschlüsselte Dokumente entdeckt, die ihn in die Lage gebracht hätten, seinen Arbeitgeber, die katholische Kirche, zu erpressen. Denn das, was dechiffriert worden sei, sollte diese in ihren Grundfesten erschüttern können, ginge es dabei doch um unwiderlegbare Beweise für die Existenz einer Nachkommenschaft aus der Ehe von Jesus und Maria Magdalena. Die Nachfahren des Paares hätten das Geschlecht der Merowinger begründet und würden seit der Zeit der Kreuzritter von einer Geheimgesellschaft beschützt, der einflussreiche Mitglieder angehörten. Sogenannte Großmeister rekrutierten sich aus der jeweiligen geistigen Elite ihrer Epoche. Der Reichtum des Pfarrers entstamme dem Schweigegeld, das ihm der Vatikan gezahlt habe.

Der vermeintliche Großmeister

Lincoln, Baigent und Leigh nahmen Kontakt zu dem vermeintlichen Großmeister dieser Geheimgesellschaft, der Prieuré de Sion, auf, deren militärischer Arm im Mittelalter der Templerorden gewesen sein soll. Der Mann, Pierre Plantard, den wir ja bereits als Fälscher der Dossiers Secrets erwähnt haben, hatte einen zweifelhaften Ruf; er galt als jemand, der es mit der Wahrheit nicht so genau nahm. Von

Plantard erfuhren die Autoren nun, dass es die Aufgabe der Prieuré sei, dafür zu sorgen, dass die Nachkommen der Merowinger auf Königsthrone, nicht nur in Frankreich, sondern auch in anderen europäischen Ländern und in Israel kämen, denn sie seien Angehörige der einzigen legitimen Dynastie.

Nur Hypothesen?

Was besagt nun genau die Theorie der drei Autoren? Nun, Jesus habe die Kreuzigung überlebt und nach Frankreich flüchten können. Der Begriff »Heiliger Gral« sei eine Ableitung von dem französischen Ausdruck *sang réal* (königliches Blut), das zu *saint gréal* (altfranzösisch für »Heiliger Gral«) umgedeutet wurde, und stehe für die Blutlinie Jesu. Der Mord am letzten Merowinger, Dagobert II., und die darauffolgende Machtergreifung der Karolinger seien von der katholischen Kirche gesteuert gewesen, um deren Macht zu stärken. Und Gruppen, die die untergetauchten Merowinger beschützten, wie die Tempelritter, seien aus genau diesem Grund verfolgt worden. Das Ziel der Prieuré sei eine Art Wiedervereinigung von Christen- und Judentum mit den Merowingernachkommen als politischen Führern. Obwohl es mit etwas mehr journalistischem Spürsinn eigentlich nicht schwer gewesen sein dürfte, Monsieur Plantard auf die Schliche zu kommen, schienen die Autoren zu glauben, was sie schrieben. Oder auch nicht, denn es gab vor allem nach dem Welterfolg von Dan Browns *Sakrileg* Aussagen von ihnen, die Zweifel daran aufkommen ließen. So sagte Richard Leigh in einem Fernsehinterview, dass man nur Hypothesen habe liefern wollen, man selbst aber nicht unbedingt an deren Wahrheitsgehalt glaube.

Der König von Frankreich

Auch Pierre Plantard, der mit seiner Fantasiegeschichte die Sache erst ins Rollen gebracht hatte, distanzierte sich im Nachhinein von den Schlussfolgerungen der Autoren. Elf Jahre nach Erscheinen des

Émile Signol, Dagobert, 1842

Buches *Der Heilige Gral und seine Erben* gab es in seinem Haus eine staats-
anwaltliche Durchsuchung. Es wurden Papiere gefunden, in denen
es hieß, Plantard sei der «wahre König Frankreichs».

Eine erfundene Geschichte

Was folgte, war eine Erklärung Plantards unter Eid, er habe sich die ganze Geschichte nur ausgedacht. Zwei Jahre zuvor war Dan Browns *Sakrileg* erschienen, wodurch das Interesse an den Thesen wieder neu entfacht worden war. Es war leicht zu erkennen, welches Buch Brown als Grundlage für seinen Roman gewählt hatte, zumal er Anspielungen auf den Titel sowie das Geschehen über die gesamte Romanhandlung verteilt hat. Als Baigent und Leigh in London vor Gericht zogen, um Dan Brown als Plagiator zu verklagen – Lincoln hatte sich der Klage aus gesundheitlichen Gründen nicht angeschlossen –, gaben sie selbst zu, dass ihr eigenes Werk gewissermaßen auf Fiktion basierte. Die Klage, deren Scheitern vorauszusehen war, brachte das Buch erneut in die Schlagzeilen und erwies sich damit als verkaufsfördernd. Es ist seit einigen Jahren hinlänglich bekannt, dass Lincoln, Baigent und Leigh Pierre Plantard aufgesessen sind. Man mag ihnen den Vorwurf machen, dass sie es versäumt haben, die Vorgeschichte des angeblichen Merowingers zu durchleuchten oder Plantard zumindest in Gesprächen genügend auf den Zahn zu fühlen. Ob es Mangel an journalistischer Sorgfalt war oder ob es bewusst unterlassen wurde, um der verkaufsträchtigen Geschichte nicht ihren Protagonisten zu nehmen, sei dahingestellt. Wir können dies nicht beurteilen.

Die Hypothese

Andererseits ist es unbestreitbar das Verdienst von Baigent, Leigh und Lincoln, dieses Thema überhaupt einer großen Öffentlichkeit nähergebracht zu haben. Es stimmt, dass die drei Autoren den Inhalt ihres Buches als Hypothese bezeichneten: Ihnen zufolge fanden Maria Magdalena, ihr Nachwuchs und weitere Angehörige nach der Flucht aus dem Heiligen Land Zuflucht im Süden Galliens, bei einer dort ansässigen jüdischen Gemeinde. Im 5. Jahrhundert hätten sich die Nachfahren von Maria Magdalena und Jesus mit der führenden Familie der Franken verbunden und die Dynastie der Merowinger begründet. Die inzwischen etablierte christliche Kirche sei darüber im Bilde und dennoch an der Ermordung des Merowingerkönigs Dagobert II. beteiligt gewesen, die den Karolingern den Weg an die Macht ermöglichte.

Ein wahrer Kern? Ein Dokument, das die Grundfesten des Glaubens erschüttert

Die drei Autoren Baigent, Leigh und Lincoln standen auch in Kontakt mit einem britischen Geistlichen, Dr. Douglas Bartlett, der ihnen von seinem Kollegen, dem Reverend Alfred Lilley, berichtet hatte. Jener galt als Experte für das mittelalterliche Frankreich und war Ende des 19. Jahrhunderts von einem seiner Ex-Studenten nach Saint Sulpice in Paris eingeladen worden, um sich besondere Schriftstücke anzuschauen. Aus einem der Dokumente sei hervorgegangen, dass Jesus im Jahr 45 noch am Leben gewesen sein. Dr. Bartlett vermutete, dass die katholische Kirche dafür gesorgt habe, die Schriften zu vernichten, oder dass der Vatikan sie in ein Geheimarchiv bringen ließ. Reverend Lilley habe später mit der katholischen Lehre gehadert und seinen Glauben an die Evangelien verloren, so wurde den Autoren berichtet.

EIN BUCH UND SEINE ERBEN

Briten haben vermutlich ein besonderes Faible für Verschwörungsstories. Als nun die BBC-Produktion ausgestrahlt wurde, für die die drei Autoren gemeinsam mit Gérard de Séde das Material zusammengestellt hatten, erlebte der Fernsehbeitrag eine enorme Resonanz. 1982 erschien das Buch zur Sendung unter dem Titel *The Holy Blood and the Holy Grail*, 1984 in deutscher Übersetzung als *Der Heilige Gral und seine Erben*. Der Tourismus im Languedoc profitierte deutlich von dem internationalen Bucherfolg, denn die Autoren hatten in ihrer Studie die Theorie aufgeworfen, in Rennes-le-Château seien Dokumente gefunden worden, die Hinweise auf Nachfahren Jesu enthielten. Zunächst kamen Reisende aus Großbritannien, später

185

auch aus anderen Ländern an den Pyrenäenrand, um vor Ort mit eigenen Augen zu sehen, dass das geheimnisvolle Dorf mit seinen noch geheimnisvolleren Gebäuden tatsächlich existiert. Und sie standen leibhaftig vor den Gräbern des mysteriösen Landpfarrers Bérenger Saunière und seiner Haushälterin Marie Dénarnaud.

Für einige der Reisenden war der Besuch des Ortes der Höhepunkt ihrer Beschäftigung mit dem Thema. Für andere erst der Anfang, denn im Dorf selbst wurden sie mit anderen Geheimnissen und Mysterien konfrontiert, die noch spannender waren.

Kapitel 7

Das Mysterium von Rennes-le-Château: Indizien für die geheimnisvolle Blutlinie?

ir könnten es an dieser Stelle mit dem Geheimnis von Rennes-le-Château bewenden lassen. Da wir aber selbst auch Verschwörungsgeschichten und Geheimnisse lieben und mittlerweile stark annehmen, dass die ganze Sache deutlich mehr Substanz hat, als wir zunächst glaubten, wollen wir doch noch etwas tiefer in das Geschehen einsteigen.

ABBÉ BÉRENGER SAUNIÈRE, ENTDECKER DES GRALSGEHEIMNISSES?

DIE ENTDECKUNG

Rennes-le-Château liegt nicht weit von Montségur entfernt. Hier nahm im Jahr 1887 die Geschichte ihren Anfang, die noch heute Schriftsteller, Forscher, Verschwörungstheoretiker, Esoteriker oder Kultplatztouristen gleichermaßen fasziniert.

Es ist der 1. Juni des Jahres 1885. Ein neuer Pfarrer tritt seinen Dienst an. Sein Name ist Bérenger Saunière. Er kommt in ein ziemlich heruntergekommenes Dorf mit einer über 800 Jahre alten Kirche und einem Pfarrhaus, die sich in einem verwahrlosten Zustand befinden. Mit bescheidenen Mitteln beginnt er die Gebäude zu renovieren. Einige Leute aus dem Dorf helfen ihm dabei. So auch Antoine Captier, der nebenbei als Glöckner und Küster für den Pfarrer arbeitet. Er macht eines Tages, im dritten Amtsjahr des Priesters, eine sonderbare Entdeckung, als ein Stützpfeiler verschoben werden soll. Der Pfeiler ist von innen hohl und enthält alte, rätselhafte Schriftstücke. Der Abbé erkennt, dass sein Helfer hier etwas gefunden hat, das einer eingehenden Begutachtung bedarf, und schickt die Männer nach Hause. Es stimmt also, es gibt die geheimnisvollen, versteckten Schriften, von denen einige seiner priesterlichen Amtskollegen nur hinter vorgehaltener Hand tuscheln, weil sie kein Lebender der damaligen Zeit je zu sehen bekommen hat. Saunière stammt aus der Region, aus einem benachbarten Dorf, und kennt die uralten Legenden von Maria Magdalena und Jesus – von ihren Gräbern, ihren Kindern und deren Nachkommenschaft, die in das Geschlecht der Merowinger aufgegangen sein soll. Und er hat Kenntnis von den Geschichten um materielle Schätze, die irgendwo in der Nähe an geheimen Plätzen versteckt sein sollen.

Er weiß, dass Rennes-le-Château im Mittelpunkt der Legenden steht und dass es dort etwas ganz Großes zu entdecken gibt. Ist jetzt der große Augenblick gekommen? Taucht jetzt der Schatz von Rennes-le-Château aus dem Verborgenen auf?

PAPIERE IN GLAS

Dass im Jahr 1886 bei Reparaturarbeiten an der Pfarrkirche tatsächlich etwas sehr Außergewöhnliches gefunden worden ist, steht wohl außer Frage, da sind sich zahlreiche Autoren, die sich im Laufe der Jahre mit dem Thema beschäftigt haben, einig. Allerdings hat keiner von ihnen bisher unzweifelhaft sagen können, *was* denn nun genau entdeckt worden ist. Erklärungsversuche und Spekulationen gibt es jedoch zu Hauf. Antoine Captier, der Mann, der in der Kirchensäule einen Behälter aus Glas gefunden hatte, in dem vergilbte Papiere steckten, berichtete noch seinen Nachfahren davon, dass der Geistliche sich intensiv mit den seltsamen Texten, die da aufgetaucht waren, beschäftigt und darin eine codierte Botschaft aus einer vergangenen Zeit vermutet habe. Der Bischof von Carcassonne, an den sich Saunière wandte, riet diesem, sich mit einem jungen Priesterschüler am Seminar von St. Sulpice in Paris zusammenzusetzen, der als Experte auf dem Gebiet der Geheimschriften galt. Es heißt, dieser junge Mann namens Émile Hoffet habe tatsächlich das Dokument dechiffrieren können. Jedoch wurde nichts über dessen Inhalt öffentlich bekannt. Eine der Schriften soll allerdings gelautet haben: »Dieser Schatz gehört König Dagobert II. sowie Zion und er ist hier tot/ er ist der Tod«. Es waren Männer der Kirche, die eine Hand auf den Schriftstücken hatten, und Priester müssen schon von Berufs wegen verschwiegen sein. Der britische Reverend Lilley, den wir in Zusammenhang mit Lincoln, Baigent und Leigh schon erwähnt haben und der vermutlich eines oder mehrere der Dokumente gesehen hatte, muss nach der Lektüre zumindest so aufgewühlt gewesen sein, dass er fortan mit seinem Glauben an die Evangelien haderte.

LUXUS FÜR DEN PFARRER

Es fiel bald nach Saunières Rückkehr aus Paris auf, dass der Priester des Öfteren prominenten Besuch in seinem bescheidenen Pfarrhaus empfing. Plötzlich tauchten Politiker, Künstler oder Adelige in dem Dörfchen auf, unter ihnen der französische Kultusminister und der Cousin des österreichischen Kaisers, Johann Salvator von Habsburg. Die Bewohner von Rennes-le-Château mögen sich verwundert die Augen gerieben haben, als plötzlich mehr oder weniger wichtige Fremde den Dorfhügel erklommen. Was sie aber noch mehr in Erstaunen versetzte, war der bereits erwähnte rasant wachsende Reichtum des einfachen Priesters Saunière. Bald schon hatte er sich ein neues Landhaus mit viel Luxus, die Villa Béthanie, bauen lassen. Ein Aussichtsturm mit Bibliothek und Arbeitszimmer, Tour Magdala genannt, war ein weiteres äußeres Zeichen seines neuen Wohlstands.

Aber auch das Dorf partizipierte vom plötzlichen Geldfluss. Der Pfarrer investierte nicht nur in den Umbau der Kirche, er förderte auch gemeinnützige Einrichtungen und den Straßenbau in Rennes-le-Château. Vieles daran war sonderbar. Plötzlich gab es seltsame neue Inschriften an den Wänden der Kirche, auch bunte Malereien und eine Teufelsstatue, die noch immer das Weihwasserbecken trägt.

Niemand verstand außerdem, weshalb der Priester plötzlich auf dem Friedhof Grabsteine versetzen ließ. Als er dort einen Stein der 1781 im örtlichen Schloss gestorbenen Marquise d'Hautpoul de Blanchefort entfernte, beschwerte sich einer ihrer Nachfahren erfolglos beim Bürgermeister.

Als der Nachfolger des inzwischen verstorbenen Bischofs, den der Dorfpriester über seinen Fund informiert hatte, Auskunft über die Herkunft von Saunières Reichtum verlangte, glaubte man zunächst daran, dass der neureiche Priester einen schwungvollen Messehandel betrieb (was durchaus üblich und gestattet war, wenn man die Messen auch wirklich abhielt). Tatsächlich war bekannt, dass Saunière entsprechende Priesterdienste in Zeitungen bewarb: In mindestens vier religiösen Zeitschriften hatte er Messen angeboten und zwischen 1896 und 1915 Geld für rund 100 000 gelesene Messen überwiesen bekommen, von denen er jährlich rein zeitlich betrachtet nur einige hundert hätte lesen können. Nachdem sein Bischof den Verdacht hegte, dass Saunière Geld für nicht gelesene Messen kassiert hatte, behauptete der Beschuldigte, einen Schatz gefunden zu haben, der ihn reich gemacht habe. Es kam zu einer Anklage und einem Prozess, den der Pfarrer verlor. Im Jahr 1911 wurde Saunière von seinem Amt suspendiert. Von höchster Stelle, nämlich dem Vatikan, wurde die Entlassung dann jedoch wieder rückgängig gemacht. Stattdessen legte man Saunière eine Bußpilgerfahrt nach Lourdes auf. 1915 trat der Priester in den Ruhestand.

Zwei Jahre später starb Saunière im Alter von knapp 65 Jahren an den Folgen eines Herzinfarktes. René Descadeillas, ein Journalist und Historiker, recherchierte bezüglich des Reichtums des Abbés nicht lange nach dessen Tod und stellte fest: »Handel mit Messen? Den räumte er ein. Die Sache steht außer Zweifel, doch dieser Handel, so beträchtlich er auch gewesen sein mag, verschaffte ihm nicht die notwendigen Beträge für die Errichtung solcher Gebäude bei einem gleichzeitig so großzügigen Lebensstil. Deshalb muss es noch etwas anderes gegeben haben.«

Über die Herkunft von Saunières sagenhaftem Reichtum wird heute noch spekuliert. Es war bekannt, dass der Priester eine ausgeprägte monarchistische Gesinnung hatte, antirepublikanische Vorträge hielt und von Mitgliedern hochadeliger Familien gesponsert wurde. Da war zum Beispiel die Comtesse de Chambord. Sie war mit einem Enkel Charles X. verheiratet, der von 1824 bis 1830 französischer König gewesen war. Saunière war seit jungen Jahren, seit seiner Studentenzeit in Narbonne, mit der Comtesse befreundet und soll von ihr jahrelang finanziell unterstützt worden sein. Der Wissenschaftler Filip Coppens erwähnt in seinen Aufzeichnungen, dass Saunière nicht der Einzige war, der von der Comtesse Geld bekam. Ein anderer Dorfpfarrer namens Louis de Coma aus Le Boulou wurde ebenfalls finanziell unterstützt. Auch er war Pfarrer an einer Kirche, die Maria Magdalena geweiht war. Sein Anwesen nannte er Gethsémané. Als Saunières Geschichte in den 1950er-Jahren große Bekanntheit erlangte, ordnete der Bischof von Pamiers die Vernichtung sämtlicher Aufzeichnungen de Comas an. Und damit wären wir bei dem Rätsel um die seltsamen südfranzösischen Gottesmänner angelangt.

DIE TOTEN PRIESTER

Damals waren schon verschiedene Gerüchte über den plötzlich so reich gewordenen Saunière, sein vermeintliches Verhältnis zu seiner langjährigen Haushälterin Marie Dénarnaud und den sagenhaften Kirchenfund im Umlauf. Diese wurden allerdings die durch einige mysteriöse Todesfälle im Umfeld noch angeheizt.

Der erste Tote hieß Antoine Gélis. Er war der Pfarrer des Nachbarortes Coustaussa und mit Saunière befreundet. Der nie gefasste Täter hatte ihn mit einem Schürhaken erschlagen und einige Schriftstücke mitgenommen. Eine kostbare Goldmünze, die gut sichtbar auf einer Kommode lag, ließ er hingegen zurück, auch wurde kein Bargeld gestohlen. Da man am Tatort Reste der gleichen Zigarettenmarke fand, die auch Saunière rauchte, geriet dieser schnell in Verdacht, den Kollegen getötet zu haben – zumal er davon sprach, Gélis einige wichtige Papiere übergeben zu haben.

Gélis war durch vier Schläge auf den Kopf getötet worden. Der oder die Täter hatten lediglich eine Tasche mit Dokumenten geöffnet und durchwühlt. Dann hatte man den Toten in die Mitte des Raumes gelegt und seine Hände über der Brust gefaltet. Auf einem der Zigarettenpapierchen der Marke Tzar standen die Worte »Viva Angélina« geschrieben. Der Ermordete muss seinen Täter gekannt und ihm vertraut haben, denn die Eingangstür war nicht beschädigt. Später wurde Gèlis' Neffe der Tat angeklagt, einige Zeit später jedoch wieder aus der Haft entlassen, da er nachweisen konnte, am Tag der Tat nicht in der Region gewesen zu sein. Und auch Saunière wurde nicht weiter belastet, da Marie Dénarnaud angab, dass der Priester zur Tatzeit im Pfarrhaus gewesen sei.

Einige Jahre später wurde der Geistliche eines weiteren Nachbarortes, Abbé Rescanières, in seinem Pfarrhaus erschossen aufgefunden. Er war der Nachfolger von Pfarrer Jean-Jacques Henri Boudet in Rennes-les-Bains, der ähnlich wie Saunière auf unerklärliche Art reich geworden war und als dessen Freund und Mitwisser galt. Rescanières war gerade dabei gewesen, in bischöflichem Auftrag den Lebenswandel seines Amtsvorgängers zu untersuchen. Abermals geriet Saunière in Verdacht, abermals gab ihm seine Haushälterin ein Alibi.

ABBÉ JEAN-JACQUES HENRI BOUDET, DER GEHEIMNISTRÄGER

Im Jahr 1872 war der soeben erwähnte Abbé Jean-Jacques Henri Boudet Nachfolger des Pfarrers Jean Vié in Rennes-les-Bains geworden. Neben seiner priesterlichen Arbeit widmete er sich dem Schreiben. 1886 veröffentlichte er das Buch *La vraie langue celtique et le cromleck de Rennes-les-Bains*, (auf Deutsch als *Die wahre Sprache der Kelten und der Kromleck von Rennes-les-Bains* im Jahr 2007 neu aufgelegt), fünf Jahre später folgte *Lazare, veni foras!* (Lazarus, komm heraus). Im März 1915, knapp ein Jahr nach Boudets Eintritt in den Ruhestand, starb er an einem Hirnschlag. Er hatte oft in Kontakt mit Bérenger Saunière gestanden. Es ist nie ganz klar geworden, welche

Bildtafel 25. Bérenger Saunière, 1852–1917

Bildtafel 26. Bérenger Saunière vor dem Portal seiner Kirche in Rennes-le-Château

Bildtafel 27. Die Kirche Saint Sulpice in Paris

Bildtafel 28.
Der Magdalenenturm

Bildtafel 29.
Blick auf die Villa Béthanie

Oben: Bildtafel 30. Teufelsfigur, die in der Kirche Sainte Marie-Madelaine
von Rennes-le-Château das Weihwasserbecken trägt

Rechts: Bildtafel 31. Statue Maria Magdalenas in Saunières Kirche

Ste MADELEINE

A MOI ... VOUS TOUS QUI SOUFFLEZ

Bildtafel 32. Fresko in der Kirche Sainte Marie-Madelaine

QUI   ETES   ACCABLES   ET JE VOUS SOULA

Bildtafel 33. *Nicolas Poussin,* Les Bergers d'Arcadie
(Die Hirten von Arkadien), 1638

Bildtafel 34. *Guercino*, Et in arcadia ego,
(*Auch ich in Arkadien*), *zwischen* 1618 *und* 1622

Bildtafel 35. Blanche de Castille auf einem Gemälde von
Joseph-Marie Vien

Rolle er in der wundersamen Rennes-le-Château-Geschichte gespielt hatte. Möglicherweise sogar eine größere als der heute berühmtere Abbé Saunière. Zumindest sind einige Autoren, die sich intensiver mit seiner Person beschäftigt haben, dieser Auffassung. In der Rennes-le-Château-Forschung rückte er zuletzt immer mehr in den Focus und es tauchten neue Fragen auf. Unter anderem sind Kontobücher erhalten geblieben, die für die Zeit zwischen 1891 und 1893 und zwischen 1895 und 1901 Überweisungen belegen, deren Empfängerin Saunières Haushälterin Marie Dénarnaud war, und zwar in einer Gesamthöhe von 3 679 431 Francs in Gold. Wofür war das Geld bestimmt? Darauf weiß niemand eine konkrete Antwort. Hier wäre noch einiges an Forschungsarbeit zu leisten. Boudet, der neben seiner Muttersprache Griechisch, Englisch, Lateinisch und auch Alt(angel-)sächsisch beherrschte, fiel durch ein manchmal eigenartiges Verhalten auf. So veränderte er den Grabstein seines Vorgängers Abbé Jean Vié, indem er das Todesdatum änderte. Warum tat er das?

Der Friedhof seiner Gemeinde hat noch ein weiteres Kuriosum zu bieten. Hier liegt nämlich eine Person gleich zweimal begraben, der Graf Paul-Urbain de Fleury. Zweimal? Ja, und seine zwei Grabsteine erregten die Aufmerksamkeit von Entschlüsselungsfans, denn sie bergen möglicherweise ein Buchstabenrätsel, das bislang allerdings noch nicht entziffert worden ist. Auch der Graf scheint in die Geschichte verstrickt zu sein, vielleicht in Zusammenhang mit dem Abbé Vié, denn dieser soll das große Geheimnis gekannt haben, das die Adelsfamilie Blanchefort auf dem Schloss betraf und das wir später noch näher betrachten werden. Auch von Viés Lehrer, Abbé Émile-François Cayron, heißt es, er habe darüber Bescheid gewusst. Wir sind den verschiedenen Hinweisen, die sich zu diesem Thema im Internet finden lassen, nachgegangen, können hier jedoch keine plausiblen Informationen liefern. Auch haben wir Baudets Bücher gelesen, deren Botschaften sich uns allerdings nicht erschlossen haben. Seien wir also gespannt auf kommende Forschungsergebnisse. Auf Hinweise auf ein Geheimnis der Blancheforts stoßen Sie hier in unserem Buch an verschiedenen Stellen.

VERSCHLÜSSELTE BOTSCHAFTEN

Was Boudets erstes Buch betrifft, wird auch hier Sonderbares berichtet: Die noch vorhandenen Exemplare aus dem Jahr 1886 geben als Verlag François Pomiès an, den es allerdings schon seit 1880 nicht mehr gab. Von dem Werk wird gesagt, dass der Autor es in einer kryptischen Verschlüsselung geschrieben habe. Er selbst sprach in seinem Vorwort davon, dass man »... durch die Interpretation eines in einer fremden Sprache gebildeten Namens in das Geheimnis einer lokalen Geschichte« eindringen könne. Das Buch erschien zunächst in einer Auflage von 500 Exemplaren. Unzufrieden mit dem Ergebnis überarbeitete der Verfasser es und gab eine neue Version bei der Druckerei Bonnafous in Carcassonne in Auftrag, das erklärt das »Rätsel« der Nennung des nicht mehr existierenden Verlages. Der Pfarrer finanzierte den Druck aus eigenen Mitteln. Er muss also, ähnlich wie später Bérenger Saunière, beachtliche Finanzen besessen haben, deren Herkunft niemand erklären konnte. Dass der Autor so viel Wert auf die Veröffentlichung seiner Schrift legte, könnte ein Indiz dafür sein, dass in diesem Buch mehr steckt als nur Sprach- und Heimatkundliches. Als es fertig war, verkaufte sich das Buch 98 mal. 100 Exemplare gingen an Bibliotheken, 200 Stück verschenkte der Priester an Freunde und interessierte Priester. Zwei Bücher wurden auch nach England geschickt: Eines fand Eingang in die Bibliothek der Oxforder Universität, wo man es sich heute noch anschauen kann, das andere erhielt die damalige Königin Victoria. Dass die Queen das Werk auch gelesen hat, beweist die Tatsache, dass sie dem Verfasser persönliche Glückwünsche übermitteln ließ. Der Rest der Auflage wurde auf Anordnung des Bischofs vernichtet.

Boudets zweites Buch, *Lazare, veni foras!*, von dem heute ebenfalls nur noch wenige Exemplare erhalten sind, erweckte den Zorn des dem Autor vorgesetzten Bischofs, welcher den Vertrieb sofort nach Erscheinen des Bandes stoppen ließ – hatte der Pfarrer es doch gewagt zu behaupten, die Geschichte des vom Tode auferweckten Lazarus habe sich nicht im Heiligen Land, sondern in Südfrankreich abgespielt.

Als Henri Boudet starb, war kurz zuvor der Mord an seinem Nachfolger als Pfarrer von Rennes-les-Bains, Abbé Rescanières, geschehen. Dieser war bekanntlich vom Bischof damit beauftragt worden, herauszufinden, wie Boudet zu so viel Geld gekommen sei. Kurz bevor er selbst starb, hatte Boudet dem Bischof geschrieben, dass er Licht in das Dunkel um den Tod Rescanières bringen könne. Dazu kam es jedoch nicht mehr. In der Nacht vor seinem Lebensende hatte Bérenger Saunière Boudet besucht und ihm die Beichte abgenommen.

NOËL CORBU – DER PR-MANN DES GEHEIMNISSES VON RENNES-LE-CHÂTEAU

Noël Corbu, der Saunières Anwesen bekanntlich von Marie Dénarnaud erworben hatte, besaß Erfahrungen als Krimiautor und Gespür für eine gute Story. Und diese hier war gut, verdammt gut. Als Corbu sein Manuskript über den Mythos von Rennes-le-Château an die örtliche Zeitung gab, machte er kein Hehl daraus, dass er glaubte, Saunière habe tatsächlich den Heiligen Gral in seiner Kirche gefunden. Böse Zungen unterstellten ihm schnell, er behaupte dies nur aus geschäftlichen Gründen, nämlich um Gäste in die Villa Béthanie zu locken, in der er 1950 ein Hotel eröffnet hatte.

Tatsächlich hatte Corbu in der Lokalpresse einen Artikel veröffentlicht, in dem zu lesen war, dass der Erbauer der Villa Béthanie, also seines jetzigen Hotels, einen Schatz gefunden habe, vermutlich den von Blanche de Castille, der Gattin des französischen Königs Louis VIII. Noël Corbu besprach ein Tonband, das den Gästen bei einer Führung durch Hotel und Turm vorgespielt wurde.

Noël Corbu lebte zu dieser Zeit mit der in das Geheimnis eingeweihten Marie Dénarnaud unter einem Dach, er sah und sprach sie täglich. Leider erlitt diese allerdings im Jahr 1950 einen Schlaganfall, der ihr Sprachzentrum zerstörte. Sie konnte Corbu nicht mehr, wie angekündigt, in die tiefen Details des Geheimnisses einweihen, die sie stets nur angedeutet hatte. Leider konnte sie sich auch nicht schriftlich äußern, weil sie Analphabetin war. Darauf wies der Bürgermeister von Rennes-le-Château, Jean-François L'Huillier, in einem Interview mit *La Dépêche du Midi* im Jahr 2006 hin. Und auch Noël Corbu konnte das, was er wusste, der Nachwelt nicht mehr mitteilen, denn auch er kam auf geheimnisvolle Weise ums Leben: Eines Tages überrollte ein schwerer Lastwagen das Auto, in dem er saß. Der Unfallverursacher beging Fahrerflucht und wurde nie ermittelt.

Corbus Tochter heiratete Antoine Captier, den Enkel von jenem Antoine Captier, der für Saunières Messen die Glocken geläutet und die berühmten Dokumente in der Kirche gefunden hatte. Das Paar betätigte sich später schriftstellerisch zum Thema und verwendete dabei Schriftstücke, die es nach dem Tod Corbus geerbt hatte. Im Internet (auf Youtube, unter »Bloodline Captier«) kann man sich ein interessantes Video anschauen, auf dem das Ehepaar zu sehen ist. Antoine Captier präsentiert darin die beschädigte Säule und zeigt, an welcher Stelle die Dokumente in ihrem Glasbehälter darin gesteckt haben. Auch berichtet er, was ihm sein Großvater über den Fund erzählte und dass der Pfarrer die Leute im Dorf ziemlich gegen sich aufgebracht habe, weil er am Friedhof Veränderungen vornahm, indem er Grabstätten versetzte, um an ihren ursprünglichen Standorten zu graben. Auch im Inneren der Kirche suchte er. »Die Pläne haben wir noch«, sagt Captier, »er hob den gesamten Kirchenfußboden an. Vermutlich suchte er das Herrengrab, das in einem alten Pfarrregister genannt wird.« Die Eheleute glauben, dass er es gefunden hat, sowie an die Existenz einer geheimen Krypta unter der Kirche, denn sie sind im Besitz von Saunières Tagebuch aus den Jahren 1891 und 1892, in dem er für den 21. September 1892 den Fund eines Grabes vermerkt hat. Die Captiers sind überzeugt davon, dass der Pfarrer Gold gefunden hat. Entweder in dem besagten Grab oder anderswo. Auch muss ihrer Meinung nach etwas Besonderes im Zusammenhang mit den entdeckten Dokumenten gestanden haben, denn warum sonst seien so viele prominente und wichtige Leute

196

nach Rennes-le-Château gekommen? Aber auch die Captiers können das Rätsel nicht lösen, obwohl sie über 1 000 Schriftstücke aus dem Nachlass des Priesters besitzen, allein 400 Briefe, die dieser geschrieben hat. »Aber Marie Dénarnaud wird die wichtigsten verbrannt haben«, vermutet Antoine Captier.

Der Verfasser des Buches *Die Wächter des Heiligen Gral*, Franjo Terhart, hat Antoine Captier in Rennes-le-Château besucht und ihn gefragt, was denn Abbé Saunière am meisten interessiert habe. Seine Antwort lautete: »Das ist ganz leicht für mich zu sagen, weil der Abbé daraus niemals einen Hehl gemacht hat. Wir alle wussten, dass er Freimaurer war. Er zelebrierte den Schottischen Ritus, der sich direkt auf die Geheimlehre der Templer bezieht. Zum anderen galt seine ganze Liebe Maria Magdalena, für die er die Kirche so schön wie möglich herrichten wollte.« Franjo Terhart hatte beim Besuch der Kirche direkte Bezüge zur Freimaurerei entdeckt und schreibt, dass auch der Künstler, der den Kreuzweg in der Kirche geschaffen hatte, ein Freimaurer gewesen sein muss.

GOLD IN DER ERDE

Das Hotel, das Monsieur Corbu in der von Saunière erbauten Villa Béthanie eröffnet hatte, lief schlecht. Die schöne Landschaft allein reichte nicht aus, um Gäste in das infrastrukturell schlecht erschlossene Rennes-le-Château zu locken.

Laut Corbu habe Saunière, wie gesagt, den Schatz der kastilischen Königstochter und Gattin Louis VIII. Blanche de Castille gefunden, der den mittellosen Pfarrer mit einem Schlag zum mehrfachen Millionär gemacht habe. Auch habe Marie Dénarnaud ihm anvertraut, dass in Rennes-le-Château noch viel weiteres Gold in der Erde verborgen liege. Der Hotelier erhoffte sich von dieser Geschichte verständlicherweise eine Ankurbelung des Tourismus, denn sein Hotel brauchte dringend Gäste. Ob ihm die Schatzsucher, die nun anreisten, ebenso willkommen waren wie die Legenden- und Mythenforscher, ist nicht überliefert, wohl aber, dass er selbst zu graben begann.

Im Laufe der nächsten Jahre begannen sich immer mehr Menschen für das Dorf, seinen rätselhaften Pfarrer und die ihn umgebenden Menschen und Mythen zu interessieren. Eines der Rätsel, das sie dort erwartete, handelt von ebenjener Blanche de Castille. Sie hatte im 13. Jahrhundert gelebt und war die Mutter des französischen Königs Louis IX., dem man den Beinamen »der Heilige« gab, gewesen. Sie soll einen großen Schatz nach Rennes-le-Château gebracht haben. Dieser sei in einem unterirdischen Gewölbe versteckt worden, was den Männern, die damit beauftragt waren, zum Verhängnis wurde, so heißt es. Denn Blanche ließ sie, damit niemand etwas verraten konnte, gleich mit einmauern. Zumindest besagt dies die Legende. Ihre Tochter, Blanche de France, kam später ebenfalls in den Ort. Ihr Besuch schien einen eher positiven Eindruck hinterlassen zu haben, denn ihr zu Ehren trug seit jener Zeit die Burg den Namen »Blanchefort«. Dass es in der Region zahlreiche unterirdische Stollen gibt, ist erwiesen. Es liegt auf der Hand, dass bei Bekanntwerden des Reichtums von Saunière bald erzählt wurde, er habe den Schatz von Blanche de Castille gefunden. Stimmte das?

Reichtum durch Schweigegeld?

Nach heutigem Geldwert pumpte der Priester Millionen in die aus merowingischer Zeit stammende Kirche. Angeblich enthielten die in einem ihrer Stützpfeiler gefundenen Pergamente Geheimnisse von so gewaltiger Tragweite, dass sie manchen Leuten ein enormes Schweigegeld für den Pfarrer wert waren. Dieses dürfte dann nicht auf einmal, sondern in mehreren Raten geflossen sein – denn der Pfarrer zahlte in ebensolchen.

DIE PRIEURÉ DE SION

PLANTARD – DER ERFINDER DER PRIEURÉ

Während die Autoren, die in Rennes-le-Château vor Ort über das Geheimnis des Pfarrers schrieben und schreiben, sich auf das konzentrier(t)en, was dort vorzufinden war (Augenzeugenberichte, alte Akten und Aufzeichnungen), gab es einige hundert Kilometer entfernt jemanden, der behauptete, er kenne das Geheimnis Saunières und sei im Besitz der mysteriösen Urkunden, die dieser gefunden habe. Aus ihnen ginge hervor, dass er selbst, gäbe es eine königliche Thronfolge in Frankreich, Anspruch auf die Königswürde habe, da seine Ahnenlinie angeblich bis auf die Merowinger zurückgehe: Pierre Plantard. Natürlich passt es zu unserer bunten Geschichte, dass auch er ein Sonderling war, der sich nur schwer einordnen lässt. Und der auch vor Täuschung nicht zurückschreckte, denn die Urkunden, die er behördlich vorlegte, entpuppten sich bekanntlich als gefälscht.

Und die Figur Plantards ist aufs Engste mit der geheimnisumwobenen Prieuré de Sion verwoben.

DIE GRÜNDUNG DER PRIEURÉ IM JAHR 1956

Was steckte nun wirklich hinter dieser geheimen Bruderschaft? Als ordentlich eingetragener Verein existierte eine Prieuré de Sion in Frankreich von 1956 bis 1984. Zentrale Figur dieses Clubs, der nur aus einer Handvoll Mitgliedern bestand, war ihr Sekretär Pierre Plantard. In seiner Satzung hatte der Verein erklärt, dass er sich für billigen Wohnraum, die Verbesserung von Mietsituationen und die Förderung preiswerter Hotels einsetzen wolle. Der Verein war in der Stadt Saint-Julien-en-Genevois im Vereinsregister eingetragen und außerhalb des Ortes gibt es einen Berg namens Mont Sion, nach dem man sich benannte. Das französische Wort *prieuré* bedeutet übersetzt so viel wie »Priorat« oder auch »Kloster«.

Gefälschte Beweise

Pierre Plantard hatte zwei Haftstrafen wegen Betruges hinter sich und instrumentalisierte die Prieuré de Sion für die Veröffentlichung seines gefälschten Familienstammbaumes.

Seinen Dokumenten zufolge war die Prieuré de Sion von dem Kreuzritter Gottfried von Bouillon gegründet worden. Plantard entwarf seine Dossiers Secrets gemeinsam mit dem Autor, Schauspieler und Radiomoderator Philippe de Chérisey und gab sie 1967 als anonyme Schenkung an die Pariser Nationalbibliothek.

Das Logo der Prieuré de Sion

Zu diesen Dokumenten gehörten auch Landkarten, Wappen, Ahnentafeln und Zeitungsausschnitte sowie einige Pergamente. Die Ahnentafeln stammten angeblich von einem Pergament mit dem königlichen Siegel Blanche de Castilles, das in einem der vier Gefäße enthalten gewesen sei, die der Abbé Saunière in der Pfarrkirche von Rennes-le-Château gefunden haben soll.

Als im Jahr 1967 in Frankreich dann das Buch *L'Or de Rennes, ou La vie insolite de Bérenger Saunière, curé de Rennes-le-Château* erschien, machte dessen Autor Gérard de Sède ein größeres Publikum mit den vermeintlichen Entdeckungen bekannt, für die das Dorf heute noch berühmt ist. Wir werden die Dossiers Secrets später noch genauer betrachten.

DIE SCHILLERNDE PERSÖNLICHKEIT PIERRE PLANTARDS

Es ist schwer zu sagen, ob Plantard nur ein gewiefter Fälscher war, ein narzistischer Spinner oder ein Till Eulenspiegel. Vielleicht steckte von alledem etwas in ihm. Es lässt sich allerdings zweifelsfrei festhalten, dass er es mit der Wahrheit nicht allzu genau nahm. So beispielsweise, als er seinen Nachnamen eigenmächtig um ein »de Saint-Clair« erweiterte und sich dadurch vorgeblich mit einer der wichtigsten Dynastien des normannischen und schottischen Adels verband. Heute lokalisiert man die Sinclairs in Schottland, wo sie noch immer eine der einflussreichsten Familien darstellen. Seinen Ursprung hat der Name allerdings in der Stadt Saint-Clair-sur-Epte. Dort begann im Jahr 911 die Geschichte des Herzogtums Normandie. Der westfränkische König Karl der Einfältige trat vertraglich die Region um die Seinemündung an den Wikingeranführer Rollo ab. Mit William dem Eroberer gelangten die Saint Clairs im 11. Jahrhundert auf die Britischen Inseln.

Als Plantard 1920 als Sohn eines Gastwirtes und einer Haushälterin geboren wurde, konnte niemand ahnen, dass er später einmal Ansprüche auf die französische Krone erheben würde. Zunächst betätigte er sich politisch. Er gehörte zu einer Gruppe, die anfangs streng katholisch, dann monarchistisch und später erkennbar antisemitisch eingestellt war. Dann gründete er eigene Clubs wie den Alpha Galates, eine politisch rechts außen angesiedelte Mini-Organisation. Aus ihr ging später die Prieuré de Sion hervor. Vorher hatte sich ihr Gründer zunächst noch als Helfer de Gaulles aufzuspielen versucht, nämlich bei dessen Rückkehr an die Macht im Jahr 1958; er wurde jedoch von den Machthabern nicht wahrgenommen und hielt sich danach aus der Politik heraus. Bald entdeckte er allerdings ein neues Spielfeld.

Unter dem Siegel der Verschwiegenheit vertraute er einigen Leuten an, es gebe eine Geheimorganisation, die im Besitz von Informationen sei, die alles, was man bisher kannte, in den Schatten stellen würden. Und dabei gehe es um nichts Geringeres als um die moralische Erneuerung eines geeinigten Europas, das von einer Familie mit Ansprüchen auf die wichtigsten europäischen Throne regiert werden solle. Geschickt lieferte er das Garn, mit dem andere – Forscher, Journalisten, Schriftsteller – ein wirres Netz sponnen. Immer im Mittelpunkt standen dabei die Rätsel in und um Rennes-le-Château. Wie bereits erwähnt, schmuggelte man in die französische Nationalbibliothek nacheinander gefälschte Dokumente ein, die die Echtheit der Prieuré de Sion belegen und folgende Theorie untermauern sollten: Bérenger Saunière sei reich geworden, weil er ein großes Geheimnis gekannt habe. Es sei dabei um die Nachfahren der Merowingerkönige gegangen, die wiederum von Jesus abstammten. Einige der bedeutendsten Adelsfamilien gehörten zu diesen und wer von ihnen allen den ersten Anspruch auf den französischen Thron erheben könne, sei eben er selbst: Pierre Plantard.

Die Merowinger starben nämlich nicht im frühen Mittelalter aus, so wollen uns Plantard und seine spätere Gefolgschaft glauben machen. Ihr letzter offizieller König, Dagobert II., der als junger Mann ermordet wurde, hätte einen Sohn gehabt, den die Geschichtsbücher unterschlagen, so die Theorie. Dieser habe eine Tochter aus der Grafenfamilie von Razès, unweit von Rennes-le-Château, geheiratet. Die Merowingerlinie sei also fortgesetzt worden und Zweige davon hätten sich später unter anderem auch in Katalonien, in Lothringen, im Burgund und in der Normandie wiedergefunden, von wo aus sie nach Schottland gelangt seien. Gottfried von Bouillon, der Eroberer Jerusalems, soll ebenfalls zum erlauchten Kreis gehört haben. Gottfried war der Ahnherr der Habsburger. Verwandte mit Merowingerblut seien auch die Stuarts in Schottland gewesen. Und so habe es durch Heirat diverse Kreuz- und Querverbindungen des europäischen Hochadels gegeben – es würde den Rahmen dieses Buches sprengen, gingen wir hier im Detail weiter darauf ein. Die Stammtafel, so wurde geheimnisvoll erzählt, befinde sich – wir ahnen es – in Rennes-le-Château.

PLANTARDS MITSTREITER

Betrachten wir nun die beiden Personen näher, die durch ihre Veröffentlichungen bei der Verbreitung von Plantards selbstinszenierten Theorien eine Schlüsselrolle innehatten: Philippe de Chérisey und Gérard de Sède.

Philippe de Chérisey

Philippe de Chérisey war von altem nordfranzösischem Adel mit zwar nicht genealogischen, wohl aber möglicherweise beruflichen Querverbindungen zum Hause Habsburg; zumindest gibt es Hinweise darauf, dass sein Vater einige Zeit in dessen Diensten stand. De Chérisey zog es schon früh auf die Bühne und hinter das Mikrofon. Er arbeitete für das französische Radio als Humorist und tauchte auch auf der Filmleinwand auf. Es wird vermutet, dass er Anfang der 1960er-Jahre auf die Rennes-le-Château-Story aufmerksam geworden ist und zunächst den Plan hatte, sie für seine Radiosendung Canular téléphonique zu verwenden (er rief in dieser Sendung ahnungslose Menschen an und schnitt die Telefonate mit). Für viele Erforscher des Mysteriums gilt er heute als wesentlicher Erschaffer der ominösen Dossiers Secrets, die sich später in der französischen Nationalbibliothek wiederfanden. De Chérisey hatte erfahren, dass der Bürgermeister von Rennes-le-Château 1961 angeblich alle echten Dokumente von Saunière, die der Nachwelt überliefert worden waren, hatte vernichten lassen, und schuf vermutlich eigene neue. Er kannte Pierre Plantard, und mit dem Schriftsteller Gérard de Sède kam bald ein Dritter ins Spiel, dessen Buch *L'Or de Rennes ...*, das im November 1967 erschien, die vermeintlich spektakulären Thesen der drei einem größeren Publikum zugänglich machen sollte.

GÉRARD DE SÈDE

Gérard de Sède de Liéoux stammte aus einer monarchistisch-katholischen Familie, die in der Nähe von Toulouse, in Liéoux, ein Schloss besaß. Ursprünglich hatte er mit Vornamen Geraud geheißen, später aber das »U« gegen ein »R« ausgetauscht. Während des Zweiten Weltkrieges war er in der Résistance tätig gewesen, wo er auch seine spätere Frau Sophie kennengelernt hatte.

De Sède und Pierre Plantard arbeiteten damals eng zusammen, obwohl sie sehr unterschiedlich waren. Während Plantard aus einfachen Verhältnissen stammte und sich als bedeutender Adeliger ausgab, war de Sède tatsächlich blaublütig; seine Titel hatte er ordnungsgemäß geerbt. Sein Buch *Les templiers sont parmi nous, ou L'énigme de Gisors* (Die Templer sind unter uns oder das Rätsel von Gisors), in dessen Impressum Pierre Plantard als für die Grafiken Verantwortlicher genannt wird, war ein ziemlicher Erfolg und weckte so manchen

Schatzsucherinstinkt. De Sède erzählt darin von Roger Lhomoy, der auf de Sèdes kleinem Landgut gearbeitet und ihm an diversen Abenden von seiner Zeit als Museumswärter auf der Burg Gisors berichtet habe. In seiner Freizeit, meistens nachts, habe Lhomoy mit Erlaubnis der Burgverwaltung unterhalb der Burg gegraben und irgendwann einen kappellenartigen Raum entdeckt, in dem sich ein unermesslicher Schatz befunden haben soll. Leider sei es ihm nicht möglich gewesen, noch einmal dorthin zu gelangen, und die Offiziellen, die später seinen Angaben folgend ebenfalls dort gruben, hätten das Vorhaben aufgegeben, weil sie befürchteten, die Burg könne einstürzen. Wie so oft, rief auch das Erscheinen von *Les templiers sont parmi nous, ou L'énigme de Gisors* allerlei Wünschelrutengänger und ungebetene Schatzgräber auf den Plan. Es wurde so wild, dass die Regierung Soldaten schickte, die das Burggelände hermetisch abriegelten. Da nimmt es nicht weiter Wunder, dass daraufhin das Gerücht aufkam, die Armee habe den Schatz bei Nacht und Nebel geborgen und in die Obhut des französischen Staates gebracht.

Plantard hatte, wie bereits erwähnt, für das Buch von de Sède einige Zeichnungen erstellt und den Autor in seine eigene Geschichte eingeweiht. Diese passte optimal zu de Sèdes erstem Werk. Beide ergänzten sich ideal. Hätte man zuvor Plantard noch als Spinner übergehen können, war nun ein renommierter Erfolgsautor auf den Plan getreten, der dessen Geschichte gekonnt in geschriebene Worte fassen sollte.

Das Gold von Rennes

Die Leser von *Les templiers sont parmi nous ...* verlangten nach einer Fortsetzung des Buches und diese kam. Bei einem Ausflug vom Familienschloss über Carcassonne nach Rennes-le-Château lernte das Ehepaar de Sède die von Noël Corbu verbreitete Geschichte und den neuen Besitzer des Hotelrestaurants in der Villa Béthanie, Henri Buthion, kennen. Sophie de Sède, von der es heißt, dass sie bald darauf die ursprüngliche Idee zum Buch gehabt haben soll, hielt scheinbar nicht viel von Plantard, der mit ihrem Mann zusammenarbeitete.

Er brachte dem Paar allerdings Aufzeichnungen eines anderen Autors, nämlich Philippe de Chériseys, mit, die de Sède ist sein neues Buch einfließen ließ. Dieses erschien, wie bereits erwähnt, im Jahr 1967 unter dem Titel *L'Or de Rennes ...*, zwei Jahre bevor der britische Filmemacher Henry Lincoln auf das Thema aufmerksam wurde. Bereits 1970, nachdem sich Letzterer mehrfach mit Plantard getroffen hatte, sendete die BBC eine erste Dokumentation über Rennes-le-Château.

Die neuen Templer

De Sède ernannte die Prieuré de Sion zur Nachfolgeorganisation der Templer. Bei ihm tauchte dann auch das heute legendäre Bild von Nicolas Poussin *Les Bergers d'Arcadie* (Die Hirten von Arkadien), das im Louvre hängt, in Zusammenhang mit der Geschichte auf. Das Gemälde sei ein großes Bilderrätsel mit vielen verschlüsselten Botschaften, hieß es erstmals bei de Sède.

Und er schrieb über den Pfarrer von Rennes-le-Château, dass dieser nicht, wie man auch glaubte, das Templergold und -silber gefunden und damit seinen Reichtum begründet habe, sondern brisante Dokumente. Und damit er diese nicht an die Öffentlichkeit brachte, habe er ein hohes Schweigegeld kassiert. Aber Saunière habe der Nachwelt zumindest Hinweise auf das große Geheimnis hinterlassen wollen und deshalb seine Pfarrkirche so merkwürdig ausgestattet, mit lesbaren Zeugnissen für diejenigen, die imstande waren, sie zu deuten. Allerdings fehlen bei de Sède noch Hinweise auf eine Verbindung von Jesus und Maria Magdalena. Er deutet an, die Merowinger könnten von Außerirdischen abstammen. Hatte Plantard vergessen, ihm von seinen Urahnen zu erzählen?

1968 trennte sich das Ehepaar de Sède. Gérard arbeitete an weiteren Veröffentlichungen, die aber nicht so viel Aufmerksamkeit erlangten wie seine beiden ersten Werke. Er fokussierte sich auf die Katharer und die Geschichte Okzitaniens und lockte zumindest zahlreiche Touristen mit Hang zur Esoterik ins Land. Dann widmete sich neuen Buchprojekten, so zum Beispiel dem Werk *Le trésor maudit de Rennes-le-Château* (Der verfluchte Schatz von Rennes-le-Château), das im Jahr 1969 erschien und den Mythos in Frankreich endgültig bekannt machen sollte. Zu dessen Entstehungsgeschichte ist zu sagen, dass es heißt, Plantard sei mit einem umfangreichen Manuskript zu de Sède gekommen und habe diesen gebeten, es umzuarbeiten. Allerdings widerspricht dem de Sèdes Sohn; er sagt, seine Eltern hätten in den 1960er-Jahren Rennes-le-Château besucht, wo die Idee zu dem Buch entstanden sei.

Ohne de Sèdes zweifelloses Talent als Autor wäre vieles im Sande der Geschichte verlaufen und eine lokale Legende geblieben. De Sède war nicht dumm, im Gegenteil, und er besaß genügend historisches Wissen, mit dem er Plantard hätte entlarven können. Das sollte man jedenfalls eigentlich denken, aber genau wie es nach ihm den Verfassern von *Der Heilige Gral und seine Erben* gehen sollte, saß auch er der fantastisch anmutenden Geschichte Plantards auf.

DIE THEORIE VON LINCOLN, BAIGENT UND LEIGH

Obwohl es auch Lincoln, Baigent und Leigh bei den Recherchen zu ihrem Buch *Der heilige Gral und seine Erben* eigentlich nicht schwer gehabt haben dürften, Plantard auf die Schliche zu kommen, gingen sie ihm stattdessen ebenfalls auf den Leim. Vielleicht ignorierten sie auch einfach die ganz offensichtlichen Fakten, nämlich dass alles, was die Prieuré betraf, frei erfunden war. Ihre Theorie, dass Jesus mit Maria Magdalena verheiratet war, mit ihr Kinder zeugte und deren Nachfahren das Königsgeschlecht der Merowinger begründeten, stützt sich natürlich auf eine vor allem im Süden Frankreichs oft erzählte alte Legende. Die drei Verfasser verbanden in ihrem Werk also Plantards Fälschungen mit Überlieferungen und eigenen Schlussfolgerungen und setzten mit ihrem Buch einen Bestseller in die Welt.

Seriöse Historiker lehnten die Thesen des Autorentrios dagegen ab. Heute ist das Buch ein Musterbeispiel für Pseudowissenschaft und Verschwörungstheorie.

Eine der Theorien der Verfasser betraf das berühmte Gemälde von Nicolas Poussin *Les Bergers d'Arcadie* (Die Hirten von Arkadien). Ihnen zufolge zeigt es das echte Grab von Jesus und Maria Magdalena in der Nähe von Rennes-le-Château, das »Tombeau de Poussin« (Poussins Grab) genannt wurde und inzwischen nicht mehr existiert.

Nicolas Poussin schuf mit diesem Gemälde eines der geheimnisvollsten Bilder der Geschichte der Malerei. Viele Betrachter glauben, dass es eine Stelle unterhalb von Rennes-le-Château abbildet.

Es zeigt drei pausierende Hirten (siehe Bildtafel 33). Einer von ihnen setzt seinen Fuß auf eine Grabstele, die die lateinische Inschrift *Et in arcadia ego* (Auch ich [bin/war] in Arkadien) trägt. Es wurden Hinweise auf vergrabene Schätze in die Szenerie hineininterpretiert, diese betrafen insbesondere Sternbilder, eine geheimnisvolle Geometrie. Das dargestellte Gelände sei die Landschaft bei dem Weiler Les Pontils, hieß es. In den 1930er-Jahren hatte ein Amerikaner namens Louis B. Lawrence dieses Grundstück besessen und dort ein Grabmal für seine Ehefrau und seine Großmutter errichten lassen, das dem auf dem Gemälde glich – allerdings rund 300 Jahre nach der Entstehung von Poussins Werk ... Dennoch kam es nach den Veröffentlichungen in den 1970er- und 1980er-Jahren, die Poussins Bild und das Grabmal von Les Pontils mit dem Geheimnis von Rennes-le-Château in Zusammenhang brachten, immer wieder zu unerwünschten Besuchen von Schatzgräbern, sodass die heutigen Besitzer das Grab 1988 vollständig abtragen ließen.

REAKTIONEN

Im Folgeband auf ihren Bestseller, dem Buch *Das Vermächtnis des Messias*, deuten Lincoln & Co. erneut auf eine von Jesus abstammende Dynastie hin, stehen der Prieuré de Sion nun aber skeptischer gegenüber. Richard Leigh sagte später in einem Fernsehinterview, man habe nur Hypothesen liefern wollen, an deren Wahrheit man aber selbst nicht unbedingt glaube. Von den Schlussfolgerungen der Autoren distanzierte sich auch Pierre Plantard.

Dieser gilt heute ganz offiziell als Hochstapler, nachdem er sieben Jahre vor seinem Tod im Jahr 2000 bei einem richterlichen Verhör zugab, die Prieuré de Sion und die im Zusammenhang damit stehenden Behauptungen frei erfunden zu haben. Möglicherweise spielen Menschen wie Pierre Plantard, Gérard de Sède, Henry Lincoln, Michael Baigent, Richard Leigh und im weiteren Sinne auch Dan Brown der katholischen Kirche in die Hände. Durch vermeintlich betrügerische Aktionen (Plantard) oder einen fragwürdigen Umgang mit historischen Fakten machen sie sich einem anspruchsvolleren Publikum gegenüber unglaubwürdig. Es wird dann leicht, sie in die Ecke der Unseriösität zu stellen. Dass kirchennahe Publizisten dies gerne nutzen, um den gesamten Themenbereich zu diffamieren, bleibt natürlich nicht aus.

DER WAHRE KERN DER GESCHICHTEN UM RENNES-LE-CHÂTEAU UND WEITERE RÄTSEL

Doch selbst wenn wir Pierre Plantard als Scharlatan bezeichnen, der viele Menschen hinters Licht führte, sollten wir dennoch so fair sein und an dieser Stelle betonen, dass er nicht alle Einzelheiten seines großen Fantasiegebäudes erfunden hat. Alexandre Adler, der Gérard de Sède persönlich gekannt hat, schreibt in *Das Geheimnis der Templer*, dass Letzterer »... sich am Ende seiner literarischen Karriere von den Halbwahrheiten und Lügen Plantards überrumpelt fühlte.« Er vermutet, dass ihm diese zuvor nicht aufgefallen waren und beschreibt de Sède als von Grund auf ehrlich.

Adler berichtet in seinem Buch zudem von einer Gruppe von Leuten, die Plantard möglicherweise auch für ihre Zwecke benutzt haben könnten – also eine Art Geheimgesellschaft hinter der Geheimgesellschaft. Hier begegnet man Okkultisten, Mystikern und Esoterikern mit Verbindungen zum Seminar von Saint Sulpice, wo ja auch Saunière den Abbé Hoffet aufgesucht hatte und der Reverend Lilley so erschreckt wurde.

Wusste Plantard doch mehr?

Alexandre Adler wirft den Gedanken auf, dass Plantard von einem Mann namens Georges Monti, der Mitglied diverser Geheimgesellschaften war und 1937 mit Gift ermordet wurde, vieles über das Geheimnis von Rennes-le-Château erfahren haben könnte. Diese Information hatte er von de Sède. Aber woher dieser sein Wissen hatte, ob es auf konkreten Tatsachen beruhte oder ob es gar Schriftliches darüber gab, wusste auch Adler nicht. Plantard dürfte also durchaus in den 1950er-Jahren, als die Menschen in Rennes-le-Château im Umkreis von Noël Corbu zu reden anfingen und die Journalisten und Buchautoren ihre Stories witterten, viel mehr an Wissen besessen haben als die meisten anderen. Verständlich, dass Gérard de Sède auf ihn reagierte. Adler vermutet des Weiteren, dass die Liste mit den Namen der angeblichen Großmeister der Prieuré, die Lincoln, Baigent und Leigh sowie später Dan Brown benutzten, wenn sie nicht von Plantard erfunden wurde, dann von Georges Monti in Verbindung mit anderen Gruppen an diesen weitergegeben worden ist.

Man muss jedenfalls Plantards redaktionelle Leistung würdigen, denn er hat aus den ihm zugänglichen Bruchstücken des Wissens verschiedener Geheimniskrämer eine Geschichte gemacht, die in sich schlüssig wirkte. Die Großmeisternamen haben durchaus Bezug zum Thema und die historischen Zusammenhänge sind plausibel. Plantard und auch de Chérisey waren äußerst gut informiert. Allerdings war Plantard, als Georges Monti 1937 starb, erst 17 Jahre alt. Wir fragen uns also: Wieso sollte jemand aus der Spitze der Pariser Geheimgesellschaftsszene gerade einem unbedarften Jungspund solche Dinge anvertrauen? Gab es noch eine Zwischenstation?

Das Vermächtnis Saunières

Während sich die **Mehrheit der** Autoren durchaus einig ist, dass die Sache mit Pierre Plantard letztendlich als Schwindel eines Egomanen anzusehen ist, **wird es beim** Pfarrer Saunière schon schwierig. In seinem Fall sind **die Dinge,** die er hinterlassen hat, sichtbar: In Rennes-le-Château **stehen die** Villa Béthanie, der Magdalenenturm und die bizarre **Kirche.** Dort weht uns der Wind des Rätselhaften um die Nase. Die **moderne** Rennes-le-Château-Forschung sieht es als gesichert an, **dass der** Priester gut ein Vierteljahrhundert damit verbrachte, diese **Rätsel in** Materie, in steinerne Vermächtnisse, zu verwandeln. Er **war hochin**telligent und suchte die Gesellschaft Intellektueller, die sich **vom** Geheimnis anlocken ließen. Snobistisch war er sicher, **aber das** passte ins Bild. Er wusste genau, was er tat. Und er hatte lange **Zeit** die Rückendeckung seines Bischofs in Carcassonne, Monseigneur Billard, von dem nicht nur Alexandre Adler glaubt, dass er »... **ein** Verbündeter, vielleicht auch der Anstifter des Dorfpfarrers **war.«** Manch einer mag die nachweisbar nicht gelesenen aber bezahlten Messen als Grund für seinen spektakulären Reichtum betrachten, **wir** sind jedoch der Ansicht, dass diese nicht die einzige **Quelle dafür** gewesen sein können. Denn es floss immer noch Geld, als **der** Priester das Messegeschäft längst eingestellt hatte. Dieses **mag** für ihn zu Beginn sicherlich einen Zuverdienst bedeutet **haben,** doch in einer geringeren Größenordnung. Es dürfte sich **aber** zudem als Verschleierungsmethode angeboten haben.

Wie ist außerdem **der** Besuch von so illustren Gästen wie Ministern, Adeligen und der **berühmten** Sängerin Emma Calvé beim Abbé zu erklären? Sie werden wohl kaum nur wegen seiner Bauwerke und der schönen Aussicht gekommen sein. Und was war mit Erzherzog Johann Salvator von Österreich-Toskana, der sich später schlicht Johann Orth nannte? Während des Ersten Weltkrieges wurde der Pfarrer als möglicher Spion für Österreich oder Deutschland vom Geheimdienst überwacht, die Behörden wussten von den Kontakten Saunières zum Hause Habsburg.

Und es ist natürlich Fakt, dass es rund um Rennes-le-Château zahlreiche archäologische Funde aus der Zeit der Westgoten gegeben hat.

Man kann Saunière daher nicht mit Hochstaplern wie Pierre Plantard vergleichen.

Gezielte Suche

Bérenger Saunière hat den Mythos von Rennes-le-Château sicherlich sehr geschickt inszeniert. Man darf heute davon ausgehen, dass er durchaus wusste, dass der Ort, an dem er damals seinen neuen Arbeitsplatz angetreten hatte, mehrere Geheimnisse barg. Vielleicht gab er die Restaurierung der Kirche sogar nur vor, um gezielt nach Verborgenem suchen zu können. Manche Autoren vermuten, dass Saunière von einer Geheimgesellschaft damit beauftragt worden sei. Es liegt aber auch nahe anzunehmen, dass er von seinem Bruder Alfred Saunière, der, ebenfalls Priester, als Hauslehrer bei einer Familie namens Chefdebien angestellt war, einiges an Informationen erhalten hatte. Die Chefdebiens wiederum standen nämlich in engem Kontakt mit den d'Hautpouls.

Und hier nun treffen wir auf eine weitere Schlüsselfigur der Geschichte, einen Amtsvorgänger Saunières, den Abbé Bigou, der zu seiner Zeit zu beiden Familien gute Kontakte unterhalten hatte.

ABBÉ BIGOU – NOCH EIN GEHEIMNISTRÄGER

Antoine Bigou hatte im Jahr 1774 seinen Dienst als Pfarrer von Rennes-le-Château angetreten, wo er seinen älteren Bruder ersetzte. Er war der Beichtvater der Marquise Marie de Nègre d'Ables d'Hautpoul gewesen und es heißt, er habe von ihr vor ihrem Ableben besondere Pergamente erhalten. Damit diese nicht in falsche Hände gerieten, habe er sie in einem Stützpfeiler in der Ortskirche versteckt. Auch sei er es gewesen, der für das Grabmal der Marquise die Platte mit der Aufschrift *Et in arcadia ego* besorgt habe. In sein Kirchenregister schrieb er den Satz »Jesus der Galiläer ist nicht hier« siebenmal untereinander. Während der Französischen Revolution floh er nach Sabadell in Spanien und starb dort, so hieß es lange Zeit. Im Jahr 2009 tauchte allerdings ein Totenschein auf, der besagte, dass er 1794 in Frankreich gestorben ist. Die Informationen über die rätselhaften Dokumente soll er aber nicht für sich behalten haben. Zunächst habe ein Kollege, der Abbé Cauneille, und später auch der Abbé Émile François Cayron von dem Geheimnis erfahren, die ihrerseits ihren Amtsbruder Jean Vié eingeweiht hätten, von dem es dann an den Abbé Henri Boudet weitergegangen sei, der später wiederum mit Bérenger Saunière darüber gesprochen habe, so heißt es.

Die Geheimnisse der Marquise d'Hautpoul

Welche Rolle spielt die geheimnisvolle Marquise, die im 18. Jahrhundert das Schloss in Rennes-le-Château bewohnt hatte und deren Grabstein der Abbé Saunière eines Nachts von seinem Platz entfernte, wobei er zudem die Inschrift unkenntlich machte? Gérard de Sède erwähnt einen zweiten Grabstein von Marie de Nègre d'Ables d'Hautpoul, auf dem die Inschriften »Jesus, König von Rhédae, verborgen in Arques« und *»Et in arcadia ego«* zu lesen gewesen sein sollen. Die Vermutung liegt nahe, dass die Marquise einer der Menschen war, die von Jesus und Maria Magdalena abstammten.

Sie gehört somit ebenfalls zu den geheimnisumwobenen Menschen im großen Rennes-le-Château-Puzzle. Die Marquise stammte aus der Blanchefort-Dynastie, einem uralten südfranzösischen Adelsgeschlecht mit Wurzeln, die in die Merowingerzeit zurückreichen. Sie lebte auf dem Schloss gleichen Namens. Am Abend vor ihrem Tod im Jahr 1781 soll sie ihren Beichtvater Antoine Bigou zu sich gerufen haben, um ihm ein großes Familiengeheimnis und dazugehörige Dokumente anzuvertrauen. Möglicherweise waren es die Dokumente, die Abbé Saunière mehr als ein Jahrhundert später bei der Restaurierung der Kirche fand.

Die Männer im Hintergrund

Saunière, so meinen wir, war von seinen Kollegen in Geheimnisse eingeweiht worden und wollte nun, da er direkt vor Ort war, selbst danach forschen. Und vergessen wir nicht die Leute, die aus der Distanz ein Auge auf Rennes-le-Château hatten, wie den Abbé Bieil, den Leiter des Priesterseminars von Saint Sulpice in Paris. Sein Neffe, Abbé Hoffet, soll die gefundenen Schriftstücke ja entschlüsselt haben. Dieser hatte Verbindungen zur Pariser Esoterikszene, in der die Sängerin Emma Calvé verkehrte und zu der auch der gebürtige Habsburger Johann Orth Kontakte unterhielt. Und im Hintergrund, mit schützender Hand, stand während seiner Amtszeit der Carcassonner Bischof Billard. Nach dessen Tod hatte Saunière zunächst Schwierigkeiten mit dem neuen Bischof, der ihm misstraute, doch mit Dienstantritt von Papst Benedikt XV., der mit den Habsburgern eng verbunden war, verbesserte sich seine Situation wieder.

Die rätselhaften Habsburger

Ein Ast im Stammbaum der Merowinger weist in das Haus Lothringen. Über die Herzöge von Lothringen wird überliefert, dass es noch

im 16. Jahrhundert üblich war, ihnen bei öffentlichen Auftritten den Ruf »Hosianna dem Sohne Davids« zuzujubeln. Die Habsburger wiederum stammen von den Lothringern und damit auch von den Merowingern ab. Womit wir wieder bei Johann Salvator von Habsburg sind, der um Entlassung aus dem Kaiserhaus er-

Der junge Johann Salvator von Habsburg, später Johann Orth

213

suchte, auf sämtliche Adelstitel verzichtete und sich dann schlicht Johann Orth nannte. Er soll den Abbé Saunière nicht nur mehrfach besucht, sondern auch finanziell großzügig unterstützt haben. Ließen die Habsburger eventuell den Pfarrer nach Dokumenten suchen, die für sie von großer Bedeutung waren?

Kein Schatz, sondern Auftragsgeld

Für Jean-Luc Robin, der nach Corbu einer der späteren Besitzer der Villa Béthanie war und dort vor Ort mehrere Bücher zum Geheimnis von Rennes-le-Château schrieb, spielen die Habsburger eine nicht zu unterschätzende Rolle in dem ganzen Geschehen. Seine Theorie ist, dass Saunières finanzieller Reichtum nicht von einem gefundenen Schatz herrührte, sondern von Förderern, die ihn damit beauftragt hatten, etwas zu finden, das seit Jahrhunderten in Rennes-le-Château versteckt war. Robin schreibt: »Er fand es, gab es denen, die ihn gebeten hatten zu suchen, und sie bezahlten ihn.« Der Autor ist der Ansicht, dass das Geld von den Habsburger kam. Ihm zufolge habe Saunière ein Konto in Budapest besessen, das damals zu Österreich-Ungarn gehörte.

Und der Autor Simon Cox berichtet in seinem Buch *Sakrileg entschlüsselt* über einen Fund Robins:

> Anscheinend fand Robin, während er in Saunières Pfarrhaus, der Villa Béthanie, lebte, einige Bankumschläge, die der Priester verwendet hatte. Sie waren adressiert an ein Bankkonto der Habsburger in Budapest. Die Habsburger waren die einflussreichste Familie ihrer Zeit und eine der wohlhabendsten. Es hieß, dass sie, und nicht der Vatikan, die entscheidende Stimme bei der Wahl neuer Päpste hätten. Könnten die Habsburger die Illuminaten ihrer Zeit gewesen sein? Hatten sie Saunière unterstützt? Hatten sie ihm gesagt, wo er suchen sollte? Versuchten sie vielleicht eine beispiellose Machtposition in Europa zu erlangen, indem sie Anspruch auf den französischen Thron erhoben?

Jedes Mal, wenn Saunière von einer längeren Reise zurückgekehrt sei, habe er große Summen Bargelds dabeigehabt. Dies habe aufgehört, als der Erste Weltkrieg Reisen nach Budapest nicht mehr möglich gemacht habe, so erzählt man sich.

Brisante Fundstücke

Jean-Luc Robin nimmt ferner an, dass es sich bei den Funden des Abbés um besondere Dokumente gehandelt habe. Er hält es für möglich, dass das Haus Habsburg sich als Beschützer der katholischen Kirche empfand und darum in den Besitz heikler Schriftstücke gelangen wollte. »Ich bin absolut davon überzeugt, dass Bérenger Saunière dafür bezahlt worden ist, etwas zu finden«, äußert Robin. Für ihn sind die rätselhaften Todesfälle der Priester Gélis und Boudet Indizien dafür, dass es sich bei den Entdeckungen Saunières um brisante Fundstücke gehandelt haben muss, so brisant, dass etwaige Mitwisser beseitigt werden mussten. Geheimnisvolle Hinweise auf Maria Magdalena sieht Robin übrigens nicht nur in Rennes-le-Château, sondern auch andernorts in der Umgebung und verweist darauf, dass viele Statuen sie schwanger zeigen. Sonderbar sei auch ein Glasfenster in der Kirche des Ortes Mirepoix. Was auf den ersten Blick so aussehe wie die biblische Szene, in der Maria Jesus die Füße mit ihren Haaren trocknet, zeige in Wahrheit seinen Sohn Johannes. Maria stünde auf dem Bild hinter Jesus.

EIN HORT FÜR MYSTERIENFREUNDE

Wenn Sie es noch nicht getan haben, dann geben Sie einmal den Ortsnamen Rennes-le-Château im Internet in Ihre Suchmaschine ein. Sie werden erstaunt sein, wie viele Beiträge, Blogs und Webseiten sich mit dem kleinen südfranzösischen Dörfchen und den Geheimnissen, die es umwittern, befassen. Seit die Gemeinde das Anwesen des Pfarrers übernommen und zu einer touristischen Attraktion gemacht hat, profitieren die Bewohner zwar finanziell etwas von den zahlreichen Besuchern, manche stören sich aber auch daran, dass das einstmals mit einem morbiden Charme ausgestattete Rennes-le-Château sich mehr und mehr zu einem Wallfahrtsort für Mysterientouristen gewandelt hat.

In Stein gemeißeltes Gralsmysterium?

Saunière entfernte in der Kirche den alten Altarstein und stellte ihn in der Nähe des Kircheneingangs umgekehrt wieder auf. In den unteren Teil meißelte er die Inschrift »Mission 1891« ein und in den oberen Teil *»Pénitence! Pénitence!«* (Buße! Buße!). 1891 hatte er vermutlich weitere Entdeckungen gemacht. Doch noch ein anderer Stein ist in dieser Geschichte von Bedeutung, *La Dalle des Chevaliers* (der Stein der Ritter). Saunière hatte ihn bei den Renovierungsarbeiten in der Kirche entdeckt, wo er mit dem Relief nach unten gelegen hatte und daher wohl unentdeckt geblieben war. Er stammt aus dem 8. oder 9. Jahrhundert und ist nach karolingischer Art gestaltet. Einstmals hatte er vermutlich eine Grabplatte dargestellt, nämlich die des Grabes der Herren von Rennes. Heute befindet er sich im Bérenger-Saunière-Museum, der Villa Béthanie. Er wurde vom örtlichen Geschichtsverein außen vor der Kirche, vor dem Kalvarienberg, entdeckt und man vermutet, dass Saunière ihn dort hingelegt hatte. Man deutete die Szenen, die auf dem Stein erkennbar sind, als Darstellungen Sigiberts IV., Sohn Dagoberts II., wie er von einem Reiter zu seiner Mutter getragen wird, der westgotischen Prinzessin Gisèle de Razès. Es gibt aber auch Betrachter, die sicher sind, dass der Reiter, der einen runden Gegenstand in der Hand hält, den Heiligen Gral trägt. Andere wiederum interpretieren diese Form als Kind oder zweiten Reiter. Sicher ist, dass der rätselhafte Stein mindestens aus karolingischer, möglicherweise sogar aus merowingischer Zeit stammt.

Heiligenstatuen

Rätselhaft ist auch die Grotte, die Saunière selbst baute. Er benutzte dazu Tuffsteine aus der Region und stellte eine Maria-Magdalena-Statue hinein, die später allerdings abhandenkam. Auch dort hinterließ der Pfarrer also ein sonderbares Zeichen, das natürlich – wie sollte es anders sein? – den Mysterienforschern ein willkommenes weiteres Ratespiel bescherte: Auf einer Bank in der Grotte ließ er die

Zeichen XXSLX einmeißeln. Zeichen, die bisher kein Forscher zu entschlüsseln wusste. Die Grotte wurde von rücksichtslosen Schatzsuchern zerstört und an einer anderen Stelle auf dem Grundstück wieder aufgebaut. In der Kirche – darauf sind einige Gralsforscher gestoßen – sind fünf Heiligenfiguren in der Form eines großen »M« aufgestellt. Die Anfangsbuchstaben ihrer Namen St. Germaine, St. Roch, St. Antoine de Padue, St. Antoine und St. Luc ergeben ein französisches Wort. Welches könnte es sein? *Graal!*

Der Cholet-Bericht

Im Jahr 1959 hatte ein Ingenieur namens Jacques Cholet in Rennes-le-Château intensiv geforscht. Acht Jahre später veröffentlichte er einen Bericht darüber. Die Nachfahren von Simon de Montfort, der im 13. Jahrhundert, bevor er nach England ging, Herr der Region gewesen war, die Familie L'Amaury-Montfort, hatten ihm mehrere Dokumente überlassen. Dabei handelte es sich um einen detaillierten Plan der Dorfkirche sowie um Hinweise auf einige Stellen, an denen etwas versteckt sein könnte. Cholet wunderte sich, dass diese Plätze als Templerverstecke bezeichnet waren. Mit Erlaubnis der Gemeindeverwaltung nahm der Ingenieur aus Paris, unterstützt von seiner Frau und seinem Schwager und unter der Aufsicht von Pfarrer Rigaud aus Couiza, die Kirche und das Umfeld genau unter die Lupe. Zwar fand er Hinweise auf die Existenz unterirdischer Räume, musste seine Forschungen allerdings zunächst abbrechen, weil die Finanzen für weitere Untersuchungen fehlten. Einige Jahre später kam er jedoch wieder und fand tatsächlich Treppen, die in die Erde hinabführten. Er arbeitete ein Vierteljahr in Rennes-le-Château, gab sein Unterfangen dann aber auf. Der Grund dafür war ein Mordanschlag auf ihn. Ein Unbekannter hatte einen schweren Holzbalken mit Nylonseilen über der Kirchentür befestigt, sodass dieser beim Öffnen herabfiel. Der nur knapp dem Tode entgangene Cholet reiste ab und wurde nie mehr im Dorf gesehen.

Die Treppe unter dem Boden

Cholets Bericht zufolge habe der Glöckner Antoine Captier beim Läuten ein innen hohles Holzstück gefunden, in dem ein um einen Knochen gewickeltes Pergament steckte, das wohl einst mit Farnkraut gepolstert gewesen war, denn es fanden sich noch Spuren davon. Ab da beschreibt Cholet die bekannte Geschichte weiter, berichtet aber auch zusätzlich von einem gefundenen Gefäß: Der Pfarrer sei nach Paris gereist und mit einer Übersetzung eines der Pergamente zurückgekommen. Am Donnerstag darauf habe der Abbé die Chorknaben zusammengerufen, um mit ihnen eine Steinplatte aus dem Kirchenboden zu entfernen. Unter der Platte habe sich eine Öffnung aufgetan und eine Treppe, die in die Tiefe führte. Was der Pfarrer unter der Kirche gefunden habe, darüber konnte kein Dorfbewohner Cholet Auskunft geben.

Später, beim Neubau des Kirchenaltares, seien die beiden anderen Dokumente aufgetaucht. Bei Grabungen hinter dem Altar habe der Priester einen Krug entdeckt, in dem sich ein goldener Kelch befunden habe, den Sauniere später seinem engen Freund, Eugène Grassaud, dem Priester von Saint-Paul-de-Fenouillet, geschenkt habe. Hier hätten wir also einen weiteren potenziellen Gral, dem allerdings bisher wenig allgemeine Beachtung geschenkt worden ist.

Ein unterirdisches Versteck

Doch zurück zu den Untersuchungen von Cholet. Sie lassen den Schluss zu, dass Saunière tatsächlich einen Schatz gefunden hat. Den der Westgoten? (Abtrünnige Westgoten hatten sich in der Gegend des heutigen Rennes-le-Château niedergelassen – möglich, dass sie den legendären, den Römern entwendeten Schatz hier deponierten.) Den Katharerschatz? Den Templerschatz? Den königlichen Schatz der Blanche de Castille?

In Rennes-le-Château erfuhr Cholet von Dorfbewohnern, dass man mehrfach beobachtet habe, wie der Abbé auf dem Friedhof verschwunden und nicht wieder aufgetaucht sei. Vermutlich hatte die Kammer, die er unter der Kirche entdeckt und deren Eingang er mit neuen Fliesen verschlossen hatte, weitere Zugänge; dies würde auch seine Grabsteinverschiebungen auf dem Friedhof erklären. Eines Abends, so berichtete man Cholet, habe ein Mann aus dem Dorf gesehen, wie der Pfarrer unter der Erde verschwunden sei. Der Mann sei ihm gefolgt und habe den Priester vor einem Fass voller Goldstücke gefunden. Da Saunière ihn auf das Evangelium habe schwören lassen, nie über seine Beobachtung zu sprechen, habe Zeit seines Lebens niemand davon erfahren. Erst auf dem Sterbebett habe der Mann darüber gesprochen, aber nicht mehr sagen können, wo der Pfarrer den Eingang in die Erde gegraben hatte. Cholet war der Meinung, dass es unter der Kirche einen antiken Tempel mit Depots geben müsse, wie auch Hohlräume unter dem Schloss, beides sei aber getrennt voneinander zu betrachten.

Rennes-le-Château heute

Die vermeintlichen Gralssucher, die jahrelang schonungslos die Gegend um Rennes-le-Château umbuddelten und auch vor dem Friedhof nicht Halt machten, waren auf materielle Schätze aus. Den Friedhof darf heute kein Fremder mehr betreten, die Gemeindeverwaltung hat ein Auge darauf, dass niemand mehr etwas kaputt macht. Das Grab von Marie de Nègre d'Ables d'Hautpoul ist für die allgemeine Öffentlichkeit nicht zugänglich, aufgrund der schlechten Erfahrungen, die man mit rücksichtslosen Grabräubern gemacht hat. Noch bis vor einigen Jahren lagen die Gräber Saunières und Marie Dénarnauds, der Frau, mit der er die meiste Zeit seines Lebens verbracht hatte, nebeneinander auf dem Friedhof. Nachdem man den Komplex um die Villa Béthanie und den Turm aber zu einem Museum umgewandelt hatte, wurde der Abbé in den Garten umgebettet. Die Aktion fand nachts statt, abgeschirmt von bewaffneten Polizisten. Wundert es jemanden, dass auch diese Aktion ziemlich mysteriös verlaufen zu sein scheint? Im Internet gibt es eine sehr interessante Seite (www.gralssuche.org), auf der man sich intensiv mit der Umbettung Saunières und den dadurch neu entstandenen Rätseln befasst. Dort wird unter anderem die Frage gestellt, ob der Abbé tatsächlich in ein neues Grab gebettet worden ist – vielleicht wollte man ja auch einfach nur weitere

potenzielle Grabräuber an ihrem Tun hindern, indem man ein Pseu-
dograb schuf? Erwähnt wird zudem ein Gebetbuch Saunières, das auf
seiner Brust gelegen haben soll und seit der Graböffnung als verschol-
len gilt. Zumindest kursiert diese Information seit 2004 durch diverse
Veröffentlichungen. Es heißt, die Erben Saunières hätten versucht, die
Herausgabe des Buches gerichtlich einzuklagen. Auf der Webseite
wird erwähnt, dass die Betonplatte auf dem Ursprungsgrab nicht zerstört wurde, was bei einer Sargentnahme hätte passieren müssen. Die

Das neue Grab des Abbés Bérenger Saunière im Garten der Villa Béthanie

Seitenbetreiber entdeckten auf alten Fotos Anzeichen für mögliche
unterirdische Eingänge zum Gemeinschaftsgrab der Familie Corbu,
in dem scheinbar auch Marie Dénarnaud ruht, und das direkt neben
dem ursprünglichen Grab Saunières gelegen ist; sie vermuten von
dort aus einen Zugang zu weiteren unter der Erde liegenden Gräbern,
unter anderem auch dem ursprünglichen von Abbé Saunière. So wäre
es den Seitenbetreibern zufolge zu erklären, dass der Sarg entnommen werden konnte, ohne die Betonplatte zu zerstören, und dass das
Gebetbuch, das in feuchter Erde eigentlich längst hätte verwest sein
müssen, zum Zeitpunkt der Umbettung noch erhalten war.

Michael Baigent kehrte in den Jahren 2001 und 2002 nach Rennes-le-Château zurück, um dabei zu sein, als der Wissenschaftler Robert Eisenman unter dem Magdalenenturm und der Kirche archäologische Untersuchungen vornahm. Unter der Kirche entdeckte man eine Krypta mit Gräbern. Man hatte sich jedoch auf Ultraschalluntersuchungen beschränkt. Vorgesehene Grabungen fanden später dann doch nicht statt.

Die Kirche ist auch heute noch kurios, voller Widersprüche. In ihren Grundzügen geht sie vermutlich auf das 8. Jahrhundert zurück.

Der Altarraum der Kirche mit den Figuren von Josef und Maria und den beiden Kindern

Auf einer der Bildtafeln ist ein Kind in einem karierten Schottenstoff zu sehen. Letzterer ließe sich als Verbindung zu Rosslyn und den Sinclairs deuten. Pontius Pilatus trägt einen Schleier. Die Statuen von Josef und Maria halten jeweils beide ein Kind auf dem Arm – ist dies womöglich eine Anspielung darauf, dass Jesus einen Zwillingsbruder gehabt haben könnte? Manche Forscher sind der Auffassung, dass es sich bei den Statuen auch um Jesus und Maria Magdalena handeln könne, jeweils mit einem ihrer Kinder.

Nicht weit entfernt von Rennes-le-Château befindet sich die Grotte du Fournet, dite de la Madeleine. Es heißt, Saunière habe sie täglich besucht und sei mit Steinen bepackt zurückgekehrt. Die Höhle ist geheimnisvoll. In der Mitte des Höhlenbodens lässt sich ein Abdruck erkennen, der die Form eines Sarges hat. Im hinteren Teil befindet sich eine flache Vertiefung. Manche Forscher meinen, dass man hier durchaus Spuren eines frühen Grabes erkennen **kann**. Vielleicht steht die Grotte in Zusammenhang mit der Eintragung des Abbé Saunière in sein Tagebuch im Jahr 1891, in der er von **der** Entdeckung eines Grabes schreibt. Simon Cox meint dazu in *Das große Dan Brown Handbuch*: »So unerhört das auch klingen mag: Kann es sein, dass Saunière hier die Überreste von Maria Magdalena fand? Allein der Name der Grotte scheint das schon zu bestätigen.« Und wenn dem so gewesen wäre, was wäre dann mit den Gebeinen geschehen? Wo befänden sie sich heute?

Diese Fragen werden, wie so viele, wohl unbeantwortet bleiben müssen. Rennes-le-Château und seine Mysterien liefern weiterhin Stoff für Spekulationen, ernstzunehmende Theorien und fiktive Romanhandlungen.

SACHBUCHAUTOREN, ROMANCIERS UND DIE GEHEIMNISSE VON RENNES-LE-CHÂTEAU

Es ist allerdings nicht so, dass Rennes-le-Château als Ort eines versteckten Schatzes erst nach Publikwerden des vermeintlichen Fundes des Abbés Saunière ins Blickfeld geraten wäre. Lange vorher schon gab es Vermutungen, dass dort irgendetwas verborgen sein müsse. Im Jahr 1832 war das Buch *Voyage à Rennes-les-Bains (Reise nach Rennes-les-Bains)* von Auguste de Labouïsse-Rochefort erschienen. Darin schreibt der Autor von Gerüchten über einen versteckten Schatz in Rennes-le-Château.

Und es gab noch andere prominente Menschen, die sich für das Thema interessierten. Beispielsweise Jules Verne. Sein Roman *Clovis Dardentor* ist sicherlich nicht sein bester. Aber es finden sich darin Anspielungen auf einen Merowingerschatz. Verne hatte Zutritt zu esoterischen Kreisen, war möglicherweise in das Geheimnis eingeweiht.

Maurice Leblanc, ebenfalls ein Esoteriker, erfand einen Helden von Weltruhm: Arsène Lupin. In einigen seiner Romane geht es um einen Schatz, der von einer geheimnisvollen Bruderschaft beschützt wird. Es gibt eine gegnerische Gesellschaft, die an den Schatz herankommen will und die Bruderschaft bekämpft. Kommt uns das nicht irgendwie bekannt vor?

Wen wundert es, dass selbst der Tod des Priesters, der sein Leben dem Geheimnisvollen gewidmet hatte, von einem Mysterium umgeben ist? Eine Legende erzählt, dass ein Priester zu Saunière kam, um ihn mit den Sterbesakramenten zu versehen. Als er dessen Beichte gehört habe, soll er mit dem Ausdruck größten Schreckens im Gesicht das Haus verlassen haben.

Trésors du Monde lautet der Titel eines Buches des Erfolgsautors Robert Charroux, das 1962 erstmals einem größeren Publikum vom sonderbaren Dörfchen mit seinem noch sonderbareren Geheimnis erzählte.

Drei Jahre später lies auch Noël Corbu etwas drucken, nämlich eine Broschüre mit dem Titel *Histoire de Rennes-le-Château*. Corbu, der früher einmal vergeblich versucht hatte, als Krimiautor literarisch Fuß zu fassen, hatte mit dieser kleinen Publikation nun mehr Erfolg. Seine Schrift verbreitete sich überregional und zog viele Besucher in den Ort. Manche hatten Schaufeln und Spitzhacken dabei und gruben sich schatzsuchend durch die Landschaft, woraufhin die Gemeindeverwaltung Grabeverbote verhängte.

Der vielseitige französische Autor, Filmemacher und Schauspieler Jean Cocteau tauchte zwar offiziell nicht in Rennes-le-Château auf, wohl aber in Dan Browns *Sakrileg* wie auch in *Der Heilige Gral und seine Erben*, und zwar als ein Großmeister der Prieuré de Sion. Auch in Wirklichkeit hatte er einen Bezug zum Gralsthema: Er schrieb ein Stück mit dem Titel *Die Ritter von der Tafelrunde*. In der Handlung ist der Zauberer Merlin der Böse. Er sorgt für einen ständigen Bewusstseinsnebel, der die Burg des Gralskönigs umgibt. Die Ritter, die nicht gerade auf Gralsuche sind, dösen träge herum. Nur der reine Ritter Galahad schafft es, sie aufzuwecken und mit der Realität zu konfrontieren. Indem die Ritter das wahre Leben erkennen, kehrt es auch wieder in Camelot ein.

Die Ruine auf dem Montségur, die von Otto Rahn für die Gralsburg gehalten wurde

Kapitel 8

Weitere Gralsforscher

Nachdem wir uns nun ausführlich mit Rennes-le-Château und seiner möglichen Beziehung zum Gral beschäftigt haben, möchten wir abschließend noch – wenn auch in weniger ausführlicher Form – einige Theorien und Forschungen beleuchten, die sich mit anderen möglichen Gralsstätten und -legenden befassen.

SÜDFRANKREICH

DAS JESUSGRAB VON PERILLOS

In Languedoc befinden sich noch weitere geheimnisvolle Orte. Einer davon ist Perillos. Vor einiger Zeit lenkte ein Fernsehbeitrag aus der Serie Galileo Spezial das Interesse auf dieses verlassene Dorf unweit von Perpignan. Der Informant der Fernsehleute heißt André Douzet und berichtet, Bérenger Saunière habe ein Landschaftsbild der Gegend um Perillos anfertigen lassen und er, Douzet, habe dieses, zusammen mit einigen Briefen des Abbés, bei einem Abbruchunternehmer gefunden. Saunière habe die Standorte mehrerer Gräber in das Modell einarbeiten lassen, unter anderem auch das von Josef von Arimathäa und Jesus. Nach Douzets Überzeugung habe der Priester die Gräber entdeckt. Douzet will einige davon selbst wiedergefunden haben, darunter auch das »Jesusgrab«. Allerdings möchte er Informationen darüber nur gegen eine große Summe Geldes herausgeben und wird inzwischen von Journalisten, Autoren und Forschern gemieden.

Otto Rahn – Himmlers Gralsforscher

Bei Otto Rahn scheiden sich die Geister. Die einen sehen in ihm einen Gralsforscher, der Wichtiges zutage brachte und veröffentlichte, andere halten ihn für mehr als nur einen Mitläufer der Nazis: Otto Rahn war einige Zeit SS-Obersturmführer und arbeitete mit und für Heinrich Himmler. Er stammte aus Michelstadt im Odenwald. Nach dem Abitur hatte er zunächst Jura studiert, später Philosophie. Im Jahr 1931 reiste er in die südfranzösischen Pyrenäen, in die Ariège. Er traf dort auf den Mythenforscher Antonin Gadal, mit dem er die Region erkundete. Während dieser Zeit betrieb er ein kleines Hotel, das Des Marronniers, in Ussat-les-Bains, mit dem er allerdings in die roten Zahlen rutschte; so musste er das Hoteliersmetier aufgeben. Im Jahr 1933 stellte Rahn in seinem Buch *Der Kreuzzug gegen den Gral* seine Interpretation des *Parzivals* von Wolfram von Eschenbach dar.

Rahns Gralsburg

Rahn brachte die Gralsgeschichte mit der Verfolgung der Katharer und den entsprechend Beteiligten in Zusammenhang. Bei ihm ist die Gralsburg der Burgberg Montségur: Dort sei der Gral aufbewahrt worden. Die religiösen Ideen, die hinter dem Katharertum standen, sieht Otto Rahn als das Erbe der Kelten und Iberer an. Der Kampf gegen die Katharer hatte in seiner Interpretation das Ziel, eine edle und alte Zivilisation zu zerstören. Ein Jahr nach Erscheinen seines Buches wurde er Mitglied im Reichsverband deutscher Schriftsteller.

Braune Jahre

Drei Jahre später trat er der SS bei, der nationalsozialistischen Schutzstaffel. Man kommandierte ihn mehrfach zu Wachdiensten in verschiedenen Konzentrationslagern ab. 1939 wurde er auf eigenen Wunsch aus der SS entlassen. Wenige Wochen später fand man ihn tot in einem Tiroler Bergdorf auf – er war nur 35 Jahre alt geworden. Manche glauben, die Nazis hätten ihn getötet. Er war homosexuell und trank übermäßig viel. Auch hatten SS-Männer ihre arische Abstammung nachzuweisen, im Hinblick auf die letzten 200 Jahre. Dies schien Rahn nicht gelungen zu sein, möglicherweise hatte er jüdische Vorfahren mütterlicherseits. Aus diesen Gründen mag er den Nazis ein Dorn im Auge gewesen sein.

Unterwegs mit Galaad

Rahn war also der Überzeugung, dass der Burgberg Montségur Eschenbachs Gralsburg Munsalvaesche entspräche. Aus Rosenkreuzerkreisen hatte er davon erfahren. Im Vorwort seines Buches schreibt er, Joséphin Péladan, ein Schriftsteller und Gründer des Rosenkreuzerordens in Frankreich, habe ihn zu der Aufstellung dieser Theorie angeregt. Antonin Gadal, mit dem er oft unterwegs war, hatte ihm sein noch unveröffentlichtes Manuskript *Sur le chemin du Saint Graal* (Auf dem Weg des Heiligen Grals) zum Lesen gegeben und damit sein Interesse geweckt.

Gadal änderte seinen Namen später in Galaad um, indem er einfach zwei Buchstaben umstellte. Das Gralszentrum, das er am Pyrenäenrand gründete, nannte er ebenfalls Galaad. Dort widmete er sich der Rekonstruktion der Ideale der Katharer. Er selbst war inspiriert worden von seinem Nachbarn, dem Historiker Adolphe Garrigou, der sich ebenfalls intensiv mit den Katharern und den Gralslegenden beschäftigt hatte.

Rahns Identifikation von Eschenbachs Charakteren mit historischen Persönlichkeiten

Otto Rahn brachte nun die Theorien vom Zusammenhang zwischen dem Gral und Montségur aus den südfranzösischen Insiderkreisen nach Deutschland. Er beschrieb zwei Höhlen, die Grotte du Fontanet und die Grotte de L'Ermite (Grotte des Einsiedlers) in der Nähe von Montségur und zog Parallelen zum Aufenthaltsort des Einsiedlers Trevrizent, der in der Nähe der Gralsburg lebt und der Bruder des Gralskönigs Anfortas ist. Beider Schwester, die Gralsträgerin Repanse

de Schoye, identifiziert Rahn mit Esclarmonde de Foix, einer prominenten Katharerin, die am Übergang vom 12. ins 13. Jahrhundert
lebte. Sie war die Besitzerin der Burg auf dem Montségur; ihr Bruder
Ramon-Roger demnach, laut Rahner, das Vorbild für den Gralskönig.
Die Troubadoure jener Zeit besangen ihn als Ramon Drut. Auch Parzival wird von Rahn in einer historischen Person erkannt. Es ist Ramon-Roger Trencavel, der Graf von Carcassonne. Seine Mutter hieß
Adélaïde, das erinnert an den Namen der Mutter Parzivals: Herzeloyde. Es findet sich, neben anderen, eine weitere verblüffende Gemein-
samkeit in der Biografie beider Frauen: Wolfram von Eschenbach
schreibt, dass Herzeloyde, bevor sie ihren Mann Gachmuret heiratete, einen anderen Verlobten hatte, der Castis hieß. Der Name könnte
sich abgeleitet haben vom lateinischen Wort für »keusch« oder »ent-
haltsam«. Und Adélaïde hatte einen Verehrer, auf den Ähnliches zu-
traf, nämlich Alfonso II. de Aragón (1132–96), der den Beinamen
»der Keusche« trug. Wir erinnern uns an Alfonso II.: Er war der
Förderer eines fahrenden Sängers namens Guyot de Provins.

Die Troubadoure

Eben jener Guyot könne, so Rahn, identisch mit dem geheimnisvollen Kyot sein, den Eschenbach als Quelle für seine Gralslegende
nennt. Zeitlich und örtlich ist es gut möglich, dass Wolfram von
Eschenbach und Gyot de Provins sich kannten. Begegnungsmöglich-
keiten gab es viele. Die damalige Troubadour- und Dichterszene war
gut vernetzt. Es gab regelmäßige Künstlertreffen und Festivals der
Musik und Dichtkunst, die von edlen Familien auf ihren Burgen ver-
anstaltet wurden. Mag sein, dass Eschenbach die Ortszuordnung von
Gyots Namen »de Provins«, also »aus der Stadt Provins« (östlich
von Paris gelegen) nicht richtig verstanden hatte und ihn zu einem
Troubadour aus der Provence machte. Dies klingt durchaus plausibel.

In Frankreich sind viele Autoren nicht gut auf Otto Rahn zu sprechen. Er habe, so ihr Argument, die Geschichte der Katharer und
des Montségurs zu einer germanischen Sache machen wollen, als er
sie mit Wolfram von Eschenbach verband.

DER HUNDERTJÄHRIGE FREIMAURER UND DIE KATHARER

Déodat Roché starb 1978 im Alter von 100 Jahren in seinem Geburtsort Arques. Von Beruf war er Richter in Limoux und Carcassonne gewesen, zu verschiedenen Zeiten auch Bürgermeister seines Heimatortes. Zeitlebens hatte er sich mit Mysterienkulten und Religionen beschäftigt. Sein Hauptaugenmerk hatte dabei auf dem Katharertum gelegen. Er war überzeugt gewesen, dass das Katharertum verfälscht worden war – von Lügen und Verleumdungen, von der Inquisition und auch von der Intoleranz der mittelalterlichen Kirche. Er hatte es als seine Lebensaufgabe angesehen, das Katharertum ins rechte Licht zu rücken; so hatte er Bücher zum Thema geschrieben, eine Zeitschrift herausgegeben und eine entsprechende Gesellschaft gegründet, um das Interesse an der katharischen Religion neu zu erwecken. Er war dem Vater der Anthroposophie, dem Österreicher Rudolf Steiner, begegnet, und hatte viele Gemeinsamkeiten zwischen der Philosophie Steiners und dem Katharerglauben erkannt. Für Roché gab es einen roten Faden von der Entstehungszeit der Gnosis über den Manichäismus und das Katharertum bis hin zu den Freimaurern, deren Loge in Carcassonne er selbst angehörte.

Wertvolle Schriften

Nach Rochés Auffassung beinhaltete der legendäre, während der Belagerung des Montségurs 1243 bis 1244 versteckte Schatz der Katharer nicht das vermutete Gold oder Silber und auch nicht den Gral in Form eines Kelches oder Steines. Er glaubte vielmehr, dass der Schatz aus den alten überlieferten Schriften bestand, zu deren Schutz sich die Katharer verpflichtet fühlten. Obwohl Roché seine Arbeit als seriöse Forschung ansah, trug er ungewollt mit dazu bei, dass die alten Mythen populär wurden, auf die sich die regionale Tourismusindustrie im einstigen Katharerland gerne stürzte.

Simone Weils Blick auf das Katharertum

Die französische Philosophin Simone Weil, die 1943 im Alter von nur 34 Jahren in England an Tuberkulose starb, begeisterte sich in ihren letzten Lebensjahren ebenfalls für das Katharertum. Sie schrieb einen Brief an Déodat Roché, da ein von ihm verfasster Artikel sie beeindruckt hatte. Auch sie habe, wie die Katharer, ein Problem mit dem alttestamentarischen Gott Jahwe, den sie für grausam hielte, und sie sehe den Einfluss des Alten Testaments und des Römischen Reichs auf das Christentum als wichtigste Ursachen für die Korrumpierung des Glaubens an, so schrieb sie. Ihrer Ansicht nach gehörten die größten Geister der Antike zu einer einzigen philosophischen und religiösen Tradition, aus der das Christentum zwar hervorgegangen sei, die aber nur von den Gnostikern, Manichäern und Katharern bewahrt worden sei. In zwei veröffentlichten Artikeln schrieb Simone Weil vom »Genius Okzitaniens«.

Platons Erben

Sie glaubte, dass es außer der griechischen nur eine einzige Zivilisation gegeben habe, die »... vielleicht ein ebensolches Maß an Freiheit und spiritueller Kreativität wie im alten Griechenland« erreicht habe, nämlich die der Katharer im Languedoc. Simone Weil wird vom Autor Malcolm Barber in seinem Buch *Die Katharer* wie folgt zitiert: »So wenig wir auch über die Katharer wissen, so scheint es doch ausgemacht zu sein, dass sie in mancher Hinsicht als die Erben platonischen Denkens, esoterischer Lehre und der Mysterien jener vorrömischen Zivilisation gelten können, die einst das gesamte Mittelmeergebiet und den Nahen Osten einschloss.« Er schreibt: »Sie [Simone Weil] sah die unterschiedlichen Elemente in diesen Ländern durch Ritterlichkeit, Toleranz und Würde miteinander verknüpft. Es herrschte wahrhaftig ein ›patriotisches‹ Fühlen für ein Land, das durch seine Sprache definiert wurde. All das wurde niedergemacht von der Gewalt und dem üblen Glauben eines Simon de Montfort und seiner Kreuzfahrer. Die katholische Kirche, die durch das Angebot bedingungsloser Erlösung für alle, die in diesem Kampf fallen sollten, eine religiöse Einheit erreichen wollte, trug eine schwere Mitverantwortung, weil sie die Bedingungen schuf, die den Krieg in einen Eroberungsfeldzug verwandelten.«

Soweit zu den Gralsforschern in Frankreich.

GROSSBRITANNIEN

Laurence Gardner und die Stammtafel Jesu

Verschiedene Autoren haben sich sehr intensiv mit der sogenannten Erblinie des Grals beschäftigt. Einer von ihnen, der Brite Laurence Gardner, wurde laut Verlagsinfo für sein Buch *Das Vermächtnis des Heiligen Gral* zum »UK author of the year« gekürt. Gardner hatte stets nachzuweisen versucht, dass der Gral ein Symbol für ein spirituelles Königtum ist, das seinen Ursprung in vorchristlicher Zeit hat und über die Blutlinie von Jesus im schottischen Königsgeschlecht der Stuarts mündete. Verständlicherweise war Gardner für Historiker und andere Wissenschaftler nichts anderes als ein Verschwörungstheoretiker, vor allem auch, weil er im Jahr 2006 in seinem Buch *Das Geheimnis der Gralskönige* verkündete, die sumerischen Götter der Anunnaki seien Außerirdische und die Vorväter der Gralskönige wie auch von Jesus. Er beschrieb eine sonderbare Substanz mit Namen Ormus, eine Art Gold, die es Menschen ermöglichen sollte, die Schwerkraft zu überwinden. Auch die sagenhafte Bundeslade habe, laut Gardners Theorie, ihre besonderen Kräfte von dieser Substanz erhalten. In dem 1996 erschienenen Buch *Das Vermächtnis des Heiligen Gral* findet sich auch eine Stammtafel der Nachkommen Jesu. Der *Daily Mail* druckte den Text in einer Fortsetzungsserie ab und der Autor selbst bezeichnete ihn in seinem Folgewerk *Hüterin des Heiligen Gral – Maria Magdalena, die Frau Jesu* als so etwas wie eine weltweite Institution.

Ein neuer Plantard?

Schon vor der Erstausstrahlung der Fernsehdokumentation von James Cameron über das Talpiot-Grab in Jerusalem hatte Gardner auf seiner Homepage darauf hingewiesen, dass das Grab möglicherweise die sterblichen Überreste der Jesusfamilie enthalten könne. Das Vorwort zum Buch *Das Vermächtnis des Heiligen Gral* stammt von einer Persönlichkeit, die sich Seine Königliche Hoheit Prinz Michael von Albany, Oberhaupt des Königlichen Hauses von Stewart nennt. Hinter diesem Prinzen steckt ein Belgier namens Michel Roger Lafosse, eine Art zweiter Pierre Plantard.

Der Prinz aus dem Laden

Roger Lafosse, Jahrgang 1958, legte sich den Namen Michael James Stewart Alexander von Albany zu und betonte, dass er ein Nachkomme von Bonnie Prince Charlie sei, also von Charles Edward Stuart aus dem schottischen Königshaus, und damit der legitime Anwärter auf den Thron des ehemaligen Königreiches Schottland. Er ließ sich mit Königliche Hoheit Prinz Michael ansprechen und nannte sich Siebter Graf von Albany. Andere Adelstitel, die er verwendete, waren Comte de Blois, Duc d'Aquitaine und Baron de Lafosse Chatry. Seine Eltern seien Prinzessin Renee Stewart Lady Derneley und Gustave de Lafosse Chatry, fünfter Baron de Chatry.

Scheinbar wussten jedoch seine Eltern selbst nichts von ihrer Herkunft aus dem Hochadel, ganz zu schweigen von einem Schloss. Sie waren bürgerliche Ladenbesitzer in einem Brüsseler Viertel namens Watermael-Boitsfort. Zudem bezeichnete sich Lafosse selbst als Präsident des Europäischen Prinzenrates, den man aber vergeblich sucht.

Die vergessene Monarchie

Er legte Zertifikate vor, die von Brüsseler Behörden als Fälschungen entlarvt wurden. Auch veröffentlichte er ein Buch über die vergessene Monarchie Schottlands und erhielt die britische Staatsbürgerschaft, die er später aufgrund einer gefälschten Geburtsurkunde wieder verlor, wie der *Sunday Mail* am 18. Juni 2006 schrieb. Auf seiner Homepage war zu lesen, dass er Diplomat des Verbandes der autonomen Priorate des souveränen Ordens des Heiligen Johannes von Jerusalem sei, zudem Ritter von Malta und Kulturattaché von Sao Tomé und Principe im Golf von Guinea. Man erkennt hier unschwer Parallelen zu Pierre Plantard und seinen Fantastereien. Zwar sind groteske Aufbauschungen egomaner Narzisten amüsant zu lesen, nur leider finden diese Geschichten ja, wie wir erleben, immer wieder Eingang in erfolgreiche Bücher und erfahren damit die Aufmerksamkeit einer breiten Öffentlichkeit.

Ein Nachfahre von Artus

Laurence Gardner schreibt unter der Zwischenüberschrift »Der Sangreal heute« in *Das Vermächtnis des Heiligen Gral*: »Heute existieren zahlreiche Linien, die von Prinz Edward James, Zweiter Graf von Albany, abstammen. Am direktesten ist wohl die von Prinz Michael James Alexander Stewart, Herzog von Aquitanien, Graf von Blois, Oberhaupt der Bruderschaft des Heiligen Columba und Präsident des Europäischen Fürstenrats. Seine Blutlinie reicht zurück bis zum Vater von König Artus, König Aedàn von Schottland, auf der einen Seite und zu Prinz Nascien von Septimanien Midi auf der anderen. Die schottische Abstammung lässt sich noch weiter zurückverfolgen, bis hin zu König Lucius von Siluria und Bran, dem Gesegneten, sowie zu Josef von Arimathäa, während die Blutlinie von Midi aus dem Merowingergeschlecht über die Fischerkönige bis hin zu Jesus und Maria Magdalena zurückreicht und damit in direkter Linie auf das Königshaus von Juda und König David.«

Offiziell habe der englische König George V. im Jahr 1919 wegen seiner Teilnahme am Ersten Weltkrieg auf deutscher Seite Charles Edward Duke of Albany diesen Titel aberkannt. Theoretisch wäre Andreas Prinz von Sachsen-Coburg und Gotha, Herzog zu Sachsen, heute Träger dieses Titels und könnte auch vom englischen Königshaus diesen zurückerbitten. Unseres Wissens hat er dies allerdings nicht getan.

Auch wenn es bedauerlich ist, dass Gardner, ebenso wie seinerzeit de Sède, einem gewieften Hochstapler aufgesessen ist, wollen wir seine Arbeit hier nicht in Bausch und Bogen verdammen. Gardners Bücher wurden, wie gesagt, internationale Bestseller und der Autor gibt darin – ähnlich wie Lincoln, Baigent und Leigh oder auch wie Dan Brown – viele interessante Denkanstöße. Unter anderem schreibt er in *Das Vermächtnis des Heiligen Gral*, dass es in den Evangelien zahlreiche Hinweise auf Jesu Status als verheirateten Mann gebe. Ein Hauptgrund dafür war – und dieser ist nachvollziehbar –, dass von Jesus erwartet wurde, mindestens einen Sohn zu zeugen, denn wer sollte sonst die direkte Blutlinie aus dem Hause Davids, von der in der Bibel so oft die Rede ist, fortführen?

Kapitel 9

Das Gralsthema in Wort, Bild, Ton und Traumdeutung

Das Gralsthema ist eng mit der Zeit des Mittelalters verbunden. In den nachfolgenden Epochen war sein Schicksal dagegen wechselvoll – zu manchen Zeiten wurde es sehr still um die Gralsritter, dann wieder rückten sie erneut in den Brennpunkt des Interesses. Um die entsprechenden Zusammenhänge besser zu verstehen, geben wir hier daher zunächst einen kleinen Abriss über die verschiedenen Epochen und die ihnen zugrunde liegenden Geisteshaltungen.

SCHWANENGESANG DES RITTERTUMS

Bereits im 14. Jahrhundert hatte sich das herannahende Ende des Rittertums deutlich und mit brutaler Gewalt angekündigt. Im Jahr 1347 brach die Pest über Mitteleuropa herein. Der »Schwarze Tod« dezimierte die Bevölkerung gewaltig und innerhalb von nicht einmal sechs Jahren starben über 25 Millionen Menschen, zu diesem Zeitpunkt gut ein Drittel der Bevölkerung. Nach heutigem Wissen gelangte der Pesterreger aus Asien über Handelswege nach Europa. Die Bevölkerung sah in dem großen Sterben jedoch die Geißel Gottes. Handel und Wirtschaft gerieten ins Stocken. Es begann ein Kampf ums nackte Überleben. Die Bauern, die mit der Arbeit ihrer Hände die Ritter ernährten, konnten ihre Felder nicht mehr bestellen. Zudem hatte sich das Kriegswesen grundlegend verändert: Aus mit Schwertern und Lanzen bewaffneten adeligen Reitern wurden Offiziere eines Militärs, das zunehmend auf Technisierung setzte. Neue Waffen wie Armbrüste töteten aus der Entfernung. Der Ritter preschte nicht mehr voraus, um Mann gegen Mann zu kämpfen. Und damit war das Ende der eisernen Männer gekommen.

DER GRAL IN DER VERSENKUNG

Im 16. Jahrhundert wurde das Mittelalter von der Renaissance abgelöst. Diese hatte ihre Anfänge um 1420 in Italien. Die Menschen der Renaissance interessierten sich mehr für technische Errungenschaften und wurden sich ihrer schöpferischen Fähigkeiten bewusster. In Kunst und Kultur wurde die Antike zum Vorbild, als deren Wiedergeburt die Renaissance betrachtet wurde, die Zeit dazwischen blendete man aus – ein Abschnitt von rund 1 000 Jahren wurde nun als finster und rückständig betrachtet. Allgemein sprach man den Menschen des Mittelalters Kultur und Bildung ab, Ritterromane gerieten völlig aus der Mode. Die noch junge Gilde der Buchdrucker konzentrierte sich auf andere Themen. Unser Heiliger Gral, bislang der literarische Bestseller, verschwand in der Versenkung, oder, wenn man so will, in den Nebeln von Avalon. Zwar wurden anfangs noch Bücher über Parzival & Co. veröffentlicht, auf großes Interesse bei den Lesern stießen sie jedoch nicht mehr.

DASEIN IM SCHATTEN

Es sollte 400 Jahre dauern, bis ins 19. Jahrhundert, bis das Gralsthema wieder aktuell wurde. In diesen 400 Jahren folgten viele Strömungen und Epochen aufeinander, so etwa die Reformation, der Barock und die Aufklärung, die Zeit der Befreiung des Geistes, wie der Philosoph Immanuel Kant es 1784 beschrieb: »Aufklärung ist der Ausgang des Menschen aus seiner selbstverschuldeten Unmündigkeit. Unmündigkeit ist das Unvermögen, sich seines Verstandes ohne Leitung eines anderen zu bedienen. Selbstverschuldet ist diese

Unmündigkeit, wenn die Ursache derselben nicht am Mangel des Verstandes, sondern der Entschließung und des Mutes liegt, sich seiner ohne Leitung eines anderen zu bedienen. *Sapere aude!* Habe Mut, dich deines eigenen Verstandes zu bedienen!« Dies ist der Wahlspruch der Aufklärung. Aber auch in dieser Epoche war für den Gral kein Platz, er führte ein Schattendasein am Rande der literarischen Welt.

DIE RÜCKKEHR DER POESIE

Und dann kehrte die Poesie zurück, in der Romantik, der Kulturepoche zwischen dem Ende des 18. und der Mitte des 19. Jahrhunderts. Es war dies eine Zeit, in der die Menschen sich zurückbesannen und in der sie versuchten, die engen Fesseln der rationalen Vernunft abzuwerfen. In den alten Gedichten und Geschichten suchten sie nach den Ursprüngen des einzelnen Individuums, und so gelangte auch das einstmals verpönte Mittelalter wieder in den Fokus des Interesses, vor allem in der literarischen Welt. Mit einem verklärten Blick schaute man zurück. Dabei blickten die Romantiker kritisch auf die technische Entwicklung und das auf Gewinn ausgerichtete Streben, das sich damals mehr und mehr ausbreitete. Mystizismus und Religion, in der Aufklärung zurückgedrängt, kehrten an ihre angestammten Plätze zurück. Rittertum und ritterliche Tugenden wurden wieder fester Bestandteil der Erzählungen. Romane mit entsprechendem Inhalt waren mit einem Mal erneut beliebt.

DIE WIEDERKEHR DES GRALS

Sir Walter Scott, ein schottischer Dichter und Schriftsteller, begann als einer der ersten, sich den historischen Heldentaten zu widmen, und verfasste unter anderem 1820 seinen *Ivanhoe*, die Geschichte des Kreuzritters Sir Wilfred of Ivanhoe, der nach der Teilnahme am Dritten Kreuzzug an der Seite von Richard Löwenherz nach England zurückkehrte. Damit legte er den Grund-

stock für ein neues Genre. Bald schon wurden die historischen Artus-
und Gralsromane, wie der *Parzival* Wolframs von Eschenbach und Sir
Thomas Malorys *Le Morte d'Arthur*, neu aufgelegt. So dauerte es nicht
mehr lange, bis sich auch die Historiker, Philosophen, Maler, Musiker und die zeitgenössischen Autoren des Gralsthemas annahmen.

Einer von ihnen war der deutsche Dichter Friedrich Heinrich
Karl Baron de la Motte Fouqué. Er begann mit seinem Gralsepos *Parcival* bereits im Jahr 1815, vollendete es allerdings erst 1832. Zu seinen Lebzeiten wurde das in Versen geschriebene Werk nicht veröffentlicht. Erst 1997 ging es in den Druck. Bei ihm ist der Gral ein aus
magischen Steinen hergestelltes Lichtgefäß, das – obschon von
einem christlichen Orden gehütet – mehr ein magisches als ein christ-
lich-religiöses Objekt ist.

MERLIN: EINE MYTHE

Ein Freund Fouqués, der deutsche Schriftsteller Karl Leberecht Im-
mermann, seit 1825 Mitglied einer Freimaurerloge, schrieb zu der
Zeit, als Ersterer an seinem *Parcival* arbeitete, sein Buch *Merlin: Eine
Mythe*. Ähnlich wie die Templer umhüllt auch die Freimaurer ein
Hauch des Magischen, Geheimnisvollen und Mysteriösen.

Merlin, der Sohn des Satans, dem er sich aber widersetzt, ist
Hauptakteur von Immermanns Drama. Der Zauberer hat den Wunsch,
Gutes für die Welt zu tun. Und er weiß um das Geheimnis des Grals.
Für ihn ist dieser der Kelch des heiligen Abendmahls, in dem Josef
von Arimathäa später das Blut des Gekreuzigten aufgefangen hat.
Nach Jesu Tod wird Josef eingesperrt und vom Gral am Leben gehalten. Die Geschichte entspricht in ihrem Verlauf der von Robert de
Boron, allerdings wird in Immermanns Werk bei der Erstürmung Jerusalems durch Kaiser Titus Ende der 70er-Jahre des 1. nachchristli-
chen Jahrhunderts nicht nur der Tempel, sondern auch das Gefängnis, indem sich Josef befindet, zerstört. Josef kommt dabei ums Leben
und der Gral verschwindet:

Karl Leberecht Immermann, Merlin: Eine Mythe, *Einband*

Als Titus dann Jerusalem gestürmet,
und Feu'r die Burg gefressen,
hat sich der Schutt berghoch ob ihm getürmet,
und als des Todes Finger
ihn rührte leicht und lose,
wie in dem Blumenzwinger
das Mägdelein berührt das Haupt der Rose,
schwebte, beglänzet von dem eignen Scheine,
das Heiligtum, das große,
zum Himmel auf, und kehrte in das Seine.

DIE GRALSGESCHICHTE IN
VERSEN UND BILDERN

In England war es Alfred Lord Tennyson, der sich des Themas annahm und in seiner poetischen Erzählung *Idylls of the King* von Artus, der Tafelrunde und der Suche nach dem Heiligen Gral berichtete. Dabei orientierte er sich im Wesentlichen jedoch an der Version von Thomas Malory. *Idylls of the King* besteht aus zwölf Gedichten, die Tennyson zwischen 1859 und 1885 veröffentlichte. Sir Percivale, der Gralsheld, erzählt darin rückblickend von der Suche nach dem Gral. Viele bildende Künstler aus dem Kreis der Präraffaeliten ließen sich von ihm und dem romantischen Geist inspirieren und schufen entsprechende Meisterwerke in Öl. Vor allem in den Werken von Edward Burne-Jones, dem 1833 im englischen Birmingham geborenen Maler, treffen wir immer wieder auf Artus, Lanzelot und auch den Gral (siehe Bildtafeln 11, 42 und 47).

DIE OPERN RICHARD WAGNERS

In der Musik war es Richard Wagner, der das Interesse auf das Gralsthema lenkte. Wagner, 1813 in Leipzig geboren, beschäftigte sich schon sehr früh mit den mittelalterlichen Texten, in denen die Suche nach dem Heiligen Gral im Mittelpunkt stand. Bevor seine Oper *Lohengrin* 1850 uraufgeführt wurde, hatte sich Wagner bereits mehrere Jahre lang mit dem Thema auseinandergesetzt und neben dem *Parzival* Wolfram von Eschenbachs auch andere Texte studiert. Zudem dürfte er auf eigene Faust geforscht haben. Von seinem Besuch beim walisischen Gral haben wir bereits berichtet. Es gibt auch Autoren, die vorgeben zu wissen, dass er sich im Languedoc umgeschaut habe; schriftliche Quellen gibt es darüber aber nicht.

In zwei Opern hat sich Wagner des Gralsthemas angenommen. Sein *Lohengrin* basiert auf dem letzten Teil von Wolfram von Eschenbachs *Parzival*. Lohengrin ist der Sohn des Gralskönigs Parzival und soll – so ist es vorbestimmt – der nächste Gralskönig werden. Noch ist

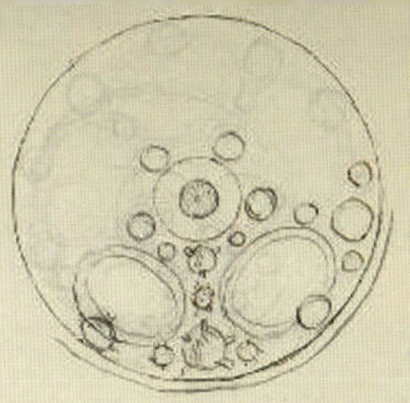

Der Fuss von
oben gesehn.

BB.

Bildtafel 36.
Paul von Joukowsky,
Requisitenentwurf für
den Gralskelch, 1882

Oben: Bildtafeln 37 und 38. Leonardo da Vinci, Das letzte Abendmahl, *1495–98.*
Fresco, Gesamtansicht und Detail (Jesus und, zu seiner Rechten, Maria Magdalena?)

Rechts: Bildtafel 39. Leonardo da Vinci, Mona Lisa, *1503–17*

Bildtafel 40. Dante Gabriel Rossetti, Parzival, 1864

Bildtafel 42. Morris & Co., Wandteppich nach einem Entwurf von Edward Burne-Jones, Galahad, Bors und Percival erreichen den Gral, 1895–96

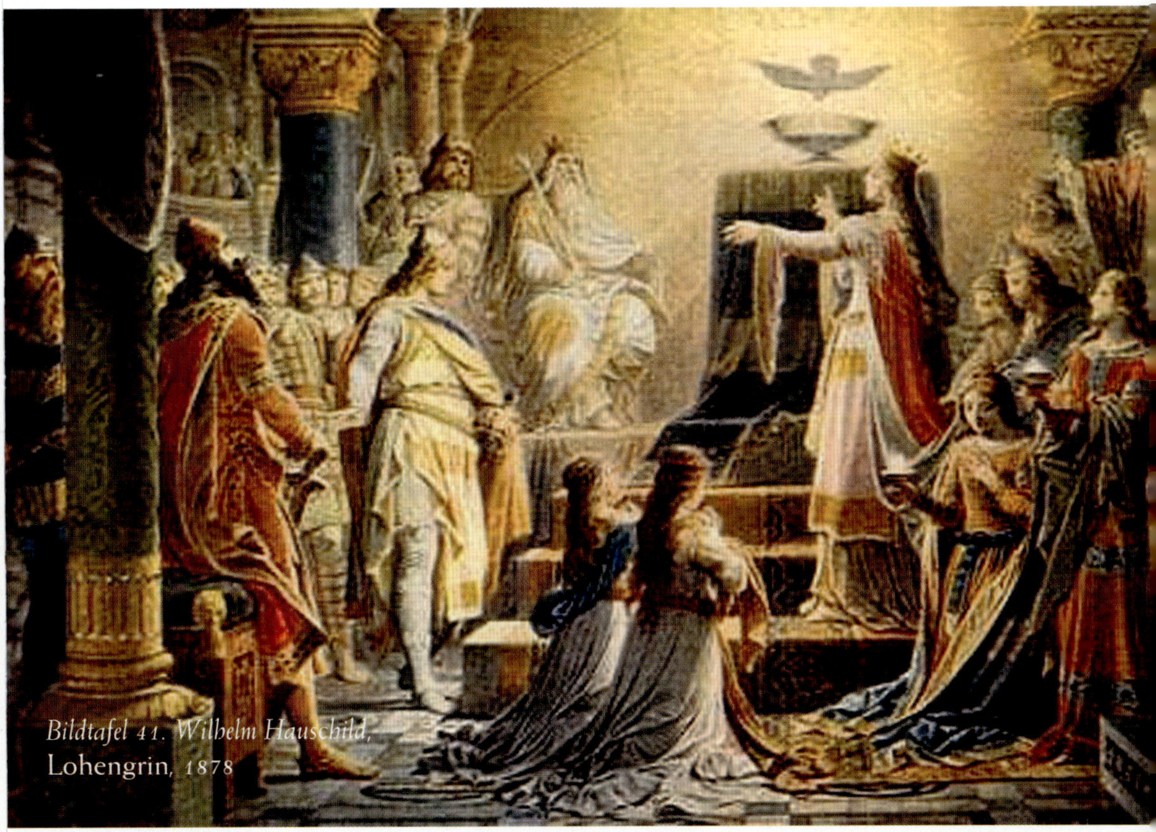

Bildtafel 41. Wilhelm Hauschild,
Lohengrin, *1878*

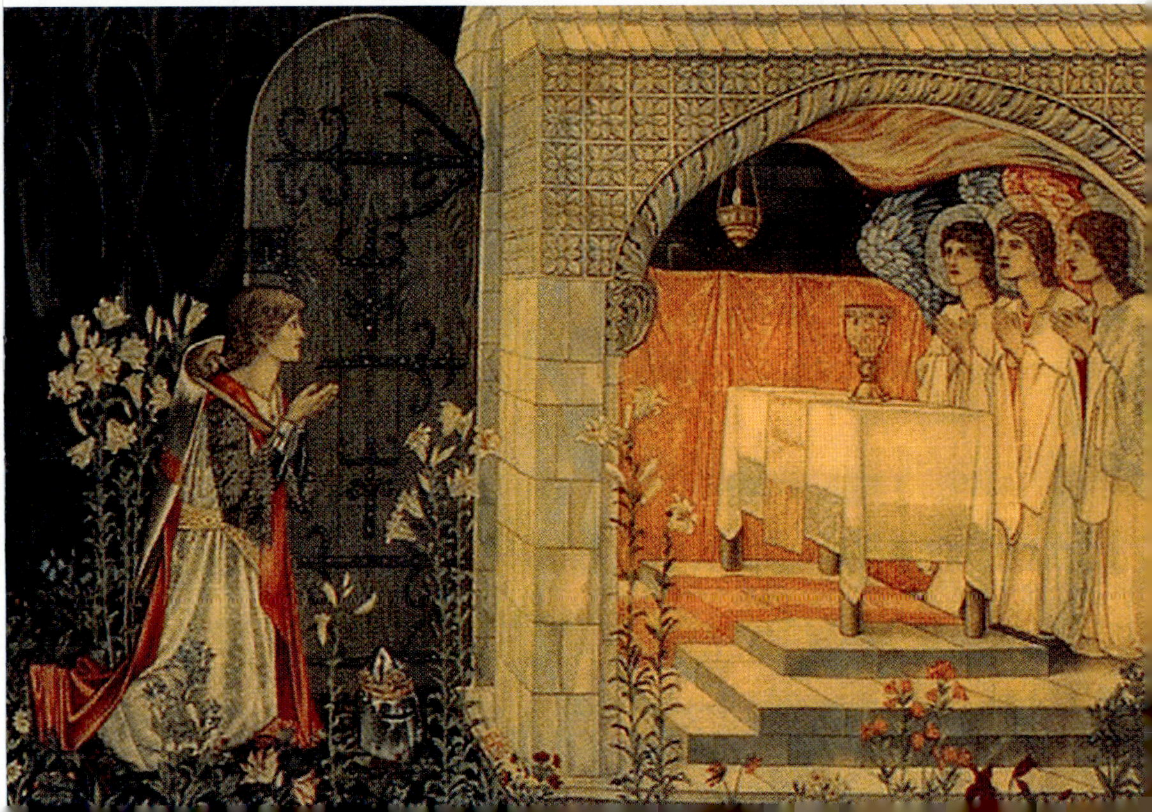

Oben: Bildtafel 45. Arthur Hacker, Die Versuchung des Sir Percival, *1894*

Rechts: Bildtafel 46. Ferdinand Leeke, Lohengrin, *1916*

Bildtafel 41. Wilhelm Hauschild,
Lohengrin, 1878

Bildtafel 43. José Claudio Antolinez, Das Gebet auf dem Ölberg,
1665

Bildtafel 44. Carlo Crivelli, Der heilige Franz von Assisi sammelt das Blut Christi, *zwischen 1490 und 1500*

Oben: Bildtafel 45. Arthur Hacker, Die Versuchung des Sir Percival, *1894*

Rechts: Bildtafel 46. Ferdinand Leeke, Lohengrin, *1916*

Bildtafel 47. Edward Burne-Jones,
Arthurs letzter Schlaf in Avalon, *1881–98*

Bildtafel 48. Dante Gabriel Rossetti, Die Jungfrau des Heiligen Grals, 1874

der Gral, wie auch bei Eschenbach, weder Abendmahlskelch noch Gefäß des Heiligen Blutes. Aber anders als bei dem mittelalterlichen Dichter, der den Gral ja bekanntlich als *lapsit exillis*, also als Stein, beschreibt, ist er bei Wagner ein »Gefäß von wundertät'gem Segen«.

Der Komponist und der Märchenkönig

Jahre später beschäftigte sich Wagner erneut mit dem Gralsstoff und brachte in seinem *Parsifal* nun die gesamte Gralshandlung auf die Bühne. Sein Mäzen König Ludwig II. von Bayern hatte ihn 1865 in diesem Vorhaben bestärkt, aber es sollte noch weitere 17 Jahre dauern, bis das Publikum den *Parsifal* zu sehen und zu hören bekam. 1864 hatten der damals erst 19-jährige Monarch und der 32 Jahre ältere Komponist sich kennengelernt. Für den hochverschuldeten Künstler war dies eine glückliche Begegnung, denn fortan unterstützte ihn der Märchenkönig, der sich selbst als Verkörperung des Gralsritters Lohengrin sah, großzügig und bezahlte auch Wagners Schulden.

Die Elemente des neuen *Parsifals* und ihre Entsprechungen in den Artussagen und Jesuslegenden

In dieser neuen Oper änderte Wagner den Namen Parzival in Parsifal, da er glaubte, dies sei eine Abwandlung des altpersischen *fal parsi*, was so viel wie »der törichte Reine« bedeutet. Die Handlung weicht von der bei Eschenbach ab. Wagner war im Zuge der Vorbereitungen für die Umsetzung des Stoffes weit gereist und hatte sich intensiv mit der Materie auseinandergesetzt. Nun ist sein Gral der Kelch, mit dem das Blut Jesu aufgefangen wurde. Und der Speer, mit dem der bisherige Gralskönig Amfortas verwundet wurde, entspricht der Longinuslanze. Engel übergaben einst diese höchsten Reliquien den beiden Rittern Titurel und Gurnemanz, die daraufhin einen neuen Ritterorden mit Titurel als König gründeten. Der Gral gibt ihnen Kraft, der Speer macht sie unbesiegbar.

Unverkennbar sind die Parallelen des Opernstoffs zu den Sagen um die Longinuslanze, dem Speer des Schicksals. Auch die Verbin-

Der Komponist, Richard Wagner   *Der Märchenkönig, Ludwig II. von Bayern*

dung zu den Tempelrittern ist offensichtlich. Der Zauberer Klingsor, welcher der Figur des Merlin der Artussage vergleichbar ist, will ebenfalls dem Orden beitreten, wird aber abgelehnt, wie einst der französische König Phillipp IV. Der neue Gralskönig Amfortas, verführt durch Kundry, die einst Jesus am Kreuz verhöhnt hatte und dafür auf ewig büßen muss, verliert den Speer an Klingsor, der ihm damit die nicht mehr heilen wollende Wunde zufügt. Auf symbolischer Ebene ist damit die Bestrafung für den Verstoß gegen das Gelübde der Keuschheit gemeint, eines der obersten Gebote der Gralsgemeinschaft.

Einer Prophezeiung zufolge kann nur das Mitgefühl eines »reinen Toren« Amfortas' Qualen lindern und ihn erlösen. Und dieser Tor erscheint in der Person des Parsifals. Zum Gral kann nur gelangen, wer berufen ist. Gurnemanz, der Waffengefährte des ersten Gralskönigs Titurel, glaubt in Parsifal diesen Berufenen zu erkennen und bringt ihn zur Gralsburg. Parsifal sieht die Leiden des Amfortas und auch die Prozession des Grals, versäumt es aber, die alles entscheidende Frage zu stellen. Danach gelangt er in das Reich Klingsors und er-

Richard Wagners Parsifal, *Bühnendesign von Paul von Joukowsky (1845–1912)*
für das Ende des 3. Aktes

kennt sein Versäumnis. Im Kampf tötet er den bösen Zauberer, befreit Kundry und bekommt eine zweite Gelegenheit. Er kehrt zur Gralsburg zurück, heilt Amfortas' Wunde dank des eroberten Speeres und wird selbst der neue Gralskönig.

Freimaurer und Rosenkreuzer – der Gral in illustren Künstlerkreisen

Freimaurerisches und rosenkreuzerisches Gedankengut spielten zu jener Zeit eine Rolle in Künstlerkreisen. So war der französische Autor Joséphin Péladan ein großer Verehrer Richard Wagners und vor allem des *Parzivals*. Péladan gründete 1888 in Frankreich den Ordre Kabbalistique de la Rose Croix (den Kabbalistischen Rosenkreuzerorden) und kurz darauf 1891 den Ordre de la Rose-Croix Catholique et Esthétique du Temple et du Graal (Katholischer und Ästhetischer Rosenkreuzerorden des Tempels und des Grals). An den Zusammenkünften des Ordens nahmen neben vielen anderen auch so namhafte Künstler wie Ferdinand Hodler, Erik Satie und der Bildhauer Auguste de Niederhäusern, bekannt als Rodo, teil. Auch eine eigene Zeitung wurde herausgegeben: Von *Le Saint-Graal* erschienen von 1892 bis 1899 insgesamt 20 Ausgaben. Der französische Lyriker Paul Verlaine, ebenfalls ein Wagner-Fan, schrieb das Geleitwort für die erste, am 20. Januar 1892 erschienene Ausgabe: »Der Heilige Gral, welch ein Wort, welch ein Name! Von doppelter Bedeutung: Der Höhepunkt der modernen Kunst, der Gipfel ewiger Wahrheit. Heiliger Gral, wahres Blut, das Blut Christi in weißglühendem Gold; Heiliger Gral, Lohengrin, Parsifal, die triumphale und triumphierende Manifestation der großartigsten Musik, die vielleicht die definitive poetischste Leistung unserer Zeit ist!«

DAS GRALSMOTIV
IN UNTERSCHIEDLICHEN
GEDANKENGEBÄUDEN

Manche Philosophen und/oder Psychologen sehen im Gralsmythos eine Parabel auf den Lebensweg des Menschen, der über Irrungen und Wirrungen hin zur Selbst- und Welterkenntnis führt.

CARL GUSTAV JUNG UND DER GRALSRITTER

Der Schweizer Psychoanalytiker Carl Gustav Jung scheint einen engen Bezug zum Gralsthema gehabt zu haben. Der Autor John Matthews berichtet in seinem Buch *Der Gral – die Wahrheit hinter den Mythen* wie Jung eines Nachts davon geträumt habe, dass er mitten in einer Großstadt einem Ritter in voller Rüstung mit einem roten Kreuz auf dem Brustpanzer begegnete. »Er wusste sofort, dass es sich um den Gralsritter handelte, der gekommen war, um ihn auf die Bedeutung des Mythos hinzuweisen.« Matthews zitiert Jung: »Ich hatte eine Ahnung, dass ein großes Geheimnis in diesen Geschichten verborgen liegt. Daher schien es mir ganz natürlich, dass der Traum die Welt der Gralsritter heraufbeschwören sollte ... oder dass es im tiefsten Sinne meine Welt war.« Jung gehörte zu denjenigen, die den Gralsweg als eine Reise zum Zentrum des Seins betrachteten. John Matthews: »Wie die mittelalterlichen Autoren erkannte er, wie tief der Gralsmythos im menschlichen Geist von der Wiege bis zur Bahre eingebettet war. Viel später im Leben hatte Jung einen anderen wichtigen Traum, in dem er die Gralsburg besuchte, aber nicht hineingelangen konnte. Dann fand er sich in einer öden, felsigen Landschaft wieder, die dem Wüsten Land glich. Am Ende des Traums kam er zu einem See mit einer Insel, auf der sich die Gralsburg erhob. Gerade als er zum Schloss schwimmen wollte, wachte er auf. Er hatte die Pforten zum Jenseits, zur Anderswelt, besucht.«

KARL OTTO SCHMIDT UND
DIE NEUGEIST-BEWEGUNG

Ein weiterer Denker, der sich intensiv mit dem Gralsthema als Weg der persönlichen Entwicklung des Menschen beschäftigte, war Karl Otto Schmidt. Er schrieb mehr als 100 Bücher mit einer Gesamtauflage von über zwei Millionen Exemplaren. Nachdem ihn die Nationalsozialisten wegen seiner esoterischen Schriften verhaftet hatten, leitete er nach dem Zweiten Weltkrieg den Wiederaufbau der Reutlinger Stadtbibliothek. Als Autor schrieb er zu jener Zeit erste Lehrbücher in der Esperanto-Sprache. 1972 erhielt er das Verdienstkreuz am Bande des Verdienstordens.

Karl Otto Schmidt gilt im deutschsprachigen Raum als bekanntester Vertreter der Neugeist-Bewegung. Als Neugeist wird eine spirituelle Lebensphilosophie bezeichnet, die unter dem englischsprachigen Begriff *New Thought Movement* in der zweiten Hälfte des 19. Jahrhunderts in den USA entstanden ist. Ihre religiöse Ausprägung ist heute die Unity Church mit weltweit etwa zwei Millionen Mitgliedern. In der Neugeist-Lehre treffen sich christliche Ansätze mit praktischer Theosophie, östlichen und westlichen Geheimlehren sowie buddhistischer und hinduistischer Philosophie.

Neugeistlich orientierte Autoren haben Übereinstimmungen der heiligen Schriften verschiedener Kulturkreise hervorgehoben und auf einen Nenner gebracht, wobei sich folgende Kernaussagen ausprägten: Wir Menschen können durch gezieltes bildhaftes Denken unser Leben und unsere Lebensumstände nachhaltig ändern. Geistige Heilung ist unter Beachtung konkreter geistiger Gesetzmäßigkeiten möglich. Alles ist mit allem im Kosmos verbunden. Gott ist nicht personal, sondern eine universelle Kraft. Positive Impulse fördern positive Wirkungen, negative Aktionen erschaffen negative Umstände. Der Mensch muss darauf achten, im guten und helfenden Sinne zu agieren, dann werden seine Kräfte potenziert und wirken auf ihn zurück. Wer seine Fähigkeiten missbraucht, zieht Übles an. Gesundheit, Wohlstand und Glück sind Grundrechte. Wer mit Armut, Krankheit und Leid zu kämpfen hat, kann seine Lebensumstände durch eine Änderung des Denkens und des Glaubens verändern. Neugeistige Lehren haben die New-Age-Bewegung der 1980er-Jahre stark beeinflusst. Später lenkte der weltweite Erfolg des Buches *The Secret* von Rhonda Byrne das Interesse vieler Leser auf die New-Thought-Philosophie.

Gralsreise zum Licht

Für Karl Otto Schmidt ist das Gralsthema eine Reise zum Licht, ein innerseelischer Prozess des einzelnen Menschen. In seinem kleinen Buch *Die Gralsbotschaft* zitiert er einige Bibelpassagen: »Es ist das Licht noch eine kleine Zeit bei euch. Wandelt, dieweil ihr das Licht habt, dass euch die Finsternis nicht überfalle ... glaubet an das Licht, dieweil ihr's habt, auf dass ihr des Lichtes Kinder seid.« (Joh. 12,35).

Für Schmidt ist Jesus das innerste Selbst in jedem Menschen und die Gralsbotschaft der Hinweis auf ein inneres Reich des Lichts. Er ist überzeugt, dass Weise und Seher dies schon in vorgeschichtlicher Zeit gewusst haben. Für ihn gehören die Wissenschaft als »Ausdruck menschlichen Strebens nach Erforschung der Tatsachen der Natur und des Lebens«, die Philosophie als die »Suche nach Erkenntnis der Wahrheit« und die Religion als der »Weg zum inneren Licht, zur Gewinnung der Voll-Erkenntnis der Wahrheit und zur Selbstverwirklichung des Menschen« zum Gralsweg. Schmidt erkennt eine Aufwärtsentwicklung allen Lebens im All, bis es ganz Licht und ganz göttliches Wesen geworden ist, wie schon in den altindischen Sagen von den Gandharvas, den Lichtträgern, beschrieben worden sei. Auch die Botschaften Buddhas seien eine Gralsverkündung. Die Überwindung von Leid stehe jedem Menschen offen. Das Erwachen und die Selbstverwirklichung führten zum Einssein mit dem Einen. Liebende Hingabe sei es, was echte Gralskönige ausmache. Auch Schmidt spricht in seinen Büchern die ägyptischen, persischen und griechischen Mysterienkulte an als Hilfe zum Wachwerden für das innere Licht, zur Läuterung und dem Erkennen des eigenen göttlichen Wesenskerns. Im Dionysos-Kult um den Sohn eines unsterblichen Gottes und einer sterblichen menschlichen Mutter erkennt er Parallelen zur Jesusgeschichte.

Göttliche Züge und Kräfte, die sich im Menschen in eine leibliche Hülle gebunden und an die Erde gefesselt haben, und ein lichter Kern, den es aufwärts zur Götterwelt zieht, spielen auf dem Gralsweg eine Rolle.

Nach Karl Otto Schmidt geschieht das Selbsterwachen stufenweise. Der alte Mithraskult, bei dem das Erwachen des Lichtes im Menschen im Zentrum steht, damit alles Böse zugrunde gehe, sei als Gralsverkündung durch römische Legionäre bis nach Gallien und Germanien, indische und ägyptische Mysterienweisheit in den Gralsmythen durch die Araber nach Spanien, Frankreich und England gelangt. Das Resümee Schmidts lautet in etwa: Den Gral, der die göttliche Lebenskraft trägt, können nur erwachte Menschen finden, die von innen geleitet werden. Er kann Wunden heilen, Not wenden und geistige Reife fördern. Der Gralsweg führt die Menschen von der Nichterkenntnis zur Erleuchtung.

Eckhart Tolle und die neue Erde

Der bekannte Autor Eckhart Tolle schreibt in seinem Buch *Eine neue Erde – Bewusstseinssprung anstelle von Selbstzerstörung*: » ... Buddha, Jesus und andere, die nicht alle bekannt sind, waren die ersten Blumen der Menschheit. Sie waren Vorboten, seltene und kostbare Wesen. Für ein Blütenmeer war es zu jener Zeit noch zu früh, und so wurde ihre Botschaft oft missverstanden und stark verfälscht. Sie hat offenkundig wenig Einfluss auf das menschliche Verhalten gehabt, außer bei einer kleinen Minderheit.«

Tolle vergleicht die alten Religionen und spirituellen Traditionen der Menschheit tiefergehend und findet unter den vielen oberflächlichen Unterschieden grundlegend übereinstimmende Einsichten.

Der Weg aus der Täuschung

Wenden wir uns zunächst der ersten zu, der »Gestörtheit«, und lassen wir dabei Eckhart Tolle selbst zu Wort kommen: »... die Erkenntnis, dass sich in der normalen Geistesverfassung der meisten Menschen ein starker Anteil von etwas bemerkbar macht, das wir Gestörtheit oder sogar Wahnsinn nennen können.« Im Hinduismus wird diese Gestörtheit als *Maya* bezeichnet, als »Schleier der Täuschung«. Im Christentum gebe es etwas Vergleichbares, es werde »Erbsünde« genannt, so Tolle.

Wie so viele biblische Begriffe, die in das kollektive Gedächtnis eingegangen sind, entstammt auch die Vorstellung von der Sünde einer falschen Übersetzung. Im griechischen Original der Bibel heißt das ursprüngliche Wort »Zielverfehlung« oder »daneben treffen«. Damit ist gemeint, das Ziel des menschlichen Daseins zu verfehlen. Wer dieses Ziel – den Gral, wenn man so will – verfehlt, der ist einer Störung erlegen. Diese Funktionsstörung ist kollektiv. Sie zeigt sich im kleinen Alltag ebenso wie in den großen, von der Menschheit hervorgerufenen Katastrophen. Der Hintergrund ist dabei fast immer Gier.

Kollektiver Wahnsinn

Schauen wir uns die Menschheitsgeschichte an, finden wir diesen kollektiven Wahnsinn überall. Gier und der damit verbundene Machthunger auf der einen sowie (Verlust-)Ängste auf der anderen Seite sind die Triebkräfte der Feldherren und Könige, denen man Denkmäler setzte, der ruhmreichen Entdecker, der stolzen Eroberer, aber auch zahlreicher kirchlicher Würdenträger, die unter dem Deckmantel eines höheren Auftrages Schlimmes anrichteten. Die Gier selbst, der Hunger nach Macht, die Angst und die Wut, die man fühlt, wenn man das, was man erreichen will, nicht bekommt, machen die Störung allerdings nicht aus. Sie entstehen erst durch sie. Die Störung ist die Täuschung. Der Weg zum Erkennen der Störung ist die Gralsreise.

Lehrer wie Jesus, Buddha oder Laotse haben immer wieder darauf hingewiesen. Es reicht nicht aus zu »glauben«, sich nur an »Gebote« zu halten, sich der »richtigen« Religionsgemeinschaft oder politischen Partei anzuschließen. Zitieren wir noch einmal Eckhart Tolle: »Ein guter oder besserer Mensch werden zu wollen klingt wie etwas, das von hoher Gesinnung zeugt und empfehlenswert ist, dabei ist es ein Unterfangen, das zum Scheitern verurteilt ist, es sei denn, es vollzieht sich ein Bewusstseinswandel. ... wir werden nicht dadurch gut, dass wir versuchen, gut zu sein, sondern indem wir die Güte wiederfinden, die bereits in uns angelegt ist, und zulassen, dass sie hervorscheint.« Und dazu ist zuerst einmal eine Bewusstseinsänderung nötig. Bei fast jedem Einzelnen wie auch bei der Menschheit als solcher.

Von Täuschungen lösen

Wenn Jesus von Erlösung sprach, dann hat er – so denken wir – genau das damit gemeint: die Befreiung, das Erwachen. Erlösung ist nicht die Übernahme der Sünden des Menschen durch einen für ihn stellvertretend Gekreuzigten. Erlösung findet statt, wenn die Menschheit sich von den Täuschungen des Egos löst, sich des eigenen, individuellen wie kollektiven Wahnsinns bewusst wird. Ob Buddha, Laotse, Jesus oder Maria Magdalena – die »Erwachten« wiesen die Menschen, die ihnen zuhörten, genau darauf hin. Und sie erklärten ihnen, was sie tun konnten, um dorthin zu gelangen. Einige verstanden ihre Worte. Viele missverstanden sie. Ihre Lehren wurden verzerrt, falsch wiedergegeben, fehlinterpretiert, bewusst abgeändert oder gar totgeschwiegen. Mancher, der die Lehren aufschrieb, fügte seine eigenen Auffassungen hinzu und verfälschte das Ursprüngliche. Der Apostel Paulus mit seinen eigenen Interpretationen des Wirkens Jesu, den er höchstwahrscheinlich selbst niemals traf, ist hierfür ein eklatantes Beispiel.

Prinzipiell kann und darf natürlich jeder seine Meinung oder seine Sicht der Dinge kundtun, solange dies als etwas Persönliches erkennbar bleibt. Schwierig wird die Sache erst, wenn man die Lehren anderer zu seinen eigenen macht und verdreht.

Zum Abschluss dieses Buches möchten auch wir unsere Ansichten über das Gralsthema und das, was damit in Zusammenhang steht, darlegen.

Kapitel 10

Unsere persönliche Sicht der Dinge

Nachdem wir nun den Spuren so mancher Gralsforscher gefolgt sind und auch betrachtet haben, in welchen Werken und Gedankengebäuden das Gralsmotiv Eingang gefunden und zu welchen Ideen und Werken es Künstler, Philosophen, Psychologen und Musiker inspiriert hat, möchten wir unsere »Gralsreise« mit eigenen Anschauungen und Überzeugungen beschließen.

INNERE GRALSSUCHE STATT ÄUSSEREN CREDOS

Wir sind der Meinung, dass auch wir als Nicht-Gläubige das Recht haben, uns auf Jesus (ohne den Zusatz »Christus«), Maria Magdalena, Buddha oder Laotse, wie auch auf andere große Geister der etablierten Weltreligionen und kleineren Gruppierungen, zu berufen und uns an ihnen zu orientieren, ohne dass wir uns einem unserer Ansicht nach menschengemachten Glaubenssystem, das der Gefahr der inneren und äußeren Erstarrung unterliegt, unterwerfen müssten. Was wir wünschen, sind Inhalte, keine Formen.

Die Religionen, die im Idealfall die größten Probleme der Menschheit – Hass, Gewalt, Krieg, Zerstörung – hätten verhindern können/sollen, wurden stattdessen zur Ursache für neue Konflikte. Und das nicht nur bezogen auf Anhänger unterschiedlicher Weltanschauungen, sondern durchaus auch innerhalb ein und derselben Glaubensrichtung – man denke im Falle des Christentums etwa an die Religionskonflikte zwischen Katholiken und Protestanten im Dreißigjährigen Krieg oder auch in Nordirland. Wenn die Religion zur Ideologie wird, liefert sie denjenigen, die für sich in Anspruch nehmen, den »rechten Glauben« zu haben, leicht einen Anlass, um sich über andere zu erhöhen. Diese werden dann immer als Ungläubige, als Ketzer, angesehen und abgetan. Man ist davon überzeugt, selbst an den einzig richtigen Gott zu glauben, von dem man sich im schlimmsten Fall dazu aufgefordert fühlt, gegen die anderen mit Gewalt vorzugehen. Schließlich geht es ja darum, den wahren Glauben »zu verteidigen«. Wenn der Dalai Lama sagt »Das Herz aller Religionen ist eins« – so der Titel eines seiner Bücher –, dann will er damit auch zum Ausdruck bringen, dass hinter den dicken Wänden aus Fehlinterpretationen und Verfälschungen immer noch ein Funken Wahrheit durchschimmert, ein essenzieller Kern. Innerhalb der großen Religionen gab und gibt es hin und wieder Strömungen, die (Grals-)Wege zur ursprünglichen Religion suchen und auch finden. Und immer ist die Erkenntnis dabei ein zentrales Thema; Erkenntnis, die zur Transformation führt. Bislang werden diese Strömungen dann in der Regel von den etablierten Hierarchien zerstört oder zumindest so klein gehalten, dass sie deren Macht nicht behindern können.

Ein fester Glaube führt unserer Meinung nach nicht zur Erkenntnis. Er birgt vielmehr die Gefahr der Erstarrung in sich. Der Gläubige, der nur glaubt und nicht wirklich erkennt, hängt in seiner Erstarrung fest. Was derzeit in der Welt stattfindet, ist eine Zunahme an Spiritualität außerhalb der etablierten Religionen und zugleich eine Verfestigung der Starre innerhalb derselben. Aber alle Religionsgemeinschaften, Ideologien und politischen Systeme, die bewegungslos und erstarrt sind, werden in sich selbst zerfallen müssen, wie es der Kommunismus tat. Anders als in der Vergangenheit steht die Menschheit heute vor Problemen, die die globale Existenz ungemein gefährden. Diese existenziellen Herausforderungen lassen sich nicht von machtgierigen Politikern, rein umsatzorientierten Konzernbossen, weltfremden Religionsführern und einer geistig unbeweglichen anonymen Masse meistern. Es muss folglich umgedacht werden. Wir sollten uns auf die Suche machen nach Erkenntnis – auf Gralssuche.

FRAGEN UND ANTWORTEN
DER AUTOREN ZUM THEMA

Im Folgenden möchten wir uns nun einigen Fragen zuwenden, die wir selbst uns während und nach Verfassen dieses Buches gestellt und zu beantworten versucht haben. Sie mögen ebenso »kunterbunt« erscheinen wie die gesamte verworrene Thematik rund um den Gral. Aber vielleicht sind dies ja auch Fragen, die Sie als Leser uns gerne stellen würden. Hier stehen wir Ihnen Rede und Antwort.

WAS IST DER GRAL?

Vielleicht waren die Gralsromane Veröffentlichungen, mittels derer beauftragte Autoren spezielle Adelsfamilien spirituell und damit auch gesellschaftlich und politisch höher stellen wollten. Oder Resultate der Notwendigkeit, dem Rittertum eine Vorlage für eine neue, idealistische Ausrichtung zu geben. Möglicherweise ging es um beides. Ob es den Verfassern allerdings damals schon bewusst war, dass sie einen Mythos aufgriffen, der durch die Jahrhunderte bis in unsere Tage die Menschen faszinieren sollte, kann niemand sagen, vielleicht ahnten sie es. Immer wieder wird gesagt, der Gral besäße auch heute noch die gleiche Anziehungskraft wie im 13. Jahrhundert und sei dadurch in der Lage, unser kollektives Unbewusstes zu beeinflussen.

Wir schließen nicht aus, dass das Gefäß, das Jesus beim letzten Abendmahl mit seinen Jüngern benutzte, heute noch existiert. Natürlich kann man nicht mit Bestimmtheit sagen, ob Josef von Arimathäa auch Blut des Gekreuzigten darin aufgefangen hat, aber auch das ist möglich. Wir denken, dass der Kelch von San Juan de la Peña in Valencia die besten Chancen auf den Titel »echter Gral« hat und dass es beim heiligen Abendmahl noch ein zweites Gefäß gegeben hat, eines für Wasser. Nicht nur deshalb sind wir der Ansicht, dass man nicht von nur einem Gral sprechen sollte. Die Leute haben sicherlich zu allen Zeiten gern Dinge aufbewahrt, die von besonderen Menschen benutzt worden sind, um ihnen auf diese Weise näher zu sein. In der Antike wird dies nicht anders gewesen sein als heute und Jesus wird noch weitere Trinkgefäße verwendet haben. Nicht alle Reliquien sind Fälschungen. Darunter befindet sich auch viel Echtes.

Wenn man die Person Maria Magdalenas als den Heiligen Gral bezeichnet, weil man davon ausgeht, dass sie Jesu Kinder geboren hat, ist auch dies unserer Meinung nach legitim. Wir wissen natürlich nicht, ob dies wirklich so war, ziehen es aber in Betracht. Es wäre plausibel. Und in diesem Fall wären sich die Familie und ihre Nachkommen der Besonderheit ihrer Herkunft sicherlich auch bewusst gewesen. Dass jemand daraus irgendwelche Ansprüche auf einen Königsthron ableiten kann, halten wir allerdings eher für fraglich. Doch ist die These, dass die christliche Kirche in Schwierigkeiten geriete, wenn heutzutage echte Nachkommen Jesu auftauchten, leicht nachvollziehbar. Dann bräche das ganze konstruierte Gerüst zusammen. Auch wenn wir es für unwahrscheinlich halten, dass diese Nachfahren plötzlich aus dem Dunkel der Geschichte treten werden, sind wir der Ansicht, dass es sie durchaus geben kann. Es wäre eine interessante Rechenaufgabe zu ermitteln, wie viele Nachkommen des Paares momentan leben könnten, wenn Jesus und Maria Magdalena vor knapp 2 000 Jahren zwei oder drei Kinder gezeugt hätten. Andererseits – was ändert es im Leben, wenn man weiß, dass man von Jesus abstammt? Man ist und bleibt trotzdem ein Mensch und ist im Irdischen verfangen. In der deutsch synchronisierten Verfilmung von *Sakrileg* erzählt Sophie Neveu, gespielt von Audrey Tautou, sie habe, nachdem sie von ihrer Herkunft erfahren hat, versucht übers Wasser zu gehen. Und ihr mit einem putzigen Akzent vorgetragenes Fazit lautet: »Klabbt nischt.«

WAREN ARTUS UND DIE RITTER DER TAFELRUNDE HISTORISCHE PERSONEN?

Es gab natürlich echte Menschen, die man als Vorbilder für die Figuren der Geschichten genommen hat – das ist ja meistens so. In unserem Fall fließt vieles zusammen: verschiedene Legenden und Mythen aus mehreren Regionen, die durch zahlreiche Hände gingen und immer wieder regional angepasst wurden. Die Figur des Artus lehnt sich an diverse Heerführer der späten Antike und des frühen Mittelalters an. Und auch einige andere in den Romanen und Erzählungen vorkommende Charaktere gehen gleich auf mehrere historische Vorbilder zurück.

Welche Rolle spielten bei der Verbreitung der frühen Gralsgeschichten die Troubadoure, Minnesänger und fahrenden Musiker?

Sie spielten sogar eine sehr große Rolle, denn sie waren die Hauptunterhalter an den Höfen wie auch in den Städten und Dörfern. Sie erzählten Geschichten, sangen Lieder oder führten Theaterstücke auf. Und dabei standen die beliebtesten Sagen und Legenden im Mittelpunkt. Damit sorgten die Troubadoure dafür, dass die Helden und schönen Frauen im Bewusstsein der Menschen, die ihnen zuhörten, präsent waren und blieben. Für die Nachwelt sind natürlich die erhaltenen Bücher aus dem Mittelalter wichtiger.

Wem dient der Gral?

Das Gefäß ist für echte Gläubige bestimmt eine wunderbare Reliquie und wir gönnen jedem das andächtige Gefühl, das er beim Betrachten derselben erfahren mag.

Die verschiedenen Gralsorte dienen dem Tourismus und locken Reisende an. Die Geschichte von einer Nachkommenschaft Jesu inspiriert die Freunde von Geheimnissen, Legenden und Mythen. Aber sie kann auch Anlass sein, sich mit den Inhalten der Kirchen auseinanderzusetzen. Die starren christlichen Institutionen geraten dadurch auf den Prüfstand und das ist unserer Meinung schon längst überfällig.

Den Gral mehr psychologisch oder philosophisch als den Endpunkt der Suche nach dem Sinn des Lebens zu deuten, ist eine Option, die jeder für sich selbst gestalten und als Möglichkeit zur Weiterentwicklung nutzen kann. Die individuelle Gralssuche dient der persönlichen Transformation, sie kann ein Leitfaden sein.

KANN MAN DAS GEHEIMNIS VON RENNES-LE-CHÂTEAU LÜFTEN?

Vielleicht werden eines Tages tatsächlich die echten Dokumente auftauchen, die der Abbé Saunière in seiner Kirche gefunden hat, wer weiß. Ansonsten kann man natürlich nur spekulieren; wir sind der Ansicht, dass Saunière tatsächlich etwas Bedeutendes gefunden hat. Doch solange man keine überprüfbaren Fakten oder Artefakte in Händen hält, bleibt der Schleier des Geheimnisses über dem kleinen Örtchen liegen.

WAS KÖNNTE SAUNIÈRES FUND GEWESEN SEIN?

Möglicherweise waren es ja alte Aufzeichnungen, die auf eine Nachkommenschaft von Jesus und Maria Magdalena hinweisen. Manches deutet darauf hin. Wir vermuten, dass sie dann auch in Zusammenhang mit den Habsburgern stehen.

Wir denken nicht, dass Saunière Schweigegeld erhalten hat, sondern, dass er zum Suchen beauftragt worden war, fündig wurde und für seine Arbeit gut entlohnt wurde.

Ebenso halten wir es aber auch für möglich, dass er einen materiellen Schatz gefunden haben könnte.

WELCHE ROLLEN SPIELTEN PIERRE PLANTARD, PHILIPPE DE CHÉRISEY UND GÉRARD DE SÈDE?

Einerseits haben diese Personen natürlich Verwirrung gestiftet, weil man nach der Flut an falschen Fakten, die sie verbreiteten, kaum noch den Durchblick behält. Und viele Autoren, die sich nach ihnen auf das Thema stürzten, übernahmen ihre Darstellungen.

Wenn Philippe de Chérisey einen Anspruch angemeldet hätte, ein Merowingernachfahre zu sein, hätte man dafür noch Verständnis haben können. Er stammte aus altem französischem Adel, dessen Stammbaum durchaus entsprechende Schlüsse zulassen würde. De Chérisey scheint allerdings ein großer Schelm gewesen zu sein, ein Eulenspiegel. Wir denken jedoch nicht, dass er sich alles aus den Fingern gesogen hat. Er besaß vermutlich durchaus ein Wissen über ein besonders Geheimnis. Es ist daher schwer zu sagen, inwiefern und inwieweit er in seinen Darstellungen übertrieb oder ins Unwahre abdriftete.

Pierre Plantard stellt sich uns dagegen als Hochstapler dar. Und doch muss auch er ziemlich gut über Dinge informiert gewesen sein, die in keinem Geschichtsbuch stehen.

Gérard de Sède war von den dreien möglicherweise der Leichtgläubige, der das, was die anderen beiden ihm erzählten, für wahr hielt und in seinen Büchern verbreitete.

WAS IST ÜBER LINCOLN, BAIGENT UND LEIGH ZU SAGEN?

Nun, sie haben das bekannteste und wohl meistzitierte Sachbuch über das Thema geschrieben, *Der Heilige Gral und seine Erben*. Sie hatten viel recherchiert und gingen dem Spiel von Pierre Plantard auf den Leim. Auch wir haben ihr Buch Anfang der 1980er-Jahre gern gelesen. Es war sehr anregend. Unserer Meinung nach hätten sie Plantard allerdings mehr »auf den Zahn fühlen« sollen.

... UND ÜBER DAN BROWN?

Keine Frage, Brown ist ein großartiger Romanautor. Und *Sakrileg* ein brillant ausgeklügelter Religionsthriller. Aber es ist unseres Erachtens nicht legitim, es so darzustellen, als beruhe die Story auf nachprüfbaren, echten Fakten. Hier vergisst Brown die Spielregeln: Ein Roman ist eine erfundene Geschichte. Natürlich darf man sich dabei auf historischem Terrain bewegen, aber für die Leser muss immer eindeutig bleiben, dass sie es mit Fiktion zu tun haben.

Und hier endet nun unsere Entdeckungstour auf den Spuren des Grals. Dieser Mythos ist eines der zentralen kollektiven Themen der Menschheit. Es geht dabei um Suchen und Finden. Um Unwissen und Erkenntnis. Um Unglück und Glück. Um Verrat und Liebe. Um innen und außen, oben und unten, Vergangenheit und Zukunft. Um das Erkennen der Polarität und ihre Überwindung. Um Macht und Ohnmacht, Freude und Trauer, Mann und Frau, Eltern und Kinder. Es geht um die ewigen Fragen nach dem Sinn des Lebens. Das macht die Gralssuche so zeitlos.

ANHANG

ZEITLEISTE

5.bis 1. Jhdt. v. Chr.:	Die Kelten stellen wertvolle und reich verzierte Kessel aus verschiedenen Materialien für kultische Zwecke her.
Ca. 22 v. Chr.:	Geburt Marias, der Mutter Jesu.
Ca. 18 v. Chr.:	Geburt von Pontius Pilatus.
Ca. 7 v. Chr.:	Geburt Jesu.
6. n. Chr.:	Judäa wird römische Provinz.
25–36:	Pontius Pilatus ist Präfekt von Judäa.
26–29 n. Chr.:	Öffentliches Wirken Johannes des Täufers.
28:	Jesus von Nazareth tritt an die Öffentlichkeit.
Ca. 30:	Jesus wird von den Römern ans Kreuz geschlagen.
Zw. 30 u. 40:	Josef von Armathäa geht in Britannien an Land.
42:	Christenverfolgung durch Herodes Agrippa II., König von Judäa. Flucht einiger Jünger ins Ausland.
42–44:	Petrus in Rom.
44:	Markus schreibt das erste Evangelium in Rom.
48:	Apostelkonzil in Jerusalem.
48:	Vermutetes Todesjahr von Jesu Mutter Maria.
49–62:	Erste Briefe des Paulus. Entstehung der frühesten Texte des Neuen Testaments.
Ca. 50:	Entstehung des Markusevangeliums.
57:	Besuch von Mitgliedern der griechischen Christengemeinden unter Paulus in Jerusalem.
Ca. 60:	Der Apostel Petrus bringt den Abendmahlskelch, den heutigen Santo Cáliz, nach Rom. Er wird von den ersten Päpsten bis zu Papst Sixtus II. verwahrt.
62:	Tötung von Jesu Bruder Jakobus in Jerusalem.
Ca. 62:	Entstehung des Lukasevangeliums.
64:	Brand Roms und Beginn der Christenverfolgung unter Nero.

67:	Entstehung des Johannesevangeliums in Ephesos.
70:	Zerstörung Jerusalems und des Tempels.
72:	Baubeginn der ersten judenchristlichen Synagoge, der »Kirche der Apostel«, auf das Heilige Grab ausgerichtet.
107:	Hinrichtung einiger Verwandter Jesu wegen ihrer Abstammung von König David.
100–130:	Ausprägung der christlichen Gnostik.
130:	Beschluss Kaiser Hadrians, das zerstörte Jerusalem als Aelia Capitolina neu zu gründen.
134:	Urchristen übernehmen nach der Vertreibung der Juden aus Jerusalem die »Kirche der Apostel«.
135:	Errichtung eines Venustempels über dem Grab Jesu.
110–150:	Entstehung der Evangelien von Thomas und Petrus sowie des Evangeliums nach Maria.
160:	Erste christliche Pilger in Jerusalem.
2. Jhdt:	Zahlreiche außerkanonische christliche Schriften entstehen, die für die Rekonstruktion der Zusammenhänge um den historischen Jesus von Bedeutung sind. Die vier Evangelien von Markus, Matthäus, Lukas und Johannes werden als maßgeblich anerkannt. Jüdische und römische Quellen erwähnen Jesus.
Ca. 150:	Entstehung des gnostischen Judasevangeliums.
Ca. 180:	Irenäus, der Bischof von Lyon, ächtet die Lehren der Gnosis und bezeichnet das Judasevangelium als eine Erfindung.
258:	Papst Sixtus wird in Rom enthauptet. Sein Diakon Laurentius sorgt dafür, dass der Santo Cáliz ins iberische Huesca in Sicherheit gebracht wird.
273:	Geburt Konstantins des Großen.
275–300:	Die christlichen Anschauungen, die heute noch gelten, werden als bindend festgelegt.
306:	Kaiserkrönung Konstantins.
312:	Kreuzesvision von Kaiser Konstantin bei Mailand. Beginn der Christianisierung Roms. Bau der Lateranbasilika.

313:	Toleranzedikt von Mailand.
324:	Konstantin wird Kaiser des gesamten Römischen Reiches.
325:	Konzil von Nicäa.
325:	Freilegung des Heiligen Grabes in Jerusalem auf Veranlassung Konstantins.
325:	Entdeckung der Kreuzreliquie. Der größte Teil des Kreuzes, drei Nägel und die Hälfte des Titulus werden nach Rom gebracht.
327: :	Weihe der Basilika Santa Croce durch Papst Silvester I.
335:	Weihe der Grabeskirche in Jerusalem.
350:	Entstehung des *Codex Sinaiticus*, der ersten vollständigen Handschrift des Neuen Testaments.
367:	Der Bischof von Alexandria, Athanasius, benennt als erster die 27 Bücher des Neuen Testaments.
380:	Erhebung des Christentums zur offiziellen Religion des Römischen Reiches.
395:	Anlässlich des Todes von Kaiser Theodosius definiert Bischof Ambrosius von Mailand zum ersten Mal die Bedeutung von Passionsreliquien und stellt sie als Symbole gottgegebener Macht dar.
Ca. 497:	Nach seinem Sieg über die Alamannen wird der fränkische König Chlodwig von Bischof Remigius in Reims getauft. Er ist der Enkel von Merowech, dem Begründer des Geschlechts der Merowinger.
515:	Das Mandylion von Edessa wird entdeckt.
570:	Pilger berichten von der Verehrung einer Onyxschale in der Jerusalemer Grabeskirche.
614:	Plünderung der Grabeskirche durch die Perser unter Chosrau II. Raub der Kreuzreliquie.
628:	Übergabe der Kreuzreliquie an Kaiser Heraklius.
638:	Übernahme Jerusalems durch den Kalifen von Mekka, Omar ibn el-Khattab. Die Kreuzreliquie wird in 19 Teile aufgeteilt.

711:	Die Mauren beginnen mit der Invasion der Iberischen Halbinsel. Der Santo Cáliz wird in einer Höhle in den Bergen versteckt.
Ca. 800:	Mit einer gefälschten Urkunde, die angeblich von Kaiser Konstantin aus dem Jahr 315 stammen soll, wird Papst Silvester I. und allen seinen Nachfolgern die Vormachtstellung über Rom, Italien und das Weströmische Reich übertragen. Die Päpste leiteten aus dieser Fälschung territoriale Ansprüche und geistliche wie auch politische Vormachtsansprüche ab.
934:	Heinrich I. erwirbt die Heilige Lanze.
955:	Otto I. siegt mit der Heiligen Lanze auf dem Lechfeld über die Ungarn.
1009:	Zerstörung der Grabeskirche auf Veranlassung von Kalif al-Hakim Bi-Amr-Illah.
1071:	Der Santo Cáliz gelangt in das Benediktinerkloster von San Juan de la Peña.
1095:	Papst Urban II. ruft während des Konzils von Clermont zum Ersten Kreuzzug auf.
1099:	Eroberung Jerusalems durch die Kreuzritter und Suche nach der Kreuzreliquie.
1118:	Gründung des Templerordens als »Arme Ritterschaft Christi und des salomonischen Tempels zu Jerusalem« durch Hugo de Payens und acht weitere Ritter.
1134:	Der Santo Cáliz wird erstmals in einer Urkunde des Klosters San Juan de la Peña erwähnt.
Ca. 1136:	Der walisische Mönch Geoffrey of Monmouth schreibt seine *Historia Regum Britanniae* (Geschichte der Könige Britanniens) und die *Vita Merlini* (Das Leben des Merlin). Die Artussage entsteht.
1139:	Papst Innozenz verleiht dem Templerorden weitreichende Rechte und Privilegien. Dazu gehören unter anderem Steuerfreiheit sowie das Recht, selbst Steuern zu erheben und bei Kämpfen Kriegsbeute zu machen. Der Orden steht unter dem besonderen Schutz des Papstes.

1140:	Umbau der Basilika Santa Croce, Einmauerung des Titulus.
1147–49:	Zweiter Kreuzzug ins Heilige Land.
1149:	Weihe der neuen, von den Kreuzfahrern errichteten Grabeskirche. Rückeroberung Jerusalems unter Sultan Saladin.
1179–91:	Chrétien de Troyes schreibt im Auftrag des Grafen von Flandern seinen Versroman *Le Conte du Graal ou Le roman de Perceval*.
1184:	Bei einem Großbrand wird die Abtei der Benediktiner in Glastonbury zerstört. Kurz danach berichten die Mönche der Abtei, sie hätten das Grab von König Artus entdeckt.
1187:	Vernichtende Niederlage der Kreuzritter in der Schlacht von Hattin. Eroberung der Kreuzreliquie durch die Moslems.
1189–93:	Dritter Kreuzzug ins Heilige Land.
Ende 12. Jhdt.:	Robert de Boron schreibt sein Buch *Estoire dou Graal*.
Anfang 13. Jhdt.:	In fünf höfischen Romanen erscheint der *Prosa-Lancelot* als eine Gesamterzählung der Grals- und Artussage. Wolfram von Eschenbach verfasst seinen *Parzival*.
1202–04:	Vierter Kreuzzug ins Heilige Land.
1204:	Einfall der Kreuzzügler in Konstantinopel. Plünderung der Stadt. Raub des Grabtuches Jesu und diverser Kreuzfragmente.
1228–29:	Fünfter Kreuzzug ins Heilige Land.
1239:	Verkauf der Dornenkrone an König Ludwig IX.
1244:	Mit der Eroberung des Montségurs fällt die letzte Festung der Katharer.
1248–54:	Sechster Kreuzzug, Ziel ist Ägypten.
1270:	Siebter Kreuzzug mit Ziel Tunis.
1291:	Fall von Akkon, der letzten Festung der Christen im Heiligen Land. Ende der Kreuzzüge.
1307:	Am 13. Oktober, dem »schwarzen Freitag«, beginnt die Verhaftung der Templer.

April–Mai 1312:	Papst Clemens V. löst auf dem Konzil von Vienne den Templerorden auf. Die Besitztümer der Templer gehen an den Johanniterorden.
1314:	Der letzte Großmeister des Templerordens, Jacques de Molay, wird in Paris verbrannt.
1416:	König Alfonso bringt den Santo Cáliz nach Valencia. Dort wird er in der Kathedrale aufbewahrt.
1492:	Entdeckung des Titulus bei Reparaturarbeiten in der Basilika Santa Croce. Sultan Bajasid II. schenkt Papst Innozenz VIII. die Longinuslanze.
1546:	Konzil von Trient, bei dem die katholische Kirche den Beschluss fasst, ihre Liste der kanonischen Bücher in der Bibel als endgültig anzuerkennen.
1629:	Überführung der Kreuzreliquie in die Peterskirche auf Veranlassung von Papst Urban VIII.
1809–13:	Um ihn vor den französischen Truppen in Sicherheit zu bringen, wird der Santo Cáliz auf Mallorca versteckt.
1844–59:	Die älteste bekannte Ausgabe des Neuen Testaments, der *Codex Sinaiticus*, wird auf dem Sinai entdeckt.
1850:	Uraufführung von Richard Wagners *Lohengrin* in Weimar unter der Leitung von Franz Liszt.
1880:	In einer Privataufführung in München stellt Richard Wagner dem bayerischen König Ludwig II. sein musikalisches Werk *Parsifal* vor.
1886:	Entdeckung des Petrusevangeliums in Ägypten. Am 1. Juli wird Bérenger Saunière Pfarrer in Rennes-le-Château.
1896:	Entdeckung des Evangeliums nach Maria in Ägypten.
1910:	Adolf Hitler wird auf die Heilige Lanze in Wien aufmerksam.
1925–52:	Bau der Reliquienkapelle von Santa Croce in Rom.
1933:	Otto Rahn veröffentlicht sein Buch *Kreuzzug gegen den Gral*.
1936–39:	Während des Spanischen Bürgerkrieges wird der Santo Cáliz in der Stadt Carlet versteckt.

1945:	Entdeckung der Nag-Hammadi-Schriften in Ägypten.
1947:	Entdeckung der Schriftrollen vom Toten Meer in Israel.
1967:	Das Buch *L'Or de Rennes ou La vie insolite de Bérenger Saunière, curé de Rennes-le-Château* von Gérard de Sède erscheint in Frankreich.
1982:	Das Buch *The Holy Blood and the Holy Grail* von Henry Lincoln, Richard Leigh und Michael Baigent erscheint, 1984 die deutsche Fassung: *Der Heilige Gral und seine Erben*. Am 8. November feiert Papst Johannes Paul II. in Valencia eine Messe mit dem Santo Cáliz.
1990er-Jahre:	Das Evangelium des Erlösers wird aus in Ägypten gefundenen Fragmenten übersetzt.
2001–06:	Restaurierung und Übersetzung des Judasevangeliums.
2003:	Der Roman *The Da Vinci Code* von Dan Brown wird veröffentlicht. Ein Jahr später folgt die deutsche Übersetzung unter dem Titel *Sakrileg*.
2006:	Papst Benedikt XVI. besichtigt den Santo Cáliz in der Kathedrale von Valencia. Der Hollywood-Film *The Da Vinci Code* mit Tom Hanks und Audrey Tautou in den Hauptrollen kommt in die Kinos.
2014:	Der Nanteos Cup wird von Unbekannten aus einer Privatwohnung gestohlen.

LITERATUREMPFEHLUNGEN

Im Folgenden finden Sie eine Liste mit Büchern zum Thema Gral. Diejenigen Werke, die uns bei unseren umfangreichen Recherchen besonders hilfreich waren und deren Lektüre wir gerne den Lesern, die sich noch ausführlicher mit der Gralsthematik beschäftigen wollen, ans Herz legen möchten, kommentieren wir dabei eigens (hier kursiv gedruckt).

ALLGEMEINE LITERATUR ZUM THEMA GRAL

Adler, Alexandre: Das Geheimnis der Templer. Von den Rosenkreuzern bis Rennes-le-Château, München 2009
Der deutsche Titel ist ein wenig irreführend. Der französische Originaltitel lautet: Sociétés secrètes. De Léonard de Vinci à Rennes-les-Château. Und damit handelt dieses Buch von mehr als nur dem Orden der Templer. Der Franzose Alexandre Adler geht den historischen Spuren auf kurzweilige aber trotzdem informative Art und Weise nach und beleuchtet die Verbindungen zwischen Templern, Katharern, Merowingern, Rosenkreuzern und dem Geheimnis von Rennes-le-Château sowie die Entstehung des Mythos.

Bahrs, Ulrich: Gral-Wanderer, Leipzig 1928

Barber, Richard: Der Heilige Gral. Geschichte und Mythos, Düsseldorf und Zürich 2004
»Bis wir schließlich das Gefühl haben, dass alles, irgendwie und irgendwo, der Gral sein muss.« So endet Barbers Buch über die Geschichte des Heiligen Grals. Er schlägt gelungen den großen literarischen Bogen von Chrétien de Troyes bis ins 20. Jahrhundert.

Birch-Hirschfeld, Adolf: Die Sage vom Gral. Ihre Entwicklung und dichterische Ausbildung in Frankreich und Deutschland im 12. und 13. Jahrhundert, eine literarhistorische Untersuchung, Wiesbaden 1969

Burdach, Konrad: Der Gral – Forschungen über seinen Ursprung und seinen Zusammenhang mit der Longinuslegende, Darmstadt 1974

Deberling, Oliver: Gralsrätsel – Bundeslade, Heiliger Gral und Tempelritterorden, Radeberg 2013

Dillenburger, Ingeborg: Die Gralssagen. Ihre Wurzeln und ihre Wandlungen, Hamburg 2010

Evola, Julius: Das Mysterium des Grals, München 1978

Godwin, Malcolm: Der Heilige Gral – Ursprung, Geheimnis und Deutung einer Legende, München 1994
Godwin geht in seinem reich illustrierten Werk den unterschiedlichen Ursprüngen der Gralslegende nach und untersucht dabei die Entstehung des Mythos in der Esoterik, dem Kelten- und Christentum.

Greub, Werner: Wolfram von Eschenbach und die Wirklichkeit des Grals, Dornach 1974

Hesemann, Michael: Die Entdeckung des Heiligen Grals. Das Ende einer Suche, München 2003
Der deutsche Historiker und Journalist Michael Hesemann ist ein ausgewiesener Experte. In mehr als 30 Büchern behandelt er Themen wie Jesus von Nazareth, dessen Wundmale, das Grabtuch von Turin und auch den Heiligen Gral. Zudem ist Hesemann Ehrenmitglied der Cofradía del Santo Cáliz, der Bruderschaft des Heiligen Kelches von Valencia. Nach seiner Überzeugung ist der Santo Cáliz der wahre Gral – der Kelch des letzten Abendmahls.

Hodge, Susie: Die Templer – Bewahrer des Heiligen Grals, Wien 2007
Alles, was man für den Einstieg in die Geschichte und die Geheimnisse der Templer wissen muss, wird hier leicht nachvollziehbar dargestellt und mit vielen ausdrucksstarken Bildern untermalt.

Hofer, Stefan: Chrétien de Troyes. Leben und Werke des altfranzösischen Epikers, 1954

Huf, Hans-Christian (Hrsg.): Sphinx – Geheimnisse der Geschichte. Vom Heiligen Gral zum Schatz der Zaren, Bergisch-Gladbach 2000

Jung, Emma und von Frantz, Marie-Louise: Die Graals-Legende in psychologischer Sicht, Düsseldorf und Zürich 2001

Kircher, Bertram: Das Buch vom Gral. Alle Mythen, Legenden und Dichtungen, Düsseldorf 2006

Kolb, Herbert: Munsalvaesche: Studien zum Kyotproblem, München 1963

Lange, Hans-Jürgen: Otto Rahn und die Suche nach dem Gral, Uhlstädt-Kirchhasel, 1999

Lincoln, Henry; Baigent, Michael und Leigh, Richard: Der Heilige Gral und seine Erben, Bergisch-Gladbach 1982

Lincoln, Henry; Baigent, Michael und Leigh, Richard: Der Gral. Das geheime Wirken der Bruderschaft, Wien 2004

Matthews, John: Der Gral – die Suche nach dem Ewigen, Braunschweig 1992

Matthews, John: Der Gral – die Wahrheit hinter den Mythen, München 2006

Mertens, Volker: Der Gral. Mythos und Legende, Stuttgart 2003

Meyer, Rudolf: Der Gral und seine Hüter, Stuttgart 1999

Peters, Patrick: Von Jerusalem nach Paris – der Heilige Gral zwischen Mythos und Literatur, Essen 2009

Ravencroft, Trevor: Der Kelch des Schicksals. Die Suche nach dem Gral, Basel 1982

Schäfer, Hans-Wilhelm: Kelch und Stein. Untersuchungen zum Werk Wolframs von Eschenbach, Frankfurt 1983

Schotte, Manuela: Christen, Heiden und der Gral – die Heidendarstellung als Instrument der Rezeptionslenkung in den mittelhochdeutschen Gralsromanen des 13. Jahrhunderts, Frankfurt 2005

Stein, Walter Johannes: Weltgeschichte im Lichte des Heiligen Gral – das neunte Jahrhundert, Stuttgart 1986

Vogler, Mike: Mysterium Heiliger Gral. Entstehung, Grundlagen und Wandel durch die Jahrhunderte, Leipzig 2010

Waleczek, Arnd: Unterwegs zu magischen Orten. Dem Gral auf der Spur, Meerbusch 2013

Neben dem Gral geht der Autor auch anderen rätselhaften Phänomenen nach, wie der Schwarzen Madonna und den Tempelrittern. Ein Reiseführer zu magischen Stätten von Schottland bis Spanien.

Zerling, Clemens: Götter-, Götzen- und Gralstempel. Kultplätze in Deutschland – ein Führer zu magisch-mystischen Orten, Aarau 2001

LITERATUR ZUM THEMA GRALSRITTER

Ashe, Geoffrey: König Arthur. Die Entdeckung von Avalon, Düsseldorf 1986
Geoffrey Ashe ist einer der bekanntesten Historiker auf dem Gebiet der Artusforschung und befasst sich in seinem Buch intensiv mit den historischen Grundlagen von Geoffrey of Monmouths Historia Regum Britanniae.

Birkhan, Helmut: Keltische Erzählungen vom Kaiser Arthur, Teil 1 und 2, Wien 2004

Brugger-Hackett, Silvia: Merlin in der europäischen Literatur des Mittelalters, 1991

Day, David: Auf der Suche nach König Artus, Augsburg 1996
David Day widmet sich umfassend der Artussage und versucht Dichtung und historische Wahrheit zu entwirren, ohne dabei den roten Faden zu verlieren.

Eschenbach, Wolfram von: Parzival, Stuttgart 1986
Ein Klassiker der Weltliteratur und wohl die berühmteste Dichtung des deutschen Mittelalters. Das Werk umfasst 25 000 Verse in mittelhochdeutschen Paarreimen, die von Wolfgang Spiewok übersetzt und in einen Prosatext verwandelt worden sind.

Goodrich, Norma Lorre: Die Ritter von Camelot. König Artus, der Gral und die Entschlüsselung einer Legende, München 1994

Hanbury White, Terence: Der König auf Camelot, Stuttgart 2009

Jacoby, Edmund: Wer war König Artus?, Berlin 2008

Kuckartz, Wilfried: Merlin: Mythos und Gegenwart, 1988

Kühn, Dieter: Der Parzival des Wolfram von Eschenbach, Frankfurt 1997

Lampo, Hubert: Artus und der Gral, München 1985
Lampos Werk ist ein stimmungsvoll gestalteter Bildband zu der Landschaft der Artuswelt, mit einem Überblick über die historischen Ereignisse und literarischen Entwicklungen der Sage.

Langosch, Karl: König Artus und seine Tafelrunde, Stuttgart 1980

Laurin, Marit: Parzival. Auf der Suche nach dem Gral. Nach Wolfram von Eschenbach, Stuttgart 1999

Lechner, Auguste: Parzival – auf der Suche nach der Gralsburg, Innsbruck 2008

Lewin, Waldtraut: Artussagen, Bindlach 2007

Lincoln, Henry; Baigent, Michael und Leigh, Richard: Das Vermächtnis des Messias. Auftrag und geheimes Wirken der Bruderschaft vom Heiligen Gral, Bergisch Gladbach 1987

Malory, Thomas: König Artus, Leipzig 1973

Malory, Thomas: Die Geschichte von König Artus und den Rittern seiner Tafelrunde, Frankfurt 1977

Malory, Thomas: Die letzte Schlacht des König Artus, München 2007

Matthews, John: Artus – König der Könige, Stuttgart 2009
Wunderbar illustrierte Einführung in die Sagen- und Legendenwelt von König Artus. Besonders für junge, aber durchaus auch für ältere Leser geeignet. Matthews erzählt die Geschichte vom König von Albion, so der antike Name der Britischen Inseln, wo Feen, Magier und Fabelwesen leben. Sein Gral ist nicht nur der Abendmahlskelch, sondern auch der magische Kessel von Arawn, eines Herrschers der keltischen Anderswelt.

Motte Fouquet, Friedrich de la: Der Parzival, Hildesheim 1997

Muschg, Adolf: Der rote Ritter, Frankfurt 1993
»Eine Geschichte – und nicht die Geschichte – von Parzival«, so nennt der Schweizer Schriftsteller Adolf Muschg seinen Roman im Untertitel. Er verknüpft die Epen um den Gralsritter Parzival mit der Weltgeschichte.

Oblesser, Horst: Parzival auf der Suche. Tiefenpsychologische Aspekte der Gralslegende, Leienfelden-Echterdingen 1997

Ohff, Heinz: König Artus. Eine Sage und ihre Geschichte, München 2004

Phillips, Graham und Keatman, Martin: Artus – die Wahrheit über den legendären König der Kelten, München 1992

Reichert, Hermann: Wolfram von Eschenbach, Parzival für Anfänger, Wien 2007

Seiler-Hugova, Ueli: Das große Parzivalbuch, Books on Demand 2012

Sutcliff, Rosemary: Galahad, Stuttgart 1980

Tolstoy, Nikolai: Auf der Suche nach Merlin – Mythos und geschichtliche Wahrheit, München 1992

Westphal, Wilfried: Einst wird kommen ein König … Artus – Wahrheit und Legende, Braunschweig 1989

Wolf, Jürgen: Auf der Suche nach König Artus. Mythos und Wahrheit. Darmstadt 2009
Guter und fundierter Überblick über den Artuskult vom 6. Jahrhundert bis heute. Ergänzt um ein Verzeichnis der Artusliteratur bis ins 21. Jahrhundert.

Literatur zur Geschichte der Kelten und des Mittelalters

Birkhan, Helmut: Kelten. Versuch einer Gesamtdarstellung ihrer Kultur, Wien 1997

Birkhan, Helmut: Nachantike Keltenrezeption, Wien 2009

Botheroyd, Sylvia und Botheroyd, Paul F.: Lexikon der keltischen Mythologie, Wien 2004

Brunner, Karl: Kleine Kulturgeschichte des Mittelalters, München 2012
Burgen, Ritter und Turniere, Dirnen, Räuber und Vaganten, Klöster, Mönche, Häresien, Dichter, Minne, Abenteuer, Fehde, Jagd und Gottesurteil – all dies findet man in Karl Brunners Kleiner Kulturgeschichte des Mittelalters. Ein Nachschlagewerk im Taschenformat über eine große Epoche.

Clarus, Ingeborg: Keltische Mythen. Der Mensch und seine Anderswelt, Düsseldorf 2000

Karg, Ina: Europäisches Erbe des Mittelalters, Göttingen 2011

Krämer, Claus: Kleine Keltenkunde, Rheinbach 2013
Kleiner Überblick über Geschichte, Kunst und Kultur, Alltagsleben und Politik unserer Ururahnen. Informativ und unterhaltsam aufbereitet.

Maier, Bernhard: Lexikon der keltischen Religion und Kultur, Stuttgart 1994

Maier, Bernhard: Das Sagenbuch der walisischen Kelten. Die vier Zweige des Mabinogi, 1999

Meid, Wolfgang: Die Kelten, Stuttgart 2007

Phillips, Jonathan: Heiliger Krieg. Eine neue Geschichte der Kreuzzüge, München 2012
»[Jonathan Phillips] beleuchtet vor allem die Grauzonen, Widersprüche und Vielschichtigkeit des Heiligen Krieges: Freundschaften und Bündnisse zwischen Christen und Muslimen, Erfolge von Diplomatie, Kreuzzüge gegen Christen und Aufrufe zum Dschihad gegen Muslime – Konstellationen und Begebenheiten, die in ähnlicher Weise auch den Nahen Osten heute prägen.« So kommentierte Die Welt 2012.

LITERATUR ZU DEN THEMEN JESUS UND KIRCHE

Angenendt, Arnold: Heilige und Reliquien. Die Geschichte ihres Kultes vom frühen Christentum bis zur Gegenwart, München 1997

Arminger, Margret E.: Die verratene Päpstin. Maria Magdalena – Freundin und Geliebte Jesu, Magierin der Zeitenwende, München 1997

Aslan, Reza: Zelot. Jesus von Nazareth und seine Zeit, Reinbek 2013

Baigent, Michael: Die Gottesmacher. Die Wahrheit über Jesus von Nazareth und das geheime Erbe der Kirche, Bergisch Gladbach 2006

Baigent, Michael und Leigh, Richard: Verschlusssache Jesus – die Qumranrollen und die Wahrheit über das frühe Christentum, München 1993

Barth, Reinhard: Alle Päpste. Von Petrus bis Benedikt XVI., Köln 2008
Wie der Titel schon sagt: Alle Päpste werden hier aufgelistet. Kurzbiografien aller bisher rund 300 Päpste, einschließlich der Gegenpäpste. Und auch die Legende von der Päpstin Johanna fehlt nicht.

Berger, Klaus: Jesus, München 2004

Ceming, Katharina und Werlitz, Jürgen: Die verbotenen Evangelien, Wiesbaden 2007

Fillitz, Hermann: Die Insignien und Kleinodien des Heiligen Römischen Reiches, Wien und München 1954

Heel, Markus van den: Das wahre Antlitz Jesu Christi. Das Grabtuch von Turin und das Schleiertuch von Manoppello, Heiligenkreuz im Wienerwald, 2010

Hennecke, Edgar (Hrsg.): Die verborgenen Akten der ersten Christen, Wiesbaden 2006

Herbst, Karl: Kriminalfall Golgatha, Berlin 1992

Herrmann, Horst: Lexikon der kuriosesten Reliquien, Berlin 2003

Hesemann, Michael: Die Jesus-Tafel. Die Entdeckung der Kreuz-Inschrift, Freiburg 1999

Hesemann, Michael: Die stummen Zeugen von Golgatha. Die faszinierende Geschichte der Passionsreliquien Christi, München 2000

Hesemann, Michael: Stigmata. Sie tragen die Wundmale Christi, Neuwied 2006

Hesemann, Michael: Jesus von Nazareth. Archäologen auf den Spuren des Erlösers, Augsburg 2009

Keller, Timothy: Jesus. Seine Geschichte, Gießen 2012

Knight, Christopher und Lomas, Robert: Das Grabtuch von Turin, die Templer und das Geheimnis der Freimaurer, München 1999

Kohl, Karl-Heinz: Die Macht der Dinge. Geschichte und Theorie sakraler Objekte, München 2003

Krosney, Herbert: Das verschollene Evangelium. Die abenteuerliche Entdeckung und Entschlüsselung des Evangeliums des Judas Iskarioth, Wiesbaden 2006

Küng, Hans: Jesus, München und Zürich 2012

Läpple, Alfred: Verborgene Schätze der Apokryphen – außerbiblische Texte und Legenden in biblischer Reihenfolge, München 2002

Leloup, Jean-Yves: Evangelium der Maria Magdalena. Die spirituellen Geheimnisse der Gefährtin Jesu, München 2004

Lüdemann, Gerd: Das Judas-Evangelium und das Evangelium nach Maria. Zwei gnostische Schriften aus der Frühzeit des Christentums, Stuttgart 2006

Maisch, Ingrid: Maria Magdalena – zwischen Verachtung und Verehrung. Das Bild einer Frau im Spiegel der Jahrhunderte, Freiburg 1996

Mayr, Markus: Geld, Macht und Reliquien. Die wirtschaftlichen Auswirkungen des Reliquienkultes im Mittelalter, Innsbruck 2000

McGowan, Kathleen: Vater unser. Deine Schatzkarte zu Gott, Köln 2010

Nordsieck, Reinhard: Maria Magdalena, die Frau an Jesu Seite. Zur Frage nach der Identität der Maria Magdalena, der großen Sünderin und der Maria von Bethanien und ihrer historischen Bedeutung, Münster 2006

Ortberg, John: Weltbeweger. Jesus – wer ist dieser Mensch?, Asslar 2013

Pfabigan, Alfred: Die andere Bibel. Gottes verbotene Worte, Frankfurt 2004

Picknett, Lynn und Prince, Clive: Die Jesus-Fälschung. Leonardo da Vinci und das Turiner Grabtuch, Bergisch Gladbach 1995

Plisch, Uwe-Karsten: Was nicht in der Bibel steht. Apokryphe Schriften des frühen Christentums, Stuttgart 2006

Schindler, Alfred (Hrsg.): Apokryphen zum Alten und Neuen Testament. Mit 20 Handzeichnungen von Rembrandt, Zürich 1988

Schmidt, Karl Otto: Das Thomas-Evangelium. Geheime Herren-Worte frühchristlicher Handschriften, München 1977

Schmidt, Renate: Maria Magdalena in gnostischen Schriften, München 1990

Spanke, Daniel: Das Mandylion. Ikonographie, Legenden und Bildtheorie der Nicht-von-Menschenhand-gemachten Christusbilder, Recklinghausen 2000

Starbird, Margaret: Das Erbe der Maria Magdalena. Das geheime Wirken der Witwe Jesu, Berlin 2005

Starbird, Margaret: Die Frau mit dem Alabasterkrug. Das Geheimnis der Maria Magdalena, Berlin 2005

Tabor, James D.: Die Jesus-Dynastie. Das verborgene Leben von Jesus und seiner Familie und der Ursprung des Christentums, München 2006

Thiede, Carsten Peter und d'Ancona, Matthew: Der Jesus-Papyrus. Die Entdeckung einer Evangelien-Handschrift aus der Zeit der Augenzeugen, München 1996

Weidinger, Erich: Die Apokryphen. Verborgene Bücher der Bibel, München 1999

Wörther, Matthias: Betrugssache Jesus. Michael Baigents und andere Verschwörungstheorien auf dem Prüfstand, Würzburg 2006

Literatur zur Gralssuche als Suche nach dem Sinn des Lebens

Huemer, Werner: Die Botschaft aus dem Gral. Von der Wirklichkeit hinter dem Mythos, Stuttgart 2002

Diehl, Lothar (Hrsg.): Initiatenorden und Mysterienschulen – ein Führer für Suchende auf dem westlichen Erkenntnisweg, Berlin 1999

Schmidt, Karl Otto: Die Grals-Botschaft, München 1971

Romane zu diversen Themen

André, Martina: Das Rätsel der Templer, Berlin 2007

Berling, Peter: Die Kinder des Gral, Bergisch Gladbach 1991

Berling, Peter: Das Blut der Könige, Bergisch Gladbach 1993

Berling, Peter: Die Krone der Welt, Bergisch Gladbach 1995

Berling, Peter: Der Schwarze Kelch, Bergisch Gladbach 1997

Berling Peter: Der Kelim der Prinzessin, Bergisch Gladbach 2005

Böckl, Manfred: Merlin – der Druide von Camelot, Berlin 2007

Brown, Dan: Sakrileg, Köln 2004

Butticchi, Marco: Die dritte Prophezeiung, München 2008

Chapman, Vera: Die drei Desmoiselles, München 1984

Crombie, Deborah: Von fremder Hand, München 2002

Cross, Simon: Es wird dich rufen, Ludwigsburg 2011

Douglas, Lloyd C.: Das Gewand des Erlösers, Hofheim 1992

Eco, Umberto: Das Foucaultsche Pendel, München 1989

Eco, Umberto: Baudolino, München 2000

Heine, Ernst Wilhelm: Das Halsband der Taube, München 2004

Hesekiel, Ludovica: Templer und Johanniter, Hamburg 1931

Hohlbein, Wolfgang: Das Blut der Templer, Köln 2005

Khoury, Raymond: Scriptum, Reinbek 2005

Köppel, Helene: Die Ketzerin vom Montségur, Berlin 2002

Köppel, Helene: Die Erbin des Grals, Berlin 2003

Köppel, Helene: Die geheimen Worte, Berlin 2005

Klossowski, Pierre: Der Baphomet, Reinbek 19887

Lehmann, Bettina: Anholtica, Edition 1, Der Heilige Gral, Hirnsdorf 2007

McGowan, Kathleen: Das Magdalena-Evangelium, Bergisch-Gladbach 2008

McGowan, Kathleen: Das Magdalena-Vermächtnis, Köln 2010

McGowan, Kathleen: Das Jesus-Testament, Köln 2011

Messadié, Gerald: Die Geliebte des Herrn, München 2005

Mosse, Kate: Das verlorene Labyrinth, München 2005

Napp, Anke: Die Tränen des Herrn. Das letzte Gefecht der Templer, München 2008

Preyer, Josef J.: Gralsspur, Steyr 2007

Rinser, Luise: Mirjam, Frankfurt 1990

Schröder, Rainer M.: Die Bruderschaft vom Heiligen Gral, Würzburg 2006

Stewart, Mary: Der Erbe, München 1989

Stewart, Mary: Flammender Kristall, München 1989

Stewart, Mary: Merlins Abschied, München 1989

Thibaux, Jean-Michel: Das Geheimnis des Abbé Saunière, Bergisch-Gladbach 2006

White, Terence Hanbury: Das Buch Merlin, Düsseldorf 1980

White, Terence Hanbury: Der König auf Camelot, Stuttgart 2004

Zimmer-Bradley, Marion: Die Nebel von Avalon, Frankfurt 1983
  Die Artussage zum ersten Mal von einer Frau erzählt und neu interpretiert aus der Sicht der Fee Morgaine, die hier Artus' Halbschwester ist und als keltische Priesterin auf der Apfelinsel Avalon ausgebildet wird. Zimmer-Bradley schildert den Konflikt der Religionen und das Verschwinden der »alten« naturgebundenen Religion, die gleich Avalon im Dunst der Nebel entschwindet. In Morgaines Händen erscheint der Heilige Gral als mystisches keltisches Gefäß.

Literatur zum Thema *Sakrileg*

Bock, Darrel L.: Die Sakrileg-Verschwörung. Fakten und Hintergründe zum Roman von Dan Brown, Gießen 2006

Burstein, Dan: Die Wahrheit über den Da-Vinci-Code – das Sakrileg entschlüsselt, München 2004

Cox, Simon: Sakrileg entschlüsselt. Dan Browns Bestseller von A bis Z, München 2005

Etchegoin, Marie-France und Lenoir, Frédéric: Das Geheimnis des Da-Vinci-Code. Geheimbünde, Verschwörungen, codierte Gemälde und die wahren Schauplätze in Dan Browns Sakrileg, München 2005

Etchegoin, Marie-France und Lenoir, Frédéric: Das Geheimnis des Da-Vinci-Code. Wahrheit und Fiktion in Dan Browns Sakrileg, München 2005

Hanegraaff, Hank und Maier, Paul L.: Dan Browns Sakrileg (The Da Vinci Code). Daten, Fakten und Hintergründe, Bielefeld 2006

Hillefeld, Marc: Ein Code wird geknackt. Dan Browns Roman Sakrileg entschlüsselt, Köln 2004

Langbein, Walter-Jörg: Das Sakrileg und die Heiligen Frauen. Das Geheimnis um Jesu Nachkommen, Berlin 2004

Lutzer, Erwin: Der Da-Vinci-Code – Fakt oder Fiktion? Der Da-Vinci-Code entlarvt, Dilleburg 2005

Mittelbach, Oliver: Dan Browns Thrillerschauplätze als Reiseziel, Essen 2006

Newman, Sharan: Schlüssel zum Da-Vinci-Code – die wahren Hintergründe von Sakrileg, Berlin 2005

Schick, Alexander und Welte, Michael: Das wahre Sakrileg. Die verborgenen Hintergründe des Da-Vinci-Codes. Das Geheimnis hinter Dan Browns Weltbestseller, München 2006

Valentin, Joachim (Hrsg.): Sakrileg – eine Blasphemie? Dan Browns Werk kritisch gelesen, Münster 2007

LITERATUR ZU DEN TEMPELRITTERN

Barber, Malcolm: Die Templer. Geschichte und Mythos, Düsseldorf 2010

Barthel, Manfred: Die Templer. Reichtum, Macht und Fall eines Ritterordens, Gernsbach 2006

Bauer, Martin: Die Tempelritter. Mythos und Wahrheit, München 1998

Beck, Andreas: Der Untergang der Templer – größter Justizmord des Mittelalters?, Freiburg 1992

Demurger, Alain: Die Ritter des Herrn. Geschichte der geistlichen Ritterorden, München 2003

Demurger, Alain: Der letzte Templer. Leben und Sterben des Großmeisters Jacques de Molay, München 2004

Dinzelbacher, Peter: Die Templer. Ein geheimnisumwitterter Orden? Freiburg 2002

Falkenstein, Karl: Geschichte des Templerherren-Ordens, Dresden 1833

Finke, Heinrich: Papsttum und Untergang des Templerordens, Münster 1907

Hallinger, Benedikt: Milites Templi. Leben und Ausrottung der Dienenden Brüder des Templerordens um 1190, München 2012

Labonde, Joe: Die Templer in Deutschland. Eine Untersuchung zum historisch überkommenen Erbe des Templerordens in Deutschland, Aachen 2010

Napp, Anke: Templermythen ... und was dahinter steckt, München 2010

Sarnowsky, Jürgen: Die Templer, München 2009

Schäfer, Hans-Wilhelm: Kelch und Stein, Frankfurt und Bern 1983

Terhart, Franjo: Tempelritter, Kreuzlingen und München 2003

Vaghi, Fausta: Die Tempelritter. Geschichte und Legenden, Berlin 2008

Von Rohr, Wulfing: Geheimbünde, Kreuzlingen und München 2002

Wilcke, Ferdinand: Geschichte des Tempelherrenordens, Wiesbaden 2005

Wolf, Dieter H.: Internationales Templerlexikon, Innsbruck 2003

HÖRBÜCHER

Natürlich sind eine Vielzahl der hier vorgestellten Romane und Sachbücher auch als Hörbuch erschienen. Es würde allerdings zu weit führen, sie alle hier aufzulisten. Daher möchten wir an dieser Stelle nur auf einige empfehlenswerte Veröffentlichungen hinweisen, für die keine adäquate Buchversion vorliegt.

Aernecke, Susanne: Der Gral. Merlin, Kelten und die Ritter der Tafelrunde, Grünwald 2003
Unterhaltsamer und informativer Überblick über die Gralsgeheimnisse, von den Kelten über Artus, die Katharer, Templer und Freimaurer bis hin zu Otto Rahn und Himmler. Vorgelesen von Sky Dumont und Susanne Aernecke.

Wakonigg, Daniela: Mythos & Wahrheit: König Artus. Eine Spurensuche mit Musik und Geräuschen, Köln 2008
Stimmungsvolle Erzählung der Artussage, angefangen bei Geoffrey of Monmouth.

Eschenbach, Wolfram von: Parzival, gelesen und kommentiert von Peter Wapnewski, München 1995
In einer gekürzten Version liest und erklärt der deutsche Historiker Peter Wapnewski den Parzival von Wolfram von Eschenbach. Man spürt die Liebe zum Thema und zur mittelhochdeutschen Lyrik.
(Als Empfehlung am Rande sei noch erwähnt: Das Nibelungenlied, ebenfalls im Hörbuchverlag erschienen.)

Offenberg, Ulrich: Die Kreuzzüge, P. M. History, München 2003
200 Jahre Geschichte in 200 Minuten, unterhaltsam und gleichzeitig lehrreich vermittelt – so interessant kann Geschichte sein.

Literatur zum Thema Richard Wagner

Gross, Felix: Der Mythos Richard Wagners. Wagners Ring der Nibelungen und Parsifal als eine neuerstandene mythische Weltreligion, Wien 1931

Kienzle, Ulrike: ... dass wissend würde die Welt! Religion und Philosophie in Richard Wagners Musikdramen, Würzburg 2005

Lehmkuhl, Josef: Gott und Gral. Eine Exkursion mit Parsifal und Richard Wagner, Würzburg 2007

Schneller, Daniel: Richard Wagners Parsifal und die Erneuerung des Mysteriendramas in Bayreuth, Bern 1997

Spielfilme

Arn. Der Kreuzritter, Schweden, Norwegen, Finnland, Dänemark, Großbritannien und Deutschland 2008

Camelot. Am Hofe König Arthurs, USA 1967

Das Blut der Templer, Deutschland 2004

Das verlorene Labyrinth, Deutschland, Großbritannien und USA 2012

Das Vermächtnis der Tempelritter, USA 2004

Der erste Ritter, USA 1995

Der silberne Kelch, USA 1954
  Etwas hölzernes Historienepos aus der Zeit der großen Bibel- und Geschichtsverfilmungen der 1950er-Jahre. Leinwanddebüt von Paul Newman als griechischem Sklaven und Bildhauer, der den Kelch des letzten Abendmahls mit Silber verkleiden soll.

Der verlorene Schatz der Tempelritter, Dänemark 2006

Die Heilige Lanze. Der Schicksalsspeer der Mächtigen, Österreich 2001

Die Nebel von Avalon, USA, Deutschland und Tschechien 2001

Die Ritter der Tafelrunde, USA 1953

Farbenfroher Klassiker aus der Zeit der großen Historienfilme. Verfilmung des Artusstoffes in der Version von Sir Thomas Malory mit Rod Taylor als Lanzelot und Ava Gardner als Guinevere.

Excalibur, USA 1981

Meisterhaft erzählt der Regisseur John Boorman die Geschichte von Artus und der Tafelrunde nach der Vorlage von Sir Thomas Malory. Wegweisend für das Genre der Fantasyfilme der folgenden Jahre.

King Arthur, Großbritannien, Irland, USA 2004

Das römische Imperium steht vor dem Ende. Die Mehrheit der Besatzer hat Britannien verlassen. Nur wenige bleiben, darunter auch der römische Befehlshaber Artorius Castus mit seinen Reitern Lancelot, Galahad, Gawain, Tristan, Bors und Dagonet. Sie müssen sich gegen die Angriffe der Pikten, Kelten und Sachsen behaupten. Die schöne Guinevere ist hier eine Keltin und der Druide Merlin der Anführer der Kelten. Der Regisseur Antoine Fuqua versucht in seinem Abenteuerfilm den historischen mit dem mystischen Artus zu verknüpfen.

Königreich der Himmel, Großbritannien 2005

Lancelot, Ritter der Königin, Frankreich 1974

Parsifal. Indiana Jones und Richard Wagner, Österreich 2005

Scriptum. Der letzte Tempelritter, Kanada 2009

The Da Vinci Code – Sakrileg, USA 2005/2006

DOKUMENTARFILME

Arthur. Die Erfindung eines Königs, Deutschland 2008

Auf der Suche nach Spuren des berühmtesten Königs aller Zeiten, von Geoffrey of Monmouth bis Sir Thomas Malory. Ausführlich und gut recherchiert und untermalt mit eindrucksvollen Bildern von magischen Orten. Zudem ergänzt um Kommentare der bekannten Artusforscher Geoffrey Ashe, Martin Biddle, Jean Markale und Rudolf Simek.

Gott will es – Gottfried von Bouillon und der erste Kreuzzug, Deutschland 2011

The History of Mystery, Großbritannien 1996

Terra X. Geheimakte Sakrileg, Deutschland 2005

Terra X. Geheimbünde. Die Erben der Templer, Deutschland 2013

Dritter Teil der ZDF-Dokumentation über Geheimbünde. Eine Suche nach uralten Ritualen, Symbolen, versteckten Hinweisen, Mythen und Vorurteilen in Bezug auf geheimnisvolle Vereinigungen.

Terra X– Sphinx. König Artus. Die Suche nach dem Heiligen Gral, Deutschland 2000

BILDNACHWEIS

ABBILDUNGEN IM TEXT

BILDTAFELN

19, Lucas Cranach der Ältere, *Jesus und Maria*, um 1510 (AR)

20, Stephan Adam, Darstellung der schwangeren Maria Magdalena und Jesu auf einem Fenster in der Kilmore Church, 1906 (AA)

21, unbekannter Künstler, *Maria Magdalena mit einem Salbgefäß* (wc)

22, Jules Joseph Levebvre, *Maria Magdalena in der Höhle*, 1876 (wc)

23, Juan Bautista Maino, *Maria Magdalena*, 1615 (wc)

24, Francesco Furini, *Die reuige Maria Magdalena*, 1641 (wc)

25, Abbé Bérenger Saunière, Fotografie um 1915 (wc)

26, Bérenger Saunière vor dem Portal seiner Kirche in Rennes-le-Château (wc)

27, Donald Shaw MacLaughlan Die Kirche Saint Sulpice in Paris, 1900 (wc)

28, der Magdalenenturm, Fotografie von Carquinyol (wc)

29, Blick auf die Villa Béthanie, Fotografie von Carquinyol (wc)

30, Teufelsfigur, die in der Kirche Sainte Marie-Madelaine von Rennes-le-Château das Weihwasserbecken trägt, Fotografie von Hawobo (wc)

31, Statue Maria Magdalenas in Saunières Kirche, Fotografie von Hawobo (wc)

32, Fresko in der Kirche Sainte Marie-Madelaine, Fotografie von Hawobo (wc)

33, Nicolas Poussin, *Les Bergers d'Arcadie* (Die Hirten von Arkadien), 1638 (AR)

34, Guercino, *Et in arcadia ego*, (Auch ich in Arkadien), zwischen 1618 und 1622 (wc)

35, Joseph-Marie Vien, *Saint Louis, roi de France, remettent la régence à sa mère Blanche de Castille* (wc)

36, Paul von Joukowsky, Requisitenentwurf für den Gralskelch, 1882 (AA)

37, Leonardo da Vinci, *Das letzte Abendmahl*, 1495–98 (AR)

38, Leonardo da Vinci, *Das letzte Abendmahl*, 1495–98 (AR)

39, Leonardo da Vinci, *Mona Lisa*, 1503–17 (AR)

40, Dante Gabriel Rossetti, *Parzival*, 1864 (wc)

41, Wilhelm Hauschild, *Lohengrin*, 1878 (AR)

42, Morris & Co., Wandteppich nach einem Entwurf von Edward Burne-Jones, *Galabad, Bors und Percival erreichen den Gral*, 1895-96 (wc)

43, José Claudio Antolínez, *Das Gebet auf dem Ölberg*, 1665 (wc)

44, Carlo Crivelli, *Der heilige Franz von Assisi sammelt das Blut Christi*, zwischen 1490 und 1500 (wc)

45, Arthur Hacker, *Die Versuchung des Sir Percival*, 1894 (wc)

46, Ferdinand Leeke, *Lohengrin*, 1916 (wc)

47, Edward Burne-Jones, *Arthurs letzter Schlaf in Avalon*, 1881–98 (wc)

48, Dante Gabriel Rossetti, *Die Jungfrau des Heiligen Grals*, 1874 (wc)

Abk. Bildquellen: AA = Archiv der Autoren, AR = Archiv des Regionalia Verlages, wc = wikimedia commons